深圳职业技术大学学术著作出版资助

张继文 著

语言形式、语义、概念框架的认知语言学研究

COGNITIVE LINGUISTICS RESEARCH ON LANGUAGE FORM, SEMANTICS, AND CONCEPTUAL FRAMEWORK

U0330197

中山大学
出版社
SUN YAT-SEN UNIVERSITY PRESS

·广州·

图书在版编目（CIP）数据

语言形式、语义、概念框架的认知语言学研究/张继文著 . —广州：中山大学出版社，2023.12

ISBN 978 - 7 - 306 - 07973 - 2

Ⅰ . ①语…　Ⅱ . ①张…　Ⅲ . ①认知语言学—研究　Ⅳ . ①H0 - 06

中国国家版本馆 CIP 数据核字（2024）第 015981 号

出 版 人：王天琪
策划编辑：熊锡源
责任编辑：熊锡源
封面设计：曾　斌
责任校对：赵琳倩
责任技编：靳晓虹
出版发行：中山大学出版社
电　　话：编辑部 020 - 84110283，84113349，84111997，84110779，84110776
　　　　　发行部 020 - 84111998，84111981，84111160
地　　址：广州市新港西路 135 号
邮　　编：510275　　　　　传　真：020 - 84036565
网　　址：http://www. zsup. com. cn
　　　　　E-mail：zdcbs@ mail. sysu. edu. cn
印 刷 者：佛山市浩文彩色印刷有限公司
规　　格：787mm×1092mm　　1/16　　16.75 印张　　314 千字
版次印次：2023 年 12 月第 1 版　　2023 年 12 月第 1 次印刷
定　　价：55.00 元

目　　录

第一编　哲学视野中的认知语言学研究

第二编　认知体验：语言形式背后的理据

第三编 语言形式：语义概念的框架

第一编

哲学视野中的认知语言学研究

第一章　认知语言学与语言哲学

人以语言的方式拥有世界，谁拥有语言，谁就拥有世界。

——伽达默尔《真理与方法》

世界的意义必然位于世界之外。

我的语言界限意味着我的世界的界限。

——维特根斯坦《维特根斯坦说哲学与语言》

第 1 节　语言哲学

一、哲学研究转向

亚里士多德曾说"人在本质上是个语言存在物"，海德格尔说"语言是存在之居所"，伽达默尔说"所有的理解都具有语言性"。语言问题从来就是哲学视野中的重要话题。

围绕思维与存在关系的讨论，古希腊时期西方哲学便出现了两大阵营，认为思维决定存在的被称作"唯心主义"或者"理性论"；认为存在决定思维的被称作"唯物主义"或者"感性论"，这是横向的分析。在纵向上，学界认为西方哲学主要经历了三次转向：古希腊的本体论（即 Being 或毕因论）转向、近代认识论转向和 20 世纪的语言论转向。随着哲学的不断深入探索，人类对于自己和世界的认识越来越深刻、全面，这推动着人类不断进步。

（一）形而上学本体论转向

前苏格拉底时期形成了"自然哲学"，先哲们受限于自然现象，提出了朴素唯物观，产生了一种用自然之物来解释客观世界的思想。如泰勒斯的水说、赫拉克利特的火说、阿那克西米亚的气说等，认为它们才是事物生成和变化的根源，开始具备了形而上学的特征，为其后出现的"本体论转向"

奠定了理论基础。

哲学之父巴门尼德区分了存在和非存在，他认为存在是指一切事物的抽象共性，是唯一的、永恒的本源。他也是用"Being（毕因）"来表示世界本质的第一人。巴门尼德将"存在"视为哲学的研究对象，实现了自然哲学到本体论的转向，并使其延续了两千多年。黑格尔将他视为西方哲学的真正开始者。

苏格拉底主张观念论，认为"存在即本质"。他的学生柏拉图循着他的思路，提出了理念论，主张用"理念（Idea）"来概括和表示事物的本质和共性。柏拉图的研究是从"本质之问"到"实存之问"，遵循"自上而下"的思路。自从他提出理念论之后，古希腊便真正开启了一个追问先验本质的形而上学的研究传统。柏拉图认为：世界的本质仅是一种理想化形式，它只能在心智中通过逻辑推理来掌握。他和苏格拉底都是理念论的倡导者。

柏拉图的学生亚里士多德则沿着相反的方向来思考，即从"实存之问"到"本质之问"，走上了一条"自下而上"的研究之路，提出了"四因说"，即"质料因、形式因、动力因、目的因"，后三者被归结为"形式"，因此"四因说"就被简略为"二因说"，即"质料"和"形式"，其中"形式"是高一层的东西，"形式"给"质料"以规定，是事物的决定因素。亚里士多德还提出了"十大范畴"，充当主词的当为"实体"，其他九大范畴作谓词，"实体"和其他九大范畴是"皮之不存，毛将焉附"的密切关系。他的"二值逻辑"也启发了笛卡尔的"二元论"，培根也是基于亚里士多德《工具论》中的"演绎逻辑"而提出了"归纳逻辑"的分析方法。

古典毕因论到中世纪演变成了神学毕因论。奥古斯丁宣扬"上帝创世说"和"原罪"说，提出"信仰大于理性"的口号。11世纪到13世纪的经院哲学使神学毕因论更加体系化，主要代表人物是安瑟伦和阿奎那，他们为了维护基督教教会的利益和统治，提出了"最高的存在是神"的荒谬主张。

（二）近代哲学的认识论转向

随着文艺复兴和启蒙运动的到来，人文主义以理性反对信仰，用科学反对宗教，借此鞭挞批判神权思想、禁欲主义和经院哲学，倡导"认识人本身"，重塑"理性"的地位，从而宣告神学毕因论的终结。哲学家们将研究中心转向了人类的意识世界，从"对实体的思考"变成了"对认识的思考"，围绕"什么是人？人的真知来自哪里？认识的本质和规律是什么？"等问题进行探索。培根认为经验才是真知的可靠基础，提出了"归纳逻辑"，主张用经验归纳法来批判经院哲学。

笛卡尔主张用理性演绎法来批判经院哲学，其著名口号"我思故我在"和培根的"知识就是力量"成了认识论的两大支撑。康德用先天理性（时空观＋纯粹理性活动）来概括复杂繁多的经验，将其升华为具有理性的普遍知识，从而使得先天的综合判断成为可能。

黑格尔将欧洲形而上学研究推向了高峰，倡导"绝对理念"，标志着形而上学走向了极致，同时也标志着传统形而上学的终结。

（三）现代哲学的语言论转向

"语言学转向"是用来标识西方 20 世纪哲学与西方传统哲学之区别与转换的一个概念，集中关注语言是 20 世纪西方哲学的一个显著特征，语言不再是传统哲学讨论中涉及的一个工具性的问题，而是成为哲学反思自身传统的一个起点和基础。哲学家们认识到传统哲学忽视了对语言学本质问题的研究，提出哲学要进一步发展必然要面对这一根本问题。由于语言与思维之间的紧密关系，哲学所运用的思维过程在相当程度上被语言问题所替换。当概念思辨明确成为哲学的主要工作，语言转向也就自然而然地发生了（陈嘉映，2003：15）。这就是语言学转向的基本原因。

认识论者围绕"真知来自哪里"分别提出了经验论和理性论，双方各执一词，相互论争，于是哲学家们将矛头转向了"表述认识的语言"问题，着手研究语言的逻辑形式和所表达的意义。语言论转向基于现代形式逻辑，以分析的方法来研究语言意义，一度成为哲学家的首要任务，从而形成了"语言论转向"。由于自然语言的模糊性，哲学家们致力于研究语言的意义，分析语言、阐明词语和语句的意义。

随着哲学家们人文意识的进一步觉醒，语言论进入"日常语言学派"时期，进而发展出欧陆人本哲学。维特根斯坦后期（1953）提出了"语言游戏论（Theory of Language Game）"和"意义用法论（Theory of Meaning-in-use）"等；奥斯丁提出了"言语行为论"，认为"动嘴"即"动手"，话语的意义取决于受话者的行为，标志着语言哲学开始从注重语言的客体性转向重视语言的主体性以及主体间性。

二、语言哲学的基本问题

语言哲学的主要问题是什么？一般认为，语言哲学的中心问题有两个：一是语言和世界的关系问题，二是语言或语词的意义问题（陈嘉映，2003：15）。

这是相互关联的两个问题，甚至可以说是从两个角度看待同一个问题。如果要弄清一句话是真是假，我们就得察看实际情况，这就涉及语言和世界的关系问题；但仅仅察看实际情况还是不够的，我们还得懂得这句话的意思，这又涉及语句所表达的意义问题。

有的观点认为，意义问题在先。如果是这样的话，我们首先必须懂得这句话，才知道去察看现实世界，通过观察，从而可以证实这句话是真是假。然而，语句怎么就产生了意义？从何处获得意义？有些哲学家提出了意义成真的条件理论：了解一个句子的意义就是知道它在何种情况下为真，这样一来，是否为真的问题又变得在先了。

如果仅仅说语句是真是假，也会引发一系列的问题。一个句子可能在这个场合为真，在另一个场合为假。然而，很多句子有意义却无所谓真假，例如"太阳从东边升起"，站在说话人的角度，视觉上太阳确实是从东边升起的。可是，事实上那不过是地球自西向东自转的结果。

但是，我们通常的确还不知道一句话是真是假就先了解了其意义。这是怎么做到的？一个主要设想是，语义是从构成语句的词语里获得。然而，词语从何处获得意义？这就指向了词语的指称和意义问题。

诸如此类的问题构成了语言哲学的大致范围，语言哲学包括指称与意义、字面义与隐含义、语言与现实、世界与认识、语言叙述、语言理解等问题。

三、语言哲学与语言学

语言哲学和语言学具有紧密的关系。语言学家和哲学家同样进行着观察、概括、推论等活动，并且把这些活动交汇在一起。语言学和哲学两者的研究目标不同。语言学家的目的在于更好地理解语言的内部机制、语言的形成、语义的传达，哲学家则从理解语言的机制走向理解世界，期待的是一种更深形态的理解生成。语言哲学分析得出的道理是世界的道理，不是语言的道理。

语言学家关心物体、事实、事态及其区分，也在努力去说明、澄清这些区分，但目标不同，语言学是为了更系统地阐释和掌握语言现象，而不是由此出发去解释其他领域的形形色色的现象。

我们还可以从语言学的发展看到这一点。索绪尔的结构主义语言学和初期乔姆斯基的语言学对哲学都产生了巨大的影响，它们还没有那么专门的方法、系统，它们的前提和结论在很大程度上不必依赖技术性概念而得到理解。但后期乔姆斯基的语言学专业化程度越来越高，所使用的概念不再富有那样浓厚的哲学意味了。

哲学可以从任何领域汲取营养，同时不受限于任何特定的领域。哲学家可以从语言学中汲取营养，就像从各种经验、各门学科中汲取营养一样，但语言研究是哲学研究最为贴近的一个领域，哲学关心语言现象更甚于关心其他现象。因此，无论有没有语言转向，哲学都始终会关注语言现象。

第2节　语言哲学转向中的认知语言学

一、后现代哲学思潮与认知语言学

后现代不是"时代化"意义上的一个历史时期，而是指一种思维方式。后现代和诸多哲学思潮一样关注思维与存在的关系，亦即人与现实的关系。它在思维方式上坚持一种流浪者的思维，一种专事摧毁的否定性思维，坚持对以二元对立思维为特征的现代性思维方式进行否定（王治河，2006：3）。

后现代哲学思潮不仅发生在文学艺术界、社会文化界和哲学研究界，还直接影响到语言学界。体验哲学认为，最真实的东西——实在，是活生生的，不能单凭理性知识去把握，而要靠"体验"。Lakoff 和 Johnson 顺应后现代哲学思潮，终于摆脱了基于客观主义形而上学的索绪尔理论和 TG 学派（乔姆斯基的转换生成语言学派）的束缚，创建了以心智的体验性、认知的无意识性和思维的隐喻性为基本原则的"体验哲学"，开启了"认知语言学"的新时代。

体验哲学和认知语言学正好顺应后现代哲学这一时代潮流，将后现代哲学的有关观点引入语言理论，大力倡导研究中的人本精神，竭力主张从体验认知角度阐释语言的成因，深刻揭示语言表达背后的认知方式。体验哲学和认知语言学为人类理解世界、认知自身、研究语言开启了一个全新的视角，为语言学研究打开了一个全新的窗口。

王寅（2014：10）认为："认知语言学与后现代哲学具有同生同长、相互关照、双方呼应的关系。"他认为这是对后现代哲学与认知语言学之间关系的一个全新认识，具有普遍意义；对推动语言学家学习哲学，促进语言学与哲学的共同发展具有重要的意义（王寅，2015：32—34）。

王寅认为，认知语言学研究开启了哲学的第四次转向。哲学的第四次转向反思了科学理性之弊端，主张回归人们的生活世界，真正彰显人本精神，注重社会实践。"要能真正回归到以人为本"的研究之中，需要人们鼓起勇气更新观念，彻底认识其重大意义，而不能再像近代"人主体"论者那样，貌似要从"人主体"角度来研究"认识"，理解世界时却又要遵循"笛卡尔范式"，排除人的价值污染，消解人之偏见，最终又跌进古希腊形而上学的窠臼（王寅，2014：470）。

二、生活世界中的语言学

维特根斯坦提出了"生活形式"。他认为"生活形式"是语言乃至于实在意义的来源，语言的真正意义只能呈现于丰富多彩的生活形式中，使用语言就是采用一种生活，即"想象语言就是想象一种生活形式"（维特根斯坦，1992：15）。他通过回归生活形式，把语言从抽象的逻辑王国拉回到日常生活中。

19世纪末20世纪初，西方哲学发生了一场"哥白尼式的革命"，即语言学转向。人们认识到自己所面对的世界，包括主观世界、客观世界、社会世界，都是通过语言来展示出其面貌的。由于语言的存在，人们的思维和把握世界的方式发生了根本的变化。特伦斯·霍克斯（1987：8）提出"事物的真正的本质不在于事物的本身，而在于我们在各种事物之间构造，然后又在他们之间感觉到的那种关系"。

世界虽然不是语言所创造的，但是，世界具有被我们所体验的形式，世界存在着为我们所体验的对象。充分认识语言和领悟语言，可以更好地理解和培养有利于协调的力量。如果不懂得我们生存的世界的语言运用方式，我们就无法理解这个世界，更无法有效地生存（霍克斯，1987：37—40）。

语言学的核心是语义。以语言为专门对象的语言学，就是要为语言意义寻求准确、恰当的理解，即为语义生成寻求某种机制。

20世纪八九十年代的两大主流语言学派为"结构主义"和"TG学派"，它们都坚守了客观主义形而上学的理性观，极力排除人本因素，实施"关门研究语言"策略。正是哲学家（包括语言哲学家）和语言学家的共同努力，使认知语言学登上了当代舞台，挑战了基于客观主义和形而上哲学理论的索绪尔和乔姆斯基的语言理论，大力倡导语言的体验观、人本观、社会观、象似观，传承并发展了一系列与后现代哲学观相吻合的语言分析方法，如体验人本观、原型范畴理论、互动建构论、识解多元化、语义模糊性、语言差异性、隐喻认知观、新创性结构等。

哲学的第四次转向则是围绕"存在的人本性和多元性"展开的，大力倡导从人本角度密切关注语言现象，提出了语言的体认性、象似性、多本质论，这为语言研究带来了新的动力。

认知语言学的兴起引发了人们对日常经验与语言表达之间关系的广泛重视，激发了以意义为中心的语言研究。就语义结构形成的基础和语言表达形式的构造而言，这种基于概念化、范畴化、认知图式、象似性、隐喻机制、认知推理模式等的研究大大调整、强化了人们对语言理据性的认识，使人们把语言研究的重心，从以前过于重视语言表达形式和语义结构的内部形式的分析，转移到对语言形式背后的理据性的探讨上来，深化了人们对语言系统认知属性和功能的分析，使语言表达形义之间的关联更加系统化，从而大大推进了语言表达以及语言形式、语法结构与语义的关联研究。

第二章　认知语言学的研究范式

每一语言里都包含着一种独特的世界观。

——洪堡特《论人类语言结构的差异及其对人类精神发展的影响》

事物的真正的本质不在于事物的本身，而在于我们在各种事物之间构造，然后又在他们之间感觉到的那种关系。事物是由各种关系而不是由事物构成的。

——霍克斯《结构主义和符号学》

第 1 节　认知语言学

一、认知

认知是个体认识客观世界的信息加工活动，是人感知世界和对世界万物形成概念的方式，以及在此基础上形成的体验。它包括感觉、知觉、记忆、思维、想象和语言等活动（彭聃龄，2010）。人的认知能力与人的认识过程是密切相关的，可以说认知是人的认识过程的一种产物。认识过程是主观客观化的过程，即主观反映客观，使客观表现在主观中（张履祥、葛明贵，2004）。

人类的认知能力、认知水平处于一个动态发展的过程。从简单到复杂，从低级到高级，认知可分为对事物表象的认知、对事物内部规律的认知、对事物意义的认知三个层次。认知的工作方式是呈现、确认、分辨、记忆、联想、归纳、推理、思维，认知的结果分别产生了意识、概念。

认知是在大脑机能的支持下对感觉内容的选择和理解的能力，继而对意识、概念同样具备选择和理解的能力。它通过感觉、呈现、分辨、记忆、联想、归纳、推理等具体的大脑功能形式淋漓尽致地表现出来。认知是所有意识、概念的创造者。

认知的第一个层次是对事物表象的认知。人们通过感觉器官感受事物并反映于大脑，首先是来自事物的表象。认知的对象通常只是感觉的表象，从事物表面开始，无论是单一物体的表象，如颜色、形态、结构、声音、味道等，还是多个物体组成的综合表象等，都反映在人们的大脑之中。

认知的第二个层次是对事物内部规律的认知。虽然生物界的大部分动物都具备对事物表象的认知能力，但是，唯独人类对事物内部规律的认知越来越深入。对于规律的把握，就是人们在对事物表象认知的基础上，能够依靠记忆、归纳、推理等过程来完成"概念"和"思想"。

认知的第三个层次是对事物意义的认知。环顾身边所有的事物，你会发现，包括自身，无一例外都有其存在的意义，甚至在人的眼里，事物就是为意义而存在的。种种的意义是在人们对事物的认知当中被理解而注入的，事物被注入意义上的认知，是最高层次的认知。

语言也是一种认知活动，是对客观世界进行互动体验和认知加工的结果。在此认识的基础上，形成了认知语言学的核心原则："现实—认知—语言"。语言运用与理解的过程也是认知处理的过程。因此，语言能力不是独立于其他认知能力之外的一个自治的符号系统，而是人类整体认知能力的一部分。

二、认知语言学的研究特征

认知语言学（cognitive linguistics）就是以认知为基础的语言研究。该学派诞生于 20 世纪 70 年代的美国。作为对乔姆斯基所创立的转换生成语义学为代表的形式主义语言学的反叛，认知语言学侧重于对语言和思维之间关系的研究，抛弃了在此之前占主导地位的语义和句法的研究，转而从认知的角度来寻求解释人类语言普遍规律的途径。认知语言学是以人们对世界的经验以及人们感知这个世界并将其概念化的方法、策略作为基础和依据进行语言研究的语言学学派。

认知语言学以人的认知为出发点，探究人们在运用语言符号对现实世界的事件进行表述、语义传达的过程中，语言形式的背后所传递出话语主体的主观性、概念化的思维意识性。在生活世界中，话语与人类的思维、体验有着密不可分的关系。语言既是一种交流工具，又是人们思维意识的映现。

认知是人们感知客观世界、形成概念的过程。在此过程中，人们融入自己的经验和体验。认知语言学的核心原则实际上融会了西方哲学中的本体论、认识论、语言论，既考虑到本体论所关注的客观世界，也兼顾到认识论所研究的认识系统，提出更要关注分析语言表达的方法，从而将"现实、认知、语言"这三个层次融为一体。因此，认知语言学的意义在于它顺应了世界范围内整个人文学科研究之大潮，将语言研究纳入后现代进程之中，强调从人本角度来阐释语言现象，核心原则的中间因素即"人的认知"决定了语言成因。王寅（2014：76）将认知语言学的特征总结为：①以人本精神研究语言；②语言具有体验认知性；③语言没有统一的本质；④基于用法模型的取向。

认知语言学提出：第一，就语言与客观世界的关系而言，承认客观世界的现实性及其对语言形成的本源作用，但更强调人的认知的参与作用，认为语言不能直接反映客观世界，而是有人对客观世界的认知介于其间，并发挥着作用。第二，就语言的任意性与象似性而言，认为语言的共性说是受认知环境包括人的生理环境、认知能力和社会环境的制约，在词、短语或句子层次上，是有理据的。其理据性不在于语言形式直接反映外部世界的事物，而在于反映着话语主体对世界的认知方式。第三，范畴与概念是人类基于体验之上，经过主客休之间的互动形成的。正是由于人类具有形成概念的能力，才有了语言符号的意义范畴的建立，范畴是事物或事件的集合，是围绕一个原型构成的，这一认知过程就是范畴化。原型作为范畴核心的图式化的心理表征，是人们对世界进行范畴化的认知参照点。从与语言的关系来看，语音、形态、句法、语义结构等各个层面都是通过范畴化建立的（辻幸夫，2019：40—41）。

三、认知语言学的研究范式

认知语言学不是一种单一的语言理论，而是代表一种研究范式，是多种认知语言理论的统称，其特点是把人们的日常经验看成是语言使用的基础，着重阐释语言和一般认知能力之间密不可分的联系。认知语言学是一门以身体经验和认知为出发点，以概念结构和意义研究为中心，寻求语言事实背后的认知方式，并通过认知方式和知识结构等对语言作出统一解释的、新兴的、跨领域的学科。

认知语言学是语言学的一个分支，有广义和狭义之分。广义的认知语言学指20世纪50年代末在美国发展起来的跨学科研究流派，主要研究语言在知识的获得、使用中的思维过程，反对行为主义和刺激—反应理论，分析人类在思维、信息储存、话语理解和产出过程中所使用的认知策略，从而揭示思维的结构和组织。广义的认知语言学包括形式学派和意义学派。一般把认知语言学的形式学派称为第一代认知语言学，把意义学派称为第二代认知语言学。目前人们提到的认知语言学一般指狭义的意义学派，即第二代认知语言学。20 世纪 70 年代末到 80 年代，许多语言学家认识到以乔姆斯基为代表的转换生成语法的局限性，开始从新视角研究语言现象。

认知语言学实质上是对形式语言学的对抗。认知语言学的哲学基础是经验现实主义，亦称体验哲学，认为概念结构的形成和理解都建立在身体经验之上。认知语言学把意义、概念过程和体验经验及其相互作用置于语言和思维研究的重要地位。

认知语言学秉承三个重要理论观点：否认大脑的自动语言能力；语言知识产生于语言运用；从概念化视角理解语法。认知语言学从范畴化、多义现象和隐喻三个方面，提出了人类语言的不同层面共享特定且普遍的基础性组织原则。同时还提出，每个语言结构原则都反映人类已有的认识。

认知语言学有三种主要的研究方法：经验观、凸显观、注意观。经验观认为，研究语言不应该建立在以内省为基础制定的逻辑规则和提供的客观定义上，而是要采取现实、经验的方法。凸显观就是在对事物进行形式表征时，有意将某一部分凸显出来。语言的形式结构或概念受制于事物本身或语言的使用者，从而使其中的某一部分被凸显出来。注意观就是指在人们的体验经历过程中，事物的一部分容易引起人们的注意，而另外一部分则从另一个角度引起注意。

认知过程和方式虽然抽象，但会在日常语言中留下痕迹，为此我们可以从日常语言中分离出反映认知过程和方式的信息来解释语言现象。经验观认知语言学家主要关注范畴化、原型、概念隐喻和概念转喻等。凸显观主要关注图形—背景理论在语言研究中的运用，如概念化、射体与界标、焦点调整、意象图式等。注意观涉及主体在组织信息时注意力分配的问题，如框架等（梅德明，2017：385）。

认知语言学的研究目标是寻找概念形成的经验证据，探索概念系统、体验与语言结构之间的关系，以及语言、意义和认知之间的关系，发现人类认知或概念知识的实际内容，从而最终揭示人类语言的共性、语言与认知之间的关系以及人类认知的奥秘。

认知语言学主要包括 Lakoff、Langacker、Fillmore、Johnson、Geeraerts、Fauconnier 以及 Talmy 等人的语言学理论或方法。

他们认为自然语言是人类心智的产物，其组织原则与其他认知领域中的组织原则没有差别。语言作为人类认知的一个领域，与其他认知领域密切相关，并且本身也是心理、文化、社会、生态等因素相互作用的反映。语言结构依赖并反映概念的形成过程，而概念的形成过程又以我们自身的经验为基础，其结构与人类的概念知识、身体经验以及话语的功能相关。他们把语言使用置于人类经验基础之上，强调的是意义的研究。

第 2 节　认知语言学与结构语言学、形式语言学

进入 20 世纪以来，语言学主要经历了三场变革。这三大变革分别是 20 世纪初索绪尔提出的结构主义语言学、20 世纪 50 年代乔姆斯基提出的转换生成语言学（TG 学派），以及 20 世纪六七十年代莱考夫、约翰逊倡导兴起的认知语言学（王寅，2015：2）。三大流派具有各自独特的研究视角。

一、结构语言学

结构语言学兴起于 20 世纪 30 年代的欧洲，其基本理论源自索绪尔的《普通语言学教程》。结构语言学不同意对语言现象进行孤立的分析，主张要进行系统性、结构性的研究。索绪尔被誉为现代语言学之父，是瑞士语言学家，其主要观点（索绪尔，2019）如下：

（一）语言与言语

他认为应该有两门学科分别对语言进行研究，一门是语言学，一门是言语学。他把言语活动（language）分为语言（langue）和言语（parole）两个部分。语言是抽象的语法规则系统和词汇系统，是言语活动中的社会部分，是社会产物，是个人以外的东西，语言从不属于某一个人，是社会成员共有的一种表达观念的符号系统。言语是说出来的话或写出来的文章，言语是由个人通过运用语法规则将语言单位组织起来的结果。

在论述两者关系的时候，索绪尔认为，这两个对象是紧密相联而且互为前提的。言语要为人理解，并产生效果，必须有语言；但是要使语言能够建立，也必须有言语。语言和言语是互相依存的，语言既是言语的工具，又是言语的产物。

他认为，"语言"是一个规则明确的同质体，是一个表达思想的符号系统，任何说话人的"语言"都无法达到理想的完整状态；而"言语"是由大量言语事实构成的异质集合体，其特质受到社会所有个体语言使用者的影响。在阐述"言语"的社会结晶化的过程语系中，他还提出"个人言语"的概念。

他认为语言研究可以分为内部语言学和外部语言学。内部语言学研究语言本身的结构系统，外部语言学研究语言与民族、文化、地理、历史等方面的关系。在他看来，语言学就是一门研究语言内部系统的科学。

（二）符号系统

符号分为能指（signifier）和所指（signified）。能指是符号的语音形象，所指是符号的意义概念，两个部分组成的整体称为符号。

索绪尔认为这种符号系统本身具有价值。语言的价值是在所指和能指之间的对等关系中体现出来的。一定的形式总是表示一定的语义，一定的语义总是用一定的形式表达，他们之间是相互对应的。

能指和所指之间并无必然关联，具有任意性。任意性和社会成员每人每时都在使用的交际工具的性质，决定了语言符号具有很强的连续性或稳定性，也决定了语言符号的所指和能指会随着时间的推移而有所改变。索绪尔认为任意性是整个语言系统，也是整个语言学理论的基础。

（三）组合关系与聚合关系

在符号系统中，最重要的是符号之间的相互关系。索绪尔认为，语言符号在构成关系系统时存在于两种关系之中，横组合关系指语言个体单位（如词、子句）因位于同一序列而具有的关系。例如，可以说一个单词与同一句子中的其他单词具有组合关系，但与在句中可以取代它的单词具有聚合关系。聚合关系也可称为联想关系。

（四）共时语言学与历时语言学

索绪尔创造了"共时"和"历时"这两个术语。语言的共时态是指语言的一个相对稳定状态，即研究一个特定时期内语言的各个要素及其规律，并对一个时期内有内在联系的语言之间进行对比研究，同时对语言本身与语言外部的相互关系进行关联研究。语言的历时态是指语言要素在时间上的演化。

索绪尔主张将共时性的研究同历时性的研究区分开来。他认为对语言进行共时性的研究，即对语言做出静态描写要优于历时性的研究，因为对说话的大众来说，历时变化是很少在考虑之列的。因此，在索绪尔的理论体系中，他所理解的语言实质上就是与言语相对应的、语言的共时态。

二、形式语言学

形式语言学是指由形式语法生成的语言学。生成语法（generative grammar）也称转换—生成语法，是20世纪50年代兴起的一种语言学说。它的创建人是乔姆斯基，1957年他的第一部专著《句法结构》出版，标志着这种学说的诞生。

生成语法是指句子或符号都是按照一定规律构成有限或无限的集合。其基本观点可以归结为：①天赋观。认为人们的语言能力是先天就有的，人在出生时大脑中就内嵌了一种先天的、独立于其他认知能力的语言能力，这就是"普遍语法"。②普遍观。人们生来带有"普遍语法"，它具有生成各种语言表达的能力，是普遍性的原则系统。③自治观。自治观包括语言自治、句法自治。④模块观。认为语言分为音位、句法、语义三个子模块，每个子模块都包括高度概括的规则和限制。⑤形式观。普遍语法可用数学上的"生成"思想来描写和组织，其生成原理类似于数学演算，可用一套形式符号来表示。某一语言全部合乎语法的句子，就是基于这样一套形式符号，通过一套规则对其进行形式操作而生成出来的（王寅，2011：16—17）。

生成语法学研究的对象是内在性语言，而不是一般语言学家所研究的外表化语言。外表化的语言指言语行为、说出来的话、音义结合的词句等；内在性的语言指人脑对语法结构的认识，以心理形式体现。生成语法学研究范围限于人的语言知识或语言能力，而不是语言的使用。生成语法学一般不研究话语的社会内容、交际功能和说话的环境等。

三、认知语言学

认知语言学家坚持"体验哲学"观，以身体经验和认知为出发点，以概念结构和语义研究为中心，着力寻求语言事实背后的认知方式，并通过认知方式和知识结构对语言作出统一解释，认为范畴、概念、思维、推理等都是基于人们身体与现实世界进行互动体验和认知加工而形成的。

认知语言学提出了"现实—认知—语言"的核心原则（王寅，2011：14），认为现实决定认知，认知决定语言，语言是人们对现实世界进行互动体验和认知加工的结果；同时，语言影响认知，认知影响人们对客观世界的认知。这种研究模式，体现出后现代哲学中的人本精神（王寅，2014：597）。

认知语言学主要理论方法有：Fillmore、Goldberg 等人的"构式语法"，Langacker 的"认知语法"，Lakoff、Talmy 等人的"认知语义学"，S. Lamb 的神经"认知语言学"，等等。

根据人们在生活实践中逐步形成的一些认识世界的策略或方式，王寅（2011）将认知基本方式总结为：①互动体验；②意象图式；③范畴化和概念化；④认知模型（框架、心智空间与概念整合等）；⑤隐喻转喻；⑥识解（包括图形与背景、突显、参照点原则等）；⑦激活关联；⑧象似原则；等等。

四、认知语言学研究的独特性

认知语言学与形式语言学、传统语言学研究存在着明显的区别。作为对以乔姆斯基所创立的转换生成语言学为代表的形式主义语言学的反叛，认知语言学更侧重于对语言和思维之间关系的研究。认知语言学抛弃了在此之前占主导地位的语义和句法的研究，转而从认知的角度来寻求解释人类语言普遍规律的途径。人类对语言的使用与人类的思维、体验有着密不可分的关系。

正是因为认知语言学是在批评转换生成语言学的基础上诞生的，所以，该理论的倡导者坚持认为语言离不开使用者，他们所强调的是语言和人的认知能力密不可分。同样，该理论也不同于索绪尔的结构主义语言学。在索绪尔看来，语言是形式，不同的意义由不同的符号组合关系决定，研究语言就是要研究语言的结构、语言的形式以及组合规则。认知语言学认为语言使用者的主观性起着关键的作用；人类的经验、认知和语言三者之间存在着密切的联系，语言的形式和语言的结构都不是随意的，是受人类的认知活动和社会、文化、物理因素以及人的身体所驱动的；语言意义的构建主要来自概念，并不是非概念的语言结构（Evans and Green，2006：363）。

"每一种语言里都包含着一种独特的世界观"，这是著名的语言学家洪堡特的一个语言理论观点，该观点阐述了语言与思维的相互依存与一致性，强调了语言与人类认知现实的关系（洪堡特，1997）。认知语言学主张语言研究应以概念结构和意义研究为中心，着力寻求语言背后的认知方式，通过认知方式对语言作出统一的解释。认知语言学强调的概念化是人们形成概念的心智活动，等同于意义，是人们大脑对外界产生反应后，出于语言表达需要而进行的加工过程（李福印，2008：348）。之所以说概念化是一个动态的过程，是因为概念化的背后隐藏着一个动态的认知过程，这个动态的过程与话语者的主体意识性密切相关。

话语者的主体意识性也就是语言的主观性，这是当前语言学研究的一个热点问题（Langacker，1985，1990；Traugott，1995；Stein and Wright，et al，1995）。"主观性"是语言的一种特性，能够表达说话者的立场、态度和感情等自我印记，体现说话者的主观参与意识（Finnegan，1995：1；沈家煊，2001：268）。

在语言研究，特别是在语言的社会应用（话语活动）研究中，不同语言表现形式背后的成因，即话语者的主体意识性与概念形成过程的关联问题已突显出来，值得我们深入探索。

　　传统的语言学认为语言是一种交流工具，是对人类思维的反映和表述。而认知语言学则认为语言不仅仅是一种交流工具，更是一种认知手段，是人类认知能力不可分割的一部分，语言映现了人们的思维意识以及把握客观世界的方式，同时，人们还可以通过语言去认识世界。

　　传统语义学和认知语言学之间的显著差异在于意义存在于哪里的定位上。传统意义的语言学认为意义存在于客观世界中，而认知语言学则认为人们通过体验、感知的方式，即通过概念化去寻找意义。认知语言学认为意义在于概念化，人们通过话语传达了自己对现实世界的认识，同时，人们又是通过词语来了解客观世界。传统语义学忽视人作为主体的存在，而认知语言学则是以人为中心来进行语义探讨的。

　　话语是否能表现客观的现实世界？认知语言学认为，话语只不过是说话人传达了自身的认识和捕捉事物的思考方式；同时，话语接受者通过语言形式，经过自己的认知，在头脑里形成了对世界、对现实事件的认识。

　　传统语言学几乎没有考虑人体结构、身体经验与语言之间的关系。相反，认知语言学强调人体结构、身体经验与语言之间的密切关系。

　　就认知语言学与形式语言学研究的区别，王寅（2007：30）提出了以下五个方面。

　　第一，与形式语言学相反，认知语言学认为，人的语言能力并不是一种独立的能力，而跟人的一般认知能力紧密相关；第二，与形式语言学相反，认知语言学认为句法作为语言结构的一部分并不是自足的，句法跟语言的词汇部分、语义部分是密不可分的，后者甚至更重要；第三，跟形式语言学不同，认知语言学认为语义不仅是客观的真值条件，而且是主观和客观的结合，研究语义总要涉及人的主观看法或心理因素；第四，跟形式语言学不同，认知语言学认为语言中的各种单位范畴，和人所建立的大多数范畴一样，都是非离散性的，边界是不明确的；第五，跟形式语言学不同，认知语言学在承认人类认知共通性的同时，充分注意不同民族的认知特点对语言表达的影响。

　　纵观20世纪以来，语言学所经历的结构主义语言学、转换生成语言学、认知语言学三大变革，在认知语言学家看来，前两场变革都属于客观主义语言学范畴，意在追寻语言的本质特征，而认知语言学寻求解决的是语言现象背后的理据性问题，着力寻求认知与语言的关系问题。

第 3 节 本书构成与脉络

本书运用认知语言学理论与研究策略，从人们对客观事态的体验与认知把握到语言形式的形成，再从语言形式对语义概念的框架作用展开研究。

语言是人们对客观现实的认知反映。在把握客观现实的过程中，人们的主体意识性影响着人们所采取的表述、描写客观现实的语言形式。思维方式的差异是通过语言结构的差异表现出来的（徐通锵，2007：164—167）。本书从具体的语言现象入手，研究思维意识与语言形式的关联，探讨不同的语言表现形式背后的理据性。

思维又是语言通向现实的桥梁。在人们通过语言来了解客观世界的过程中，语言形式又框定了语义的理解范畴，不同的语言形式影响着话语接受者的思维意识，改变着人们的体验，从而影响人们对客观现实的理解。

本书从哲学视野中的认知语言学研究入手，对语言哲学研究转向中的认知语言学研究、认知语言学研究范式等研究理论进行归纳，这是本书第一编的基本思路；从现实到认知再到语言形式，研究客观世界决定认知、认知决定语言，在认知决定语言的过程中体现人的互动体验性与主体意识性，这是本书第二编的研究思路；从语言形式到思维认知再到对现实世界的理解，研究语言形式对语义传达的概念框架以及对人们语义接受、话语理解的影响，这是本书第三编的研究思路。

本书由三编十二章构成。

第一编是哲学视野中的认知语言学研究。本编包括两章。

第一章从语言哲学研究、语言哲学转向中的认知语言学研究两个方面，对认知语言学与语言哲学研究进行理论综述。

第二章是对认知语言学的研究范式进行探讨。从认知的定义、认知语言学的研究特征、认知语言学的研究范式，以及认知语言学与结构语言学、形式语言学的差异性及其研究的独特性进行梳理，确定本书的构成及研究脉络。

第二编是从认知与语言的角度，对语言背后的理据进行探讨。本编包括六章，即本书的第三章至第八章。

第三章是对语言的体验观进行探讨。从认知语言学的体验观到比较、一般化推导、关联性等语言主体体验的基础以及人体参与具体事物体验、人体参与抽象事物体验、空间概念的人体体验、人体部位的互换体验等身体体验与概念进行研究。

第四章是语言的主观性研究。从什么是语言的主观性到透过语言现象进行具体分析，对主观性与概念形成的作用、主观性因素进行探讨，从视点因素、焦点与背景、观察顺序与动态注意力、心理判断、价值取向等方面对主观性因素进行分析。

第五章是对认知识解的研究。从详略度、辖域、图形与背景、突显、视角等角度对识解的维度进行探讨，从主观识解与客观识解的语言特征，到汉语、日语的识解倾向进行对比分析，最后通过中日文本对照分析，进一步说明中日识解的差异性。

第六章是对概念化与概念化的动态性进行研究。对语言的概念化、概念化的动态性、概念化动态性的客观动因和主观因素进行分析。从心理通路的引领、认知能力的差异性、场景与背景、时代发展与认知变化、不同的语言体系与文化差异、同一词语的复数焦点，以及抽象、新奇的语义拓展方面，对概念化动态性的客观动因进行探讨；从同一事态的多视点观测、视点要素的主次选择、视觉扫描顺序与动态注意力、发话人的空间位置，以及发话人的立场、态度与评价标准等方面，对概念化动态性的主观因素展开论述。

第七章是对认知的范畴化进行探讨。从范畴化、范畴化理论对语义学的解释、提喻与换喻、隐喻与通感等方面展开论述。从范畴化与语义的形成、类比、语义的关联、范畴与多义性、文化背景与语义范畴变化等角度，用范畴化理论对语义学做出解释；从种属概念的相互替代、相邻关系的概念的互指等角度对提喻、换喻做出说明；从隐喻的构造、概念隐喻的分类等角度对隐喻的相似性做出解释。

第八章是对跨范畴的概念映射与隐喻进行探讨。从修辞到认知、人类思维意识的映现、认知模式的历时延续与演变，以及思维意识的文化地域性、时代性、政治意义进行探讨分析。

第三编是从语言形式影响人们的思维意识，进而影响语义传递的角度进行研究。本编包括四章，即本书的第九章至第十二章。

第九章是从概念框架与语义接受的角度进行分析。框架语义学的理论给我们以启示，通过对语言现象的分析，探讨框架对语义的引领与解释的影响，从词汇语义的框架、语法构式与概念框架、句子语序的变化与语义框定、语义框架与主体性等方面展开对语义框定的研究。

第十章是从概念框定与换框的角度对语义传递进行研究。从语言的框架体验——动词激活的框架体验、名词的框架体验、形容词和副词的框架体验、语法现象的框架体验等方面进行分析；对于概念结构的框架转换，从改变框架大小与视点、状态框架与结果框架的转换、意义以及价值观框架的转换等方面进行分析。

第十一章从语言的概念框架与世界塑造的角度对生活世界的语言现象进行分析、研究。从语言形式传递概念框架、认知框架的唤起与激活、框架效应等方面展开分析，并从判断的情感框架、价值标准框架、话语主体立场框架、事件序列框架、视点框架、话语人际关系框架等方面，对认知框架的唤起与激活进行细分与探讨。

第十二章是对语言形式与和谐话语的效果进行探讨。从主体意向性与和谐话语、中日语言形式的和谐顺应两个方面展开。对于中日语言形式的和谐顺应的思考，将从认知视点出发的主语形式标记的非对应性、情感形容词使用的非对应性、判断语气主观性的非对应性、人际关系语言化的非对应性、人际关系界定与语言化、日语赠与关系的方向性和立场性、动词时体的非对应性、方位词语概念的非对应性、句子的焦点的非对应性等方面展开分析。

本书从认知语言学研究视点出发，通过"客观世界—思维意识—语言形式"这一思路，探讨语言现象背后的理据；通过"语言形式—思维意识—客观世界"这一思路，探讨语言形式在语义传递中的概念框定。在具体章节的论述过程中，结合汉、日句子进行对比分析，通过对汉、日认知表现的相似性与差异性展开探讨，探寻两种语言不同表现形式背后的根本原因，为日语学习、教学以及汉日对比研究提供一个新的视角，建立一个体系化的认知思考模式。

第二编

认知体验：语言形式背后的理据

第三章　语言的体验观

日出东方一点红，万物沐浴阳光中。

——周希陶《增广贤文》

日出东方隈，似从地底来。

——李白《日出入行》

自古至今，"太阳从东边升起来了""夕阳西下"——这些话语，都是人们日常的语言表述。可是，认真思考一下，这样的表述与客观世界是一致的吗？

我们知道，在太阳系中，地球和所有的行星都是在自转的同时，围绕着太阳进行公转。地球的自转产生了昼夜，地球的公转产生了一年四季。由此可知：日出日落现象是由于地球在自转过程中面对太阳和背对太阳所致，而绝非是太阳的升起与落下。

于是，我们不得不承认语言世界与现实世界不一定是完全对应的，导致这种现象的原因是值得我们思考的。

萨特（2018：457）曾经说过："语言不是附加在为他的存在上的现象：它原本就是为他的存在，就是说，是一个主观性作为它的对象而被体验到的这一事实。"1980 年，Lakoff 和 Johnson 合作出版《我们赖以生存的隐喻》一书，提出新"经验主义"思想。1999 年，他们再度合作，出版《体验哲学》一书，把新"经验主义"改称为"体验现实主义"。由此，认知语言学的哲学基础就明确建立起来了。

体验哲学和认知语言学的一个核心观点是：人类的范畴、概念、推理和心智是基于身体经验形成的，其最基本形式主要依赖于对身体部位、空间关系、力量运动等的感知而逐步形成，归根结底，认知、意义是基于身体经验和感受所形成的。

体验现实主义主要强调依赖体验，特别是视觉和运动能力，反对割裂身体和世界之间的联系、割裂理性和经验之间的联系、割裂语言和认知之间的联系（王馥芳，2013）。

本章开头的事例，可以让我们认识到：地球的自转产生了昼夜，太阳并没有升落，这是客观事实。可是，为什么会有太阳升起与下落的感觉呢？这就是人们的体验、感受所致。人们从自身的感觉出发，看到了太阳的升与落，于是直接描述了自身的体验。

这是否能从一个侧面说明语言主体的体验性参与到了对客观世界的认知中来，并发挥了作用呢？

第 1 节　认知语言学的体验观

结构语言学强调的是语言的符号性、系统性、任意性，功能语言学强调的是语言的社会性、功能性、交际性，生成语法强调的是语言的天赋性、心智性、生成性，而认知语言学更强调的是语言的体验性、认知性、象似性。

认知语言学（Lakoff and Johnson，1980）认为，概念是通过身体、大脑以及对客观世界的体验而形成的，特别是通过感知和肌肉运动能力而获得的，并且只有通过它们才能被理解。语言遵循着"现实—认知—语言"这一进展程序，在很多情况下是有理据的。认知语言学就是要解释语言符号背后的认知机制（王寅，2005：37—43）。

该理论否认存在一个"自在"的、不以人的意志为转移的"客观"外部世界，其核心思想是，人性和理智都根植于身体和环境的互动，如 Lakoff（1999）认为："人们所具有的思考和使用语言的能力，整体上都是我们的物质身体和物质大脑的产品。从思维的本质到理解语言意义的方式，都与人们的身体密切相连，与人们在世界中如何感知、感受和行动密切相连。"

语言中既有客观因素，因为人们面对相同的客观世界，所形成的概念和思维必有很多相同之处，这是人们相互理解的基础；同时，语言中又有主观因素，因为人具有主观能动性，在"认知加工"阶段更多地体现出人本精神，出现了因人而异的概念和思想。语言中既有客观性，又有主观性；既有相同部分，也有差异成分；既有互动体验的基础，也有认知加工的超越。语言中普遍性是相对的，而差异性却是普遍存在的；从"以人为本"的立场研究语言，这就是我们所说的"体验人本观"（王寅，2014：471）。

认知语言学明确提出，概念是通过身体、大脑及其对世界的体验而形成的。正是我们的身体与世界的体验互动，才使得我们的概念通过语言形式表现出来，从而，语言才有了意义。所以，语言的形成是人们在对外部世界的体验认知中得以实现的（Lakoff and Johnson，1999）。语言是人们基于自己的感觉器官在与现实世界互动体验的基础上通过认知加工逐步形成的，是主客观多重互动的结果，这就必然要得出语言具有体验性这一结论。人的身体、认知和社会体验是形成概念系统及语言系统的基础（李福印，2005：45）。

第 2 节　语言体验的基础

认知能力是指人们学习、研究、理解、概括、分析的能力。从信息加工的观点来看，是接受、加工、贮存和应用信息的能力，即人们对事物的构成、性能、与其他事物关系、发展动力、发展方向以及基本规律的把握能力。认知语言学认为，认知是以身体为基础，头脑和心智所进行的活动，是人类理性与感性的活动。

一、比较

比较就是根据一定标准或自己内心的一种标准，在两种或两种以上、具有某种联系的事物之间，辨别高下、异同。

> この酒はおいしい。
> この店の料理はおいしい。
> このかばんは素敵だ。

人们通过比较，做出"这酒好喝""这家的菜好吃""这个包漂亮"这样的判断，在自己的头脑世界里，有一个自己的标准或者自身的体验，从而形成比较，表现在语言形式上。再如"这菜咸了""这菜太辣"也是因人而异的，表现在人们购物、买东西的时候，根据头脑里的条件、自己的标准，选择自己认为合适的商品。

> この猫が大きい。
> この馬が小さい。

我们在形成"这只猫大""这匹马小"这样判断的时候，在发话人内心是有一个基本的衡量标准的。"猫"再大，也不会超过"马"的个头，"这只猫大"是把这只猫与猫在人们头脑里形成的平均大小来比较的，"这匹马小"也是如此。因为我们知道，即使再大的猫也比不过最小的马，在说这句话或做出这种判断的时候，出发点都是以每个人曾经有过的体验为基础的。

> お酒は一本も飲んだ。
> お酒は一本しか飲まなかった。

同样的一瓶酒，由于说话人各具自身的体验对比，做出了"竟然喝了一瓶酒"和"只喝了一瓶酒"截然不同的两种表述。

> 島はこれぐらいの大きさか。
> 島はこんなに小さいのか。

这两句话的意思分别是"岛屿就这么大"和"岛屿竟这么小"。虽然用了"大きさ""小さい"两个不同的词，但都是与说话人心里标准的大小形成了反差，两者表示相同的客观事实。

有一位懂日语的俄罗斯朋友来到深圳，正好是 1 月份。那几天深圳的气温很低，大约 10℃，对深圳人来说是最冷的季节。所以，在问候时，我用了"寒いでしょう"。可是，俄罗斯朋友却说："深圳は快適ですね。"虽然是同样的温度，参照对比的标准却是不同的。这位朋友是以俄罗斯的气温为参照点进行比较，而我是以深圳通常的气温为参照点进行比较。正是因为体验、评价标准不同，所以也就产生了不同的语义表达。

再如，"这个东西不怎么贵""这家餐厅味道一般"等表达，既是表述者的评价标准，也是一种体验比较的结果。

所以说，比较是一种认知能力，人们根据一定标准在两种或两种以上有某种联系的事物间，辨别高下、异同，最终形成人们的体验结果。对两个或两个以上的对象，根据自身的体验，从某一观测点出发进行分析，明确其共性或差异性，形成具有体验性的语义表达。

二、一般化推导

在日常生活中，人们根据自身的体验，形成一般化推导。认知语言学称之为"抽象化""范畴化"。认知理论认为，知觉是人们接受到外来事物刺激后，这些事物的整体在大脑中的反映，是人对感觉信息的组织和解释的过程，也就是产生意义的过程。这个过程依赖于来自环境和知觉者自身的信息，也就是知识。完整的认知过程是面向特定的事物，以特定的视角抽取事物的特征，并且与已经形成的经验、记忆中的知识体系相比较等的一系列循环过程。

分析下面的例句。

> 故郷の春節はにぎやかだ。
> 北京の春節はにぎやかだ。
> ……
> 中国の春節はにぎやかだ。

根据自己的体验或者曾经积累的经验，由"家乡的春节热闹""北京的春节热闹"等等，进而得出了"中国的春节热闹"这一推断。每一句都是一个体验结果，根据多个体验，最后形成了一个总体性的推断。

> 荷物はこれぐらいの重さだから、あなたが持って帰られるよ。
> 荷物はこんなに軽いから、あなたが持って帰られるよ。

两个句子虽然用了"重さ""軽い"两个不同的词，但所表述的客观事实是相同的。可以理解为"行李就这么重，你带得回去""行李这么轻，你带得回去"。发话人通过自己掌握的"带得动"的标准，来对对方进行推测。

接下来分析一下多义词。多义词具有多个意义，但在多个意义之间存在着某种关联（国広哲弥，1982）。人们具有从中抽取出共性的能力，所以，人们一般化的认知能力，在语言学习上具有重要作用。

下面就"ところ"进行简单的分析。

> 私が住んでいるところはまだ緑がかなり残っている。
> このところ、いい天気が続いている。
> 思うところを率直に述べなさい。

（籾山洋介，2010：4）

三个句子都用了"ところ"，但它在三个句子中的意义是不同的。可以分别理解为"空间范围""时间范围"和"思考的抽象范围"。由此，我们可以抽出"ところ"三个意思的共同之处是"某个范围"。像这样从多义词的多个意思中提取共性，明示多个意思的关联性，是一般化推导的认知基础。

认知语言学是人们基于互动体验，对外界事物的属性进行适度概括和类属划分的心智过程或理性活动。人们通过这一过程或活动赋予世界以一定的结构，使其从无序转向有序，它是人们认识世界的一个关键性认知方式（王寅，2011：31）。

三、关联性

我们知道，相关关系和因果关系在人们的工作和生活中，都扮演着极其重要的角色，影响着人们的思维以及语言表达，同时，它们还影响着人们的行为去向。

相关关系是存在于客观现象的一种非确定的相互依存关系。比如说，"朝霞不出门，晚霞行千里"是人们经过千百年来的观察推断出的"朝霞"与"晚霞"与是否会下雨的关联。

王国维在《人间词话》里谈到了古今之成大事业、大学问者，必经过三种境界。2019 年 3 月 4 日，习近平总书记在参加全国政协十三届二次会议文化艺术界、社会科学界委员联组会时，发表了《一个国家、一个民族不能没有灵魂》的讲话，讲话中运用这一比喻来喻指职业道德养成的不同阶段。

> 良好职业道德体现在执着坚守上，要有"望尽天涯路"的追求，耐得住"昨夜西风凋碧树"的清冷和"独上高楼"的寂寞，最后达到"蓦然回首，那人却在，灯火阑珊处"的领悟。
>
> （习近平，2019：7）

讲话把"望尽天涯路""昨夜西风凋碧树""独上高楼""蓦然回首，那人却在，灯火阑珊处"等的比喻意义与职业道德的执着坚守、默默奉献、努力、升华感悟等相似性关联起来，收到了很好的说理效果。

再看下面的日语句子：

> 昨日は一日中図書館にこもっていた。
> 日曜日、友達と居酒屋に行った。
> この問題は難しいし、時間もかかるし、最後にしよう。

由"昨天在图书馆待了一天",我们联想到是在图书馆学习了一天。"和朋友去了小酒馆儿",我们会联系到是喝了酒。"这个问题很难,又需要时间,最后再做吧","难""费时"与放在最后去完成形成一定的关联。

因果关系是一个事件的"因"和第二个事件的"果"之间的作用关系,其中后一事件被认为是前一事件的结果。因果关系影响着人们的思维意识,既表现在语言的形式上,也影响着人们的行为。做某件事情前,我们总习惯"先给我一个理由"。事后,也爱给自己的行为"结果"找个"原因"。因果关系,已经根植于人们的思维里。

　　事故があったので、電車が遅れた。
　　明日試験なので、今勉強している。

两个句子都是表示一定原因导致的结果。"因为发生了事故,所以电车晚点了",客观叙述了已经发生的事实,导致了"车晚点"这一结果的发生;"明天有考试,所以在学习",是既定的客观事实的存在,导致了现在的结果。

第3节　身体与概念体验

认知语言学非常重视研究人体所得的经验与语言的关联。人体所获得的经验是指人们在接触客观事物的过程中,通过感觉器官,获得了对于客观事物的现象和外部联系的认识。它是客观事物在人们头脑中的反映。通过人生经历和知识的积累,人们发挥出来的潜能和展现出来的能力就是经验。认知语言学认为,经验或者体验是形成语言学习和使用的认知基础。

根据人类认知发展的规律,人类一般最先了解和认知自己的身体及其器官并形成概念,然后,人们常借用身体某个器官或部位的功能特点构成隐喻概念,以此来认知另外一个领域的隐喻概念。用相应的表示身体器官或部位的词语意义的引申喻义,来表示另外一个领域的概念。

一、人体参与具体事物体验

很多人体名称用来指称具体物体或东西的相似部位。《我们赖以生存的隐喻》将此类隐喻定义为结构隐喻,诸如:"山头""山脊""山脚""洞口""风口""泉眼""火舌""针头""箭头""火柴头""船头""车头""针眼""窗口""门脸儿""扶手""靠背""床脚""桌子腿""菜心"

"果皮""果肉"等等。

就拿日语的"顔"来说。"顔を作る"指具体的化妆、妆容。而"顔がそろう""顔をそろえる"表示参加的人员全部到齐，指的是具体的事物，这里的"顔"仅泛指"人"，"顔が並べる"也表示参加之意，"顔を出す"指露面或出席。

日语中的"手"，指的具体事物很多。如"手打ちうどん""手料理、手製"是指自己或自己家制作，或者手工的。

二、人体参与抽象事物体验

由于认知、思维和表达的需要，人类不仅将人体词投射于具体事物的描述上，而且投射到抽象的概念表达中来。这反映了人类更高层次的认知能力。

例如"首脑""首领""元首""首犯""祸首""头头""鼻祖""耳目""水手""旗手""国脚""足下""高足""心肝儿""心腹"等，以及"长舌妇""黄脸婆""大腕儿""大耳朵""独眼龙""软骨头"等，这些词都是通过认知人体部位的突显属性向抽象事物投射。

继续拿日语的"顔"来说。"顔が厚い"指抽象的人的特性，"不知羞耻"。还有，通过"顔"的肌肉运动可以观察到人们的内心情绪变化。当人们感到高兴时，脸部肌肉会放松，生气时脸部肌肉会紧张，因此就有了"顔をほころばす（高兴、喜悦）"；与其相反的是"顔をしかめる（不高兴）"等惯用语。"顔を曇らせる（脸色阴沉）"与"顔から火が出る（羞愧）"同样是这一情感在脸部的反应。

"顔が売られる""顔が利く"指的是知名度高、影响力大。"顔"还可以指人际关系，如"顔をつなぐ（保持人际关系）""顔が広い（交际面广）"。"顔が利く""顔が広い""顔が売れる"都表示具有相当的影响力和较高的社会地位。

再如，"手がある"一词表示有人手、有手段，办法、手腕高明等，其反义词是"手を失う"；"手"的本义是"人体的部分"，而这里是将其引申为其他含义了。"兄弟は左右の手なり（兄弟是手足）"，通过"手"对人来说的重要性，来体验兄弟情（吴宏，2009：17—20）。还有诸如："手を打つ（高兴或者谈妥）""手を焼く（棘手）""手が長い（好偷东西）""手が早い（手脚麻利）""手が悪い（做法、手气不好）""手が有る（有手段，有办法）"等等。

日语中的"口"也一样。"口が堅い（保守秘密）""口が重い（寡言）"口を封じる（封口）""口が多い（乱说）""口を拭う（做完坏事装象）""口を探す（谋生）""口を见つける（找工作）""口がうまい（能说会道）""口元がゆがむ（高兴）""口が尖らせる（不满）"等等，都是通过人体对抽象事物的体验、始源域向目的域的概念投射。

日语里的"頭""气""鼻""腕""耳""首""足""心""胸""肩""尻""顎""眉""腰"等人体部位名称的惯用语，同样承担着跨域的概念投射作用。

三、空间概念的人体体验

认知语言学认为，以人体为基准，空间结构关系分为上、下、前、后、里、外，以此为基础，形成大量人体概念隐喻化词语，如：头顶、脚下、前面、后面、身外、内心、外部、内部、表里、内外、上下、前后、前前后后、里里外外、上上下下、房前房后、山里山外、山上山下、手心手背都是肉、腹背受敌、唇齿相依、心底里、内心处、心目中等。在所有隐喻中，空间隐喻对人类的概念形成与表达具有特别重要的意义，多数抽象概念是通过空间隐喻得以理解与表达的（蓝纯，1999：8）。借助人体词构成表示抽象概念的空间隐喻很多。例如，心中、心宽、心上、心房、心窝、心里等。

与汉语一样，日语中的"上等""上品""上司""下级""下流""部下"等词语也是与人体感觉相关，用"上"表示好的或层次高的，相反则用"下"。以自己的身体位置，来确定"前""後""上""下""内侧""外侧"。

唐诗中的"低眉信手续续弹，说尽心中无限事"（白居易《琵琶行》）、"千万恨，恨极在天涯。山月不知心里事，水风空落眼前花，摇曳碧云斜"（温庭筠《梦江南》）等就是把"心"喻作盛装东西的容器。同样，日语中"心の隅"是指内心的某个角落，"心の内""心の奥""心の底""心が狭し""心の丈"等，都是将"心"视为空间。

四、人体部位的互换体验

人体部位的互换体验，体现在人体隐喻化表现在人体内部两个器官之间的结构投射上。身体的一个部位向另一个部位，即始源域向目标域的概念投射。例如，"手心"一词的中心词"手"是目标域，"心"为始源域。"心"位于人体中央，取这一位置特点投射于"手"，借以表示"手的中央"。再如，"心头""额头""鼻头""肩头""脚指头""眉头""脚心""肚脐眼""心眼儿""手背""心口""脚脖子""腿肚子"等，此类隐喻化造词表达都是人体参与体验的证明。

再看"顔を上げる（抬起头）""顔を伏せる（低下头）"，脸是无法抬起或低下的，能够抬起和低下的应该是包括脸在内的头部。由于脸是头的重要组成部分，在头部最为突显，因此在日语中，"顔"的语义扩展到了"头"这一范畴。"口が回る"中的"口"指的是舌头，舌头转动灵活，喻指话语流畅。

第 4 节　小结

认知语言学认为，意义不是来自与外在客观世界的对应，而是源于人类的身体经验和社会经验。人类是通过身体与世界相连接，同时，人们也是在身体与世界的互相作用中来认识世界。人们生活在客观世界中，无法与其隔离。人们运用身体的各个部位来感知世界、感知世界的万事万物，同时也将身体的各个部位以各种方式投射于客观物质世界，采用人体隐喻化的认知方式来认识世界。因此可以说，概念和意义是一种基于身体经验的心理现象，是人类通过自己的身体和大脑与客观世界互动的结果。体验是人们感受、认识世界，形成自己独立的人生感受的方式，是人们与世界沟通的一种最基本的方式。

第四章　语言的主观性

透过窗，你能看到什么？有的人看到了静，有的人看到了闹；有的人看到了雅，有的人看到了俗。

——《打开窗户看世界》（2014 年山东高考作文题）

在对同一客观事件进行叙述、描写时，不同的话语主体具有不同视角，激活自己不同的体验，产生不同的意义。因此，每个人所采用的语言形式、表达的语义存在着差异。

通过对这个问题的思考，我们开启本章对于语言的主观性、主观性的表现形式、主观性因素等问题的探讨。

第 1 节　什么是语言的主观性

语言的主观性是当前语言学研究的一个热点问题（Langacker，1985，1990；Traugott，1995；Stein and Wright et al，1995）。最早关注"语言主观性"问题的语言学家是洪堡特。洪堡特（2004：77）在《论人类语言结构的差异及其对人类精神发展的影响》中强调语言使用主体对语言个性的强大作用："语言及其形式的规律性，决定着语言对人的影响，而决定着人对语言的反作用的因素则是一种自由的原则。"20 世纪后期，Benveniste、Lyons、Langacker 和 Traugott 等人从不同角度关注和分析语言主观性。学者们强调，语言不仅仅是客观地表达命题和思想，还要表达言语的主体即说话人的观点、感情和态度（董淑慧、宋春芝，2013）。

主观性与命题表述相伴而产生，是语言的一种特性。关于主观性的定义有很多。Lyons（1997：739）认为，主观性（subjectivity）是指语言的这样的一种特性，即在说话中多多少少总是含有"自我"的表现成分，也就是说，说话人在说出一段话的同时表明自己对这段话的立场、态度和情感，从而在话语中留下自我的印记。主观性体现说话者的主观参与意识（Finnegan，

1995：1；沈家煊，2001：268）。沈家煊（2001）给出了"主观化"的定义，认为主观化是指语言为表现这种主观性而采用相应的结构形式或经历相应的演变过程。这是一个共时的概念，即在某一特定时间说话人采用什么样的结构或形式来表现主观性；同时又是一个历时的概念，即表现主观性的结构形式是如何经历不同的时期通过其他结构或形式演变而来的。

在语言研究，特别是在语言的社会应用（话语活动）研究中，通过对说话人的视角、立场、说话人的情感、说话人的价值标准等进行分析，进一步探讨不同语言表现形式背后的成因，即话语者的主观性与概念形成的关联问题，是非常必要的。

第2节　主观性的体现

一、语言现象分析

我们先来分析下面的例子。

> 一群人上山游玩，在山下的时候，碰到山上旅行团下来，问山上风景，有人说好，有人说不好。走到半山，又遇到一群下来的游客，有人说风景好，有人说不好。最后他们上到山顶，只见云海茫茫，他们有的人说风景好，有的说不好。
>
> （2014 年湖北高考作文题）

> 台教科书"日据"与"日治"之争由来已久。2013 年 7 月 23 日，据台湾媒体报道，"行政院"定调，公文将统一使用"日据"，并通知所属遵办。据报道，这是出于马英九授意，马英九自始至终都倾向"日据"，马英九认为，政府公文应统一规范，应采用维护台湾"主权"和民族尊严的"日据"一词。
>
> （马英九授意改"日治"为"日据"①）

第一则是 2014 年湖北省高考作文题。与本章开头所举例子一样，对于同一客观现实，因人的视角、审美观、心理等因素的干扰，对于同样的风

---

① 引自《台教科书"日据"与"日治"之争　马授意定调"日据"》，http://news. china. com. cn/tw/2013－07/23/content＿ 29501079. htm。

景，感受的结果不同，传递出的语义也不同。第二则改"日治"为"日据"，如果站在中华民族的立场上，日本是侵略，是"日据"；如果站在"皇民史观"或"日本军国史观"的立场上是"日治"。所以，"日治"或"日据"表达的是不同历史观，是涉及主体性、立场性的根本问题。

台湾文化大学历史系教授王仲孚指出，历史事件的陈述，使用怎样的词汇表达，涉及主体性或立场问题，"日治"或"日据"是一种史观；"日治"倾向的是"皇民史观"或"日本军国史观"，而"日据"则是台湾的立场①。

话语者的主体意识性的存在是不容否认的客观现实，这种主体意识性影响着语言的形式，也影响着语言的概念意义。那么，发话人的主体意识性到底对语言的动态性以及对语言的概念化过程产生什么影响，值得我们深入探讨、研究。

二、主观性与概念形成

概念是人们对客观事物所进行的语言描述，语言描述就是经过概念化过程所形成的。所谓概念化是指发话人或受话人思维意识中概念形成或被激活的过程。

例如，《香港成报》2013 年 6 月 14 日的标题为《"天神再吻"成功，航天员入"天宫"开展科学实验》的报道，是说"神舟十号"飞船与"天宫一号"太空实验室成功实现首次自动交会对接，也是"天宫一号"自2011 年 9 月发射入轨以来，第五次与神舟飞船成功实现交会对接。标题中的"天神再吻"这一概念，是人的心智意识中的"吻"到两个航天器的"对接"的映射，这一概念的形成过程就是概念化过程。

再看下面的例子。

小男孩和狗一起在吃牛肉干儿。

这句话听上去很正常，似乎没有什么不当，因为，在中文里人和动物的"吃"是同一个动词。但是在德文中就有问题了，因为德文里有两个不同的动词都表示"吃"，即"fressen"和"esen"。"fressen"是指动物吃，"esen"是指人吃。也就是说，根据动作的主体而区分不同的"吃"的使用。

同样，在法文里，男女的喜悦是有区别的，体现在所使用的词语上。比

① 《"日治"还是"日据"？台湾纠结》，http://www.ccnovel.com/16640.html。

如在汉语中没有区别"快乐"这个形容词，但是在法语里，要区分是男性还是女性，男性的"快乐"要用"heureux"，而女性的"快乐"则是"heureuse"。

日语里将物体分为有生命和无生命。表示有生命的存在用"いる"，表示没有生命的物体存在用"ある"。哪怕是一只蚊子，它也是有生命的物体，要用"いる"。

对于第三人称表述，汉语有人类和非人类的区别，人类又有男性和女性的区别，即"他""她""它"。

主体与客体是相对应的。哲学上的主体是指对客体有认识和实践能力的人。主体性也就是人们的自觉能动性，主要是指主体与客体打交道过程中所表现出来的能动性，它集中体现为主体的独立性、主动性和创造性。

主体意识是指主体的自我意识，它是人对于自身的主体地位、主体能力和主体价值的一种自觉意识，是人之所以具有主观能动性的重要依据。认识的主体性意识不仅直接标示着人们对其自身在认识活动中的地位、作用的认识水平，而且还折射出人们对于认识客观性的理解程度。而这种主体意识性将直接体现在话语者的语言上。

回到文章开头的《打开窗户看世界》，即使是同样的场所、同样的角度，看到的东西也是因人而异的。有的人看到了静，有的人看到了闹，有的人看到了雅，有的人看到了俗，主体意识性起着影响作用。概念产出的主体是认识客观事物过程中的承担者，人们的认识活动就是主体对客体的能动的反映，体现出认识者自己的立场、观点、方法、能力和条件，对认识过程和结果产生着不同影响。人的主体意识性和倾向性体现在话语概念的构筑之中。

第 3 节 主观性的因素

话语是人们对客观事物认识的结果，在这个认识过程中，经历了"现实—认知—语言"三个阶段。可以说现实决定人们的认知，人们的认知是能动的，认知又决定语言的形式和语言的意义，语言是人们对现实世界进行互动体验和认知加工的结果。在这个互动体验的过程中，发话人的观察视角、立场、观察顺序、心理判断、价值取向，影响着认知的结果。

一、视点因素

当人们观察某一事物或某一场景的时候，必然从某一位置或角度进行观察。因为话语者所处的位置不同，导致对同一事件或状态的把握不同，传递出的意义也不相同。

> ここからは上り坂だ。
> ここからは下り坂だ。

当话语者站在半山腰处，面向山顶方向，从他的立足点开始为"上り坂"，面向山底，从他的立足点开始为"下り坂"。

> 彼が北京から東京に行った。
> 彼が北京から東京に来た。

这两个句子都是对同一事态进行的表述，虽然没有说话人"我"的参与，但是，句中体现了"我"的主体性。第一句的发话人"我"身处东京以外的任何地方；第二句的发话人"我"一定是在东京。发话人所处的位置不同，话语形式与语义完全不同。

对于同一事物的表述，可以体现出不同的观测视点。如：

> 家から学校まで10キロメートルです。
> 家から学校まで歩いて約30分です。

这两个句子都是在表明家和学校的位置关系，第一句的发话人是将观测视点聚焦在空间距离上；第二句的发话人是将时间作为观测的焦点，把视点放在移动的时间上。

> 营造和谐，幸福你我。
> 城市是我家，爱护靠大家。

"你我"和"大家"都表示相当数量的人的集合。"你我"在一定程度上强调的观测点是组成众人的"人"的个体，而"大家"强调的观测点则是由人们组合起来的集合体。

台湾有一个词叫"待富者"，即贫困人员或贫困户。这种称呼如同我们的"失业者"与"待业者"一样。究其原因，是话语者对观察对象的视点不同而采用的不同表述，表达着不同的意义。如果目光聚集在现在，所观测的对象是"失业者"或"贫困户";如果放眼将来,所观测的对象或许是财富者、职场人员,从这一立场出发看待他的将来,给以鼓励或正能量的激发,那就是"待富者"。我们觉得"失业者"不好,失业率过高将是社会的一个负面因素,所以叫"待业者",即等待就业的人员。"贫困户"曾指生活困难家庭,国家要有专门的政策补助,这个词在中国即将消失,因为我国已经实现全面脱贫。在脱贫过程中,我国强调,扶贫先扶志,扶贫必扶智。扶志就是扶思想、扶观念、扶信心;扶智就是扶知识、扶技术、扶思路。

同样是视点问题的《门与路》,出现在 2014 年浙江高考作文题中。门与路永远相连,门是路的终点,也是路的起点,既可以挡住你的脚步,也可以让你走向世界。你可以将门看作是终结,因为每一段路都会有它的终点;你也可以将门看作是起点,因为每一段路都有它出发的起点。一段路的终点,也可能是下一段即将开始的起点;一段路的起点,也正是上一段路终点的延续。所以,面对问题,思考问题,视点左右着人们的思维,思维意识最终影响也会导致不同的认知结果的产生。

二、主与次:焦点与背景

一个事物(客体)在被认知的过程中分成优势和次优势,即焦点和背景。Talmy(1983:232)首先将焦点(figure)与背景(ground)理论运用到认知语言学研究中,他把这一术语的解释为:焦点是一个运动的或者是一个可动的物体被突现出来。背景是一个参照体,它本身在参照框架中是固定的,相对于这个参照体,焦点得到特定的描写。

桌子上放着一个茶杯,我们通常会把茶杯视为整幅画面中突出的角色,将其与作为背景的桌子分开。同样,当我们聆听一场音乐会时,我们会将钢琴的声音与乐队的伴奏分开,认为前者更为突显。"我们观察事物,可以从图形到背景,也可以从背景到图形。"(邵敬敏,2007:240)

看下面的句子:

深圳の中央図書館は市民センターの後ろにある。
市民センターの後ろに深圳の中央図書館がある。

这两个句子中的"中心区图书馆"和"市民中心的后面"是分别要描写的重要事项。不同的是,第一句是从图形到背景,表达的是"中心区图书馆位于什么地方",认知主体把"中心区图书馆"作为焦点,以它为出发点进行论述,话语人把事件信息按"中心区图书馆→市民中心的后面"这样一种认知顺序来编码；第二句则是从背景到图形，表达的是"市民中心的后面有什么"，是将"市民中心的后面"作为焦点，"中心区图书馆"作为背景，话语人按着"市民中心的后面→中心区图书馆"这样的一种认知顺序来编码的。前者由图形引出背景，后者由背景引出图形。

一般说来，焦点是包含在背景之中的成分，但又突显于背景中，在认知中占有优势，是最明显的部分。而背景突显程度较低，作为认知的参照点而存在。

认知语言学家认为角色与背景的分离反映在语言结构上，如汉语的主—动—宾（SVO）结构，就被视为角色与背景的二分化这一普遍的认知原则在语言上的体现。具体来说，主语对应于角色，宾语对应于背景，动词的表达则是角色与背景之间的关系（Langacker，1990/1991）。

在同等条件下，人们总倾向于选择知觉范围中占优势的、突出的事件作为主语或主题，而不把不突出的事件选作语法的主语或主题。焦点—背景的选择与人们对情景的识解角度密切相关。

三、观察顺序与动态注意力

Langacker（2000：362）将人们的观察分为两种：总体扫描（summary scanning）和顺序扫描（sequential scanning）。总体扫描一般是观察静止的情景时的认知过程，把一个事件当成一个整体来看待。顺序扫描是指一种基本的、次序的心理活动，把一个事件看成是不断展开并且是逐渐发展变化的过程。当然，总体扫描中蕴含着顺序扫描。

> 横琴大桥连接着珠海和横琴。
> 虎门大桥是中国第一座悬浮大桥，从虎门威远伸向南沙。

第一句描述的是桥的状态，桥占据着两岸的空间，话语者将整个桥的扫描结果作为一个整体看待，描述的是"珠海"与"横琴"之间的"桥梁"，是一个总体扫描。第二句是从起点"虎门"向终点"南沙"延伸顺序的扫描，这是一个动态的、行进状态的次序扫描。

再看下面的句子：

> 車のフロントガラス越しに、色とりどりの旗が後ろへ流れていく。

　　这里所说的"彩旗向后流淌"，并非真是"彩旗"在流动，而是话语者的车在行驶，感觉到彩旗在向后流淌。Talmy（2000：99）将这类语言现象称为虚拟位移（fictive motion），这种方式的语言表达，体现的是人们的注意力移动，而并非是物体的移动。这种虚拟位移还表现在视觉放射、映像移动和注视点的移动等方面。

　　　　飛行機が空で飛んでいて、だんだん小さくなっていった。

　　这里的飞机变小了，可事实上的飞机并没有变小，是观测者投射出去的视线所聚焦的对象远去了。观测者为移动的起点，视线投向远方，即为主体的视觉放射。

　　　　車が大草原で走っていて、故郷が近づいてきた。

　　"故乡"是不能移动的地点，在这里却成为可移动的对象，向知觉者靠近，映入知觉者的视野。知觉者为移动的终点，由视觉对象先发送信息，信息从对象物向知觉者一方移动，即映像移动。

　　　　一下车，一望无际的金黄麦浪展现在眼前。

　　视野中的"麦浪"宽广无垠，人们的注视点随之而改变。所谓注视点的移动就是人们通过改变眼睛和头的方向，改变视线，从而可以改变视野中注视点的位置。

　　从人们的认知过程来看，视点的总体扫描或者是次序扫描，产生了不同的语义概念。同时，动态的注意力产生了动态的概念化结果（李福印，2008：349）。不可否认，这种动态的注意力是主体意识的结果。

　　四、心理判断、价值取向

　　在发话人的概念化过程中，内心世界已存在有一个基本的立场、评价标准、价值取向等。从不同的立场、价值观出发，话语者对客观事物的描述也就产生了不同的概念。

　　请看下面的句子：

　　　3月24日，马来西亚客机失踪已经18天，马来西亚总理召开发布会，宣布失联航班 MH370 在南印度洋坠毁。①

这里分别采用了"失踪""失联""坠毁"三个词。单从报道层面来看，这三个词体现了人们对这一事件的不同阶段的主观认知程度以及对事件的判断，直至最后采用了"坠毁"一词进行终结判断，是马来西亚政府方面做出的最终认定。

"×××被判处 15 年有期徒刑后，认罪伏法，不上诉""涉嫌杀人被公开审判，×××认罪伏法"。②

这是 2013 年因涉嫌犯罪被公开审判的一些媒体报道。在这里，作为主体的报道人如果认为"犯人已被执行死刑"，则应该用"伏法"；如果认为"犯罪人承认犯罪事实、服从法律的裁判"，则应该用"服法"。显然，这里的"伏法"是误用，应改为"服法"。

在"棱镜门"事件报道中，"泄密"是一个高频用词，但多家媒体把"泄密"误为"泄秘"。③

在这里，"秘"和"密"都有秘密的意思，但侧重点不同。报道人（主体）如果认为"棱镜门"泄露的是内容隐蔽，客观上尚不为人知的事情，则用"秘"，如"秘方""秘史""揭秘"；"密"强调隐蔽内容，主观上美国不想让人知道的事情，如"密谈""机密""泄密"等。

表扬过一个好孩子

有个小学生在街上做了件好事。邮局门口的一排自行车倒在地上，人行道上人们走来走去，视而不见。这个孩子大概不常看报纸，也没有人对他进行"社情"教育。于是就上前去把它们一辆一辆地扶起来，立稳。就在这时，有个人从邮局里出来了，看到小学生在困难地扶自行车，连忙说"没关系！没关系！"（中略）邮局里又走出来一个人，一

---

① http：//www. ibtimes. cn/articles/36162/20140325/950942. htm.

② 《〈咬文嚼字〉盘点 2013 年十大语文差错》，见中国新闻网：http://www. chinanews. com. cn/cul/2013/12 – 25/5663572. shtml.

③ 同上。

看到孩子在扶自行车，止不住埋怨了一句："小朋友，怎么搞的？下次当心点哦！"（中略）这时，从一旁走过来的第三个，笑着说："小朋友，谢谢你！你真好！"①

同一事件，三个人三句不同的话语，传递出了三种完全不同的观点。第一个人认为是小孩的责任，传递出了原谅小孩的意愿；第二个人认为是小孩的责任，并责怨了小孩；第三个人认为小孩做了好事，并进行了表扬。

我们可以看出，话语者发话之前即概念产生之前，在主体的概念化过程中，明显受着心理判断的影响，所以产生了迥异的概念。

Langacker 主张从共时的、认知的角度进行分析。说话人即使处于同样的位置，每个人选择的立场、角度各异，由于观测视点的不同，不同的话语会传递出不同的语义概念。这种立场、角度既包括具体的空间位置和方向，也包括抽象的时间中的位置和方向。赵本山 1999 年春晚小品《昨天、今天、明天》中的"昨天"表达的时间位置是"过去"，"今天"表达的是"现在"或"目前"，"明天"表达的是"将来"。这已不是具体时间层面上的"昨天""今天"和"明天"的概念意义了。

第 4 节　小结

语言是主体对现实世界认识的反映，是人们对客观事物认知的结果。认知源于现实，始于经验，基于感知，具有较强的主观意识性。概念化的过程就是主体对客体信息进行从具体到抽象、从抽象到具体的把握过程。在这一过程中，体现了认知从现象到本质的特征，体现了人们进行思维活动的精神意识的主观性。没有主体的参与，这种反映就不可能成立。主体的参与及主观性的介入，对于认知结果的干预、影响发挥着作用，所以，语言是具有主观性的产物。

人们通过语言反映现实，进行着社会沟通、交流。说话人的视角、主与次的设定、情感以及心理判断等因素必定会不同程度地体现在说话人的话语中。甚至可以说，语言是人们思维形式、认知结果的凝化。

语言反映现实，也映现出发话人的意识性。所以，在语义、概念的理解过程中，既要理解词句的表面含义，又要透过语言符号的表面，对形成语言现象背后的动机、认知过程进行研究。从语言形式到语言概念的内涵与外延

---

① 吴非：《表扬过一个好孩子》，《扬子晚报》2013 年 8 月 27 日。

进行广范围、多角度、立体的研究，有益于发话人的概念构建和受话人的意义接收，有益于语言传递的精准化、效率化。这一研究对于语言的社会功能与交际意图的达成，具有重要意义。

第五章　认知识解

> 晋明帝数岁，坐元帝膝上。有人从长安来，元帝问洛下消息，潸然流涕。明帝问何以致泣？具以东渡意告之。因问明帝："汝意谓长安何如日远？"答曰："日远，不闻人从日边来，居然可知。"元帝异之。明日，集群臣宴会，告以此意，更重问之。乃答曰："日近。"元帝失色，曰："尔何故异昨日之言邪？"答曰："举目见日，不见长安。"
>
> ——《世说新语·夙惠》

太阳近？太阳远？同一问题、同一人，为什么回答不同呢？

Langacker（1987：5；1991：4）在认知语法框架中，提出了人类认知的一种主要方式是"识解"。最初在《认知语法基础》中，Langacker 使用的术语不是"识解"，而是另一个来自心理学领域的概念——"意象"（image）。作为认知心理学术语，"意象"指人们在对外界事体感知体验过程中形成的抽象表征，可长期保留在人们头脑之中。然而，与认知心理学中的"意象"不同，Langacker 的"意象"指人们为达到思维和表达目的，以不同方法观察情景或解释内容的一种认知能力，是形成概念与语义结构的具体方式。后来为避免误解，Langacker（1987：5；1991：4；2007：19）把"意象"改为"识解"（单伟龙，2017：45—48）。Langacker 把"识解"定义为人们以不同方式来理解、描述同一场景的能力，指人们可从不同视角、选择不同辖域、突显不同焦点、以不同方法观察情景和解释内容的一种认知能力，并形成概念，通过语言形式传达语义。

"识解"在本质上强调了语言的主观性。王寅（2008：211—217）提出，"识解"这一认知能力是"形成概念体系、语义结构和进行语言表达的必经之路"。

第 1 节　识解的维度

关于如何来理解"识解"，Langacker（1987：5；1991：4；2007：19）指出可以从五个维度，即从详略度、辖域、图形与背景、突显、视角五个方面对"识解"进行具体描写和厘定。

一、详略度

所谓详略度，就是指情景刻画时的精细及具体程度，是概括叙述还是细腻描写。不同识解的形成，与对外界观察的详略程度密切相关，人们可从不同精确程度和详略程度来认识或描写一个事体。比如：

> 果物を買ってきた。
> リンゴなどを買ってきた。
> リンゴと葡萄を買ってきた。
> リンゴ二つと、葡萄一房を買ってきた。

这几个例句，从"买回了水果""买回了苹果等等""买了苹果和葡萄"到"买了两个苹果和一串儿葡萄"，所描写的事件，即购买的东西依次更为具体。兰艾克（2016：97）解释为：一个详略度较高的表达式对某一情景做出细致的描述，具有较高的解析度；而详略度较低的表达式仅限于对其做粗略描述，低解析度只能反映出其粗略特征与总体组织。

> 机の上に書籍が置いてある。
> 机の上に辞書が置いてある。
> 机の上に日本語の辞書が置いてある。
> 机の上に『日本語類義語』という辞書が置いてある。

上述句子是对同一场景的描述。这四个句子产生了一个分类层级。这个层级是从"书籍"依次到"辞典""日语辞典""《日语同义词辞典》"，从而把一个事件描述得更精确、更具体。

当然，详略度并不是一成不变的。就拿上例来看，"书籍"不一定是就是不详细、不具体的，只有在具体的句子对比中才能够说明。在上面这几个句子的对比中，"辞典""日语辞典""《日语同义词辞典》"比"书籍"更详细化。如果换一种说法，我们再看一下：

> 机の上にものが置いてある。

这个句子中的"桌子上摆放着东西"，"东西"与"书籍"比起来，"书籍"的层级更具精确化，"书籍"可以理解为"もの（东西）"的下位概念。

在语言表达中，不一定都需要具体、详细的描述，或者说具体、详细的描述不一定就是最好的表现形式。根据具体场景和语义传达的需要，话语人根据自己的主观意图进行动态的识解选择，可详可略。

二、辖域

辖域（scope）是指语言表达所激活的相关内容。在进行语义描述时，通常用"认知域"来代替。在描述具体事件的过程中，人们使用的语言表达形式，能够激活头脑中已储存的相关联的经验、知识，使得概念域重新得以配置。同样，人们对于一个表达或一个文本意义的准确理解，也与百科知识相关。所以，百科知识常作为背景参照系，帮助人们去准确把握、激活概念域中的相关因素。

我们在感知客观世界某一情景时，人们的大脑可以对一些复杂的外部因素进行迅速处理，并将它们置于识解范围的掌控之中。Langacker（1987：147）认为，在这一过程中，大脑在诸多因素的刺激下，参照相关的认知域来进行认知重组。

我们来思考一下日语"義理の母"这个词。从认知域来看，这个词是建立在人、性别、婚姻关系、家庭、亲缘关系等基础之上所形成的概念体系。在现实中，这个词通常所激活的是有关妻子的家庭关系，如妻子的母亲等家庭关系概念。

分析下面日语、中文两组对话的例子：

> 鈴木さん、お酒を一杯乾杯しましょう。
> いいえ、私はビールにしましょう。

> 老张，来喝杯酒。
> 好，我喝啤酒。

　　从上述这两组句子对比来看，尽管日语中"お酒"有广义的"酒类"的含义，但是，在日常交流中，"お酒"多指"清酒"。所以，在日语会话中铃木的回答是"不，我还是来啤酒吧"。在中国，"酒"就是"酒类"的泛指，可以包括白酒、啤酒、葡萄酒等等。所以，会话中老张的回答是"好，我喝啤酒"。同一个词"酒"，需要放在百科知识中，包括语言习惯以及不同的文化背景中进行思考、探讨，才能明确其所激活的不同的认知域。

三、图形与背景

　　"图形与背景"或"前景与背景"是基于突显观的一种识解理论。最早是由认知语言学家 Talmy（2000：312—315）将心理学研究成果引入语言学研究领域的。他解释为：图形是一个移动的或概念上可移动的实体，其路径、位置或方向被视为一个变量，相关问题就在于这个变量的值；背景是一个参照实体，有关于参照框架的固定场景，图形的位置、路径和方向可以遵从这个参照框架来描述。

　　前景化最主要的目的是突出主题，将有利于表现主题的元素从背景中突显出来。前景（foreground）与背景（background）互为对立，前景是主体，或者是全句的焦点，背景起烘托和装饰作用，也可以看作是突出与衬托的关系。

人脸／花瓶幻觉图
（鲁宾，1915）

　　这张图是丹麦心理学家鲁宾（Rubin）创作的。观察此图时会出现两种结果：当以白色部分为背景，将注意力集中在黑色部分时，看到的是两张人脸；当以黑色部分为背景，将注意力集中在白色部分时，看到的是一个花瓶。这种现象被称为图形—背景分离现象。这种分离，呈现出层次性。由于认知识解方式发生变化，人们在大脑中所形成的概念也会发生改变。

当我们观察周围环境时，我们的注意力通常会落在某个物体上，并将这个物体与其所处的背景区分开来（蓝纯，2005）。比如，桌子上放着一个茶杯，我们通常会把茶杯视为整幅画面中突出的角色（figure），将其与作为背景（ground）的桌子分开。同样，当我们聆听一场音乐会时，我们会将钢琴的声音与乐队的伴奏分开，或许会认为前者更为突显。角色相对于背景显得更加突出和引人注目。

认知语言学家认为角色与背景的分离，同样可以反映在语言结构上。比如，传统的主—谓—宾，即SVO结构或日语的SOV结构就可被视为角色与背景的分离，这种二分法是普遍的认知原则在语言上的体现。具体地说，主语对应于角色，宾语对应于背景、动词的表达则是角色与背景之间的关系（Langacker，1990/1991）。Langacker（2016：102）提出：在任何情况下，当一个概念先于另一个概念出现，并在某种意义上触动后者时，我们均可合乎逻辑地谈论前景与背景；在更为宽泛的意义上，可以说，表达式唤起背景信息作为其理解的基础。即便是在一个表述详细的句子中，这种知识也已进行了预设。

机の上には本がある。
本が机の上にある。

鈴木さんがお酒を飲んだ。
お酒を飲んだのは鈴木さんだ。

第一句"桌子上有书"是将焦点置于"桌子上"，因此，桌子成了图形或焦点；第二句"书在桌子上"将焦点调至"书"，于是，"书"是图形，而"桌子"成为了背景。

同样，"铃木喝了酒"这句话描述了这一客观现实，"铃木"是焦点。当认知主体出于某种目的需要，想要突显概念内容中的要素"喝酒的（人）"时，对此概念内容的识解方式便会发生"喝酒的是铃木"这一改变。具体来讲，"鈴木さんがお酒を飲んだ"的认知主体将注意力焦点放在了"铃木"身上，"铃木"为焦点或图形，而"酒"则是背景。"お酒を飲んだのは鈴木さんだ"的认知主体将注意力焦点调到了"喝酒的（人）"，"喝酒的"成为了图形，而"铃木"则成为了背景。我们知道，"お酒を飲

んだのは鈴木さんだ"是日语的分裂句式。好多学者从"认知"这一视角出发，对日语的分裂句式进行分析，也给出了一定合理的解释。

再分析下面的被动句：

A国の軍隊が町を破壊した。
町がA国の軍隊に破壊された。

第一个句子是说话人将主语即行为人"A国の軍隊"作为了焦点；第二句话将焦点调到了"町"。焦点的转变，导致语义发生了变化。焦点的转变，也为主动句、被动句两种不同的语言形式、语义区别的本质提供了解释的依据。主动句"A国的军队破坏了街道"和被动句"街道被A国的军队破坏了"表明了说话人的不同视点和不同立场。当站在"A国军队"的立场来描写事件时，用了主动句式；当站在"町"的立场来看待事态的时候，就用了被动句式。

再回到本章开头例子，我们把它翻译成现代汉语如下：

晋明帝（司马绍）几岁时，一次，坐在晋元帝（司马睿）的膝盖上。当时有人从长安来，晋元帝问起洛阳那边的情况，不觉伤心流泪。明帝问父亲什么事引得他哭泣，元帝就把过江来的意图一五一十地告诉了他。于是问明帝："你看长安和太阳相比，哪个远？"明帝回答说："太阳远，没听说过有人从太阳那边来，显然可知。"元帝对他的回答感到很是惊奇。第二天，召集群臣参加宴会饮酒，就把明帝这个说法告诉给了大家。当时，又重新问了一遍，不料明帝却回答说："太阳近。"元帝相当惊愕，问他："你怎么和昨天说的不一样呢？"明帝回答说："现在抬起头就能看见太阳，可是看不见长安。"

太阳和长安，到底哪个远？

当把"来人"作为背景时，出现的焦点是"太阳远"；当把"能看到的"作为背景时，出现的焦点是"太阳近"。

Langacker（2016：102）曾指出：相类似的还有隐喻的始源域相对于目标域所具有的某种初始性。始源域通常更为具体，或更直接地植根于身体经验中，它提供的目标域得以观察和理解到概念背景。在这种背景观念下审视目标域，目标域则变成为一个混合域，或者说是整合空间。我们可以同样确凿地说，始源域与目标域共同构成了整合概念，并构成得以浮现的背景。整合空间在继承了始源域与目标域的选择性特征的同时，也成为最直接被语言编码的成分。从这个意义上讲，整合空间被前景化了。

四、突显

人们在观察和认识外部场景时，都具有聚焦某一实体的能力。人类有确定注意力方向和注意焦点的认知能力，这就是形成突显原则的认知基础。认知语言学把这种对语言所传达信息的取舍和安排，定义为突显。Ungerer 和 Schmid（1996：38—39）认为，这种语言现象超越了逻辑推理和客观性，是人类主观认知的结果。认知语言学认为，语言表达是一种具有动机性的行为，表达者的心理视点及动机在一定程度上控制着语言结构的最终布局。

任何一个事物都是多方面的，而且往往会存在于一个统一体中，人们在观察描写的时候，有时仅将注意力投放于某一特定的方面，而忽略其他方面。

例如：

> 他是一个聪明的男孩。
> 他是一个有爱心的男孩。
> 他是一个胆小、一说话就脸红的男孩。
> 他是一个细心的男孩。
> …………

这个男孩儿是多面性的，在特定的场景情况下，人们出于主观的表达目的的需要，有时会仅仅聚焦于其中某一个方面，而掩盖其他方面。

这样的例子很多。

> 木々の間から鳥のさえずりが聞こえる。
> 森の中から鳥のさえずりが聞こえる。

"木々""森"都是表示相当数量的树木的集合，但是，"木々"所着眼表达的是构成森林树木的多个个体，突显个体的多样性；而"森"所要表达的是树木集合的总体，忽略了个体的差异性。

> 今日は、8 時間も勉強した。
> 今日は、8 時間しか勉強しなかった。

ワインが半分残っている。

ワインが半分しか残っていない。

"今天学习了八个小时"中的"も"突显数量之多，"今天只学习了八个小时"中的"しか…ない"，突显了时间之少，希望有更多的时间。同样是学习了八个小时，突显的视点却完全不同。

"葡萄酒剩下半瓶"是客观现实状态的描述，而"葡萄酒仅剩下半瓶"通过"しか…ない"突出表达还希望有更多。

> 红酥手，黄縢酒，满城春色宫墙柳。东风恶，欢情薄，一怀愁绪，几年离索，错，错，错！

> （陆游《钗头凤》）

关于"手"，有粗糙、大小，这里突显的是红润酥腻；"东风"可以理解为春风，有强，有弱，有和煦，有轻柔，有人表述为"东风夜放花千树""东风吹来满眼春"，而此处，作者突出的是"东风可恶"；对于"欢情"，作者突出了"稀薄"，也有人认为"欢情犹胜""欢情炽烈"。

从上述分析可以看出，人们在认知某一事物时，从这一事物的多个特点或多方面中有意突出某一点或某一面，使之成为焦点并引人注意。

不同句式的意义差异可来自同一概念中所选取的不同观测点，这些语义的传递是一个识解问题，是将人们的注意力引导至某一事物或关系，通过挑选出来作为表达的句子结构、句式，从而完成其有意表达的概念所指。为此，Langacker（2016：129—130）指出突显性是一个概念现象，植根于我们对世界的把握中，而并非存在于世界本身。

五、视角

视角是指人们观察事物时的角度，表示说话人与被观察事物之间的关系（Langacker，2016：130）。视角包括观察角度和观测点。观察角度是指说话者的观察位置。观测点是指观测时间点或者说话者的心理扫描方向。每个人在看世界时都有各自的视角，同一个人在看待同一个问题时，因为各种因素的变化，也会产生不同的视角。因此，视点又具有动态性。

与视点密切相关的是一个微妙但又非常重要的识解维度，Langacker（2016：130）提出了主观性和客观性。由此又产生了主观识解和客观识解。这一问题，将在下一节中展开论述。

视角的选择与识解维度、主体意识性相关，与"焦点""突显"又密切相关。于是，不同的视角产生了不同的概念，不同的概念又通过不同的语言形式表现出来。

有人从不同的视角出发，把中国四大名著——《三国演义》《水浒传》《红楼梦》《西游记》做了如下的归类：

> 从最终结果分析：西游经文取到了，红楼家败了，水浒全死了，三国统一了。
>
> 从斗争对象分析：西游斗妖怪，红楼斗女人，水浒斗官宦，三国英雄斗。
>
> 从描写线索分析：西游是旅途，红楼是恋爱，水浒是冲动，三国是变革。
>
> 从描写背景分析：三国写了一个大时代，水浒写了一帮大英雄，红楼写了一个大家族，西游写了一伙大妖怪。
>
> 从启示性分析：三国教的是韬略，水浒教的是造反，红楼教的是叛逆，西游教的是皈依。
>
> 从直接目来分析：三国为了立国称帝，水浒为了归顺当官，红楼为了情爱，西游为了取经得道。
>
> …………

四大名著，风格各异，各具风采。对于每部作品，都可以从不同的目标视点出发去解读，宏观上就会产生不同的理解与不同的定位。把四部不同的著作放在一起，按写作要素来分析，又会发现四部著作的相似性，都具有写作对象、写作背景、写作线索、故事情节、故事目的、最终结果、启示性等。

下面这组日语句子，就是因为所描写事件视点的不同，从而导致了不同的表达方式。

> 太郎は花子に本を上げた。
> 花子は太郎から本をもらった。

同一个事件，视点放在不同的行为主体"太郎"和"花子"身上，由此便产生了两种不同的表现形式，"太郎把书给了花子"和"花子从太郎那里得到了书"，由此又产生了不同的语义表达。

接下来，我们分析对于同一事件，由于说话人自身所处空间位置的不同，从而产生不同语义概念的表达形式。

分析下面日语的例子。

> 高澤さんが名古屋から北京に行った。
> 高澤さんが名古屋から北京に来た。

> ドアから出て行く人。
> ドアから出てくる人。

"高泽先生从名古屋去北京"和"高泽先生从名古屋来北京"这两个句子，都是以说话人为中心，并且从说话人所处的位置这一视点出发，对事件进行描述。"高泽先生从名古屋去北京"这句话，表明说话人不在"北京"，是说话人站在"北京"以外的角度，对现实所进行的描述；"高泽先生从名古屋来北京"这句话，表明的是说话人在"北京"。

"从门口出去的人"和"从门口出来的人"，同样是以说话人所在的位置对事件进行描述。当说话人在屋内时，用"ドアから出て行く人"来描述；当说话人在屋外时，用"ドアから出てくる人"来描述。由于说话人所处位置不同，对事件的描写也是不相同的。

> この山は、中腹から山頂まで急激なのぼりだ。
> この山は、中腹から麓まで急激なくだりだ。

"这座山从山腰到山顶很陡"和"这座山从山腰到山脚很陡"这两句话，是由说话人所在的位置或设定的起点位置以及说话人所面对的方向而决定的。当把起点放在山腰"中腹"，面对山顶，视线向上推移，看到的是"のぼり"；当把起点放在山腰"中腹"，面对山脚，视线逐渐推移，看到的是"くだり"。

下面的句子是人们从内心情感的视点出发对客观事件进行的描述。

> 40キロ地点まで、A 選手とB 選手が肩を並べた。
> 40キロ地点まで、A 選手がB 選手に追いついた。
> 40キロ地点まで、B 選手がA 選手に追いつかれた。

"马拉松长跑中，A 落后于 B，在 40 公里的地点，两人并行。"以上三句话都表达出了这个语义。但是，三句话各自表达了截然不同的视点。这一视点既不是空间上的视点，也不是时间上的视点，而是在内心或情感上支持谁的态度的不同。

"到了 40 公里的地方，选手 A 和选手 B 并行了"是说话人持中立态度的语义表达；"到了 40 公里的地方，选手 A 追上了选手 B"，是说话人内心含有支持选手 A 的情感表现；"到了 40 公里的地方，选手 B 被选手 A 追上了"，是说话人内心支持选手 B 的情感表达。

> A 交差点を超えると道幅が広くなる。
> A 交差点を超えると道幅が狭くなる。

这两个句子，当对同一地点进行描述时，应该是正确的。有人会问：难道不矛盾吗？

不矛盾。因为，这两个句子都是描述同一条道路在 A 这个十字路口，出现的两种不同状况。一个可能是由西向东，另一个相反则是由东向西。同一条道路，由于方向不同，或者由于话语人站在 A 这个十字路口，面对不同方向的视线游移，出现了"过了 A 处的十字路口，道路变宽了"和"过了 A 处的十字路口，道路变窄了"两种不同的表达方式。

所以，视点既可以从被观察物体的突显的角度出发，也可以从观察者所处的空间位置的角度出发，甚至可以从观察者所面对的方向、视线移动的角度出发，从内心情感的角度出发形成不同的句式，表达不同的语义。

视点研究很好地阐释了话语主体的主观性。同时，对主动句与被动句、分裂句等不同句式的语义辨析，也给出了很好的解释思路。所以，识解是认知语言学中一种关键的认知方式，是区别于其他语言学派的一个重要特征。

第 2 节　主观识解与客观识解

池上嘉彦在 Langacker 的认知语言学识解理论基础上，结合日语的特点，根据发话者对某一事态采取不同的认知方式，提出了"主观识解"和"客观识解"两种类型。1981 年，池上出版了『「する」と「なる」の言語学』一书，通过对日语、英语进行对比，提出了"する"型和"なる"型两种不同的语言识解方式。池上认为英语倾向于突显事态中的动作主体，为"する"型语言；日语喜好将事态作为一个整体来看待，为"なる"型语言。

池上（2000，2006）就什么是主观识解，什么是客观识解做了具体的论述。

所谓主观识解，就是指发话人即"认知主体"，通过"自我投入"的方式，把自己置身于想要进行语言编码的事态之中。即使与自己没有关系，或者自己并没有介入所描述的事件中，但仍然采用亲临现场的自身体验来把握和描写事态。

客观识解是发话人即"认知主体"，通过"自我抽离"的方式，把自己置身于想要进行语言编码的事态之外。即使自己参与其中，但发话人仍要将自身抽离出来，与被观察的事物、现象保持一定距离，以旁观者、观察者的身份来对事态进行把握和描写。

图 5 - 1 对此做出了说明。

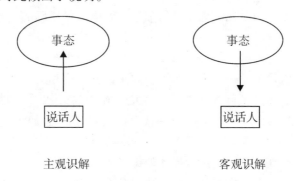

主观识解　　　　　　　　　　客观识解

图 5 - 1　主观识解与客观识解

如何进行"事态把握"，完全由说话人任意选用。由于语言的不同，呈现出来的表现方式也具有倾向性（Langacker，1991；池上嘉彦，2000，2003，2004，2006，2007）。在大量研究的基础上，池上嘉彦（2008）对自己的学说进行了延伸，认为主观识解是"日本人喜好的表达方式"。

接下来，我们将从汉日语言所体现出的不同认知特点入手，进一步分析两种语言在识解倾向的差异性。

第 3 节　汉语、日语的识解倾向

我们先分析下面的例子：

田中：初めまして、田中と申します。

　　張：初めまして、私は張と申します。

　　这是在初次见面两人自我介绍的场景，以中文为母语的日语学生"小张"在介绍自己时，不忘突显"我"，明明是在介绍自己，他仍以观察者或者第三者的身份，从情境中抽离，根据上一节的主观识解、客观识解的理论观点，这种表达是典型的客观识解，也是汉语思维带入日语场景的表现，因为在中文自我介绍、说话过程中，主语"我"是不可少的。而"田中"的自我介绍，是典型的日语表述，没用"我"；即使不说"我"，对方也会明白，因为是在说自己的事，这是"自我投入"，是主观识解。

　　在主观识解倾向较强的日语中，说话人涉及话语的对象，以及别人的语言、文章，多与自身相关联，带入自己的感情，"自我投入"的倾向明显（守屋三千代，2011：29）。在日语中，作为认识、说话主体的"私"不成为关注的焦点或对象，除了在表示对比、强调的意图以外，日语的"私"一般不会被明示出来。说话人本身不与所描述的客体相对立，呈现的是一体化。其结果就是在表达中回避人称代词"我"。

　　在实际会话中，日语有很多句子没有主语，与其说是"省略主语"，不如说在某种情况下"不说主语"更为自然。与此相对，中文说话者更喜欢在客观地把握事态的基础上进行叙述（池上嘉彦、守屋三千代，2009）。说话人在叙述自己的事情的时候，也从客观的立场捕捉事态，通常"我"会被明示出来。

　　让我们来看看以汉语为母语的日语学习者的对话。

　　王：初めまして、私は王です。
　　李：あなたは王さんですか。あなたは北京から来たのですね。
　　王：いいえ、私は上海から来たのです。

　　这组会话，是典型的汉语识解模式在日语里的体现。因为，在日语中，不仅不说"我"，在面对面的时候，也不说"你"。可以看出日语的说话人与受话人之间，都在共同构建主观识解。而在汉语中，说话人站在第三者的立场上把自己看作客体，同时，谈话交流的对方也站在第三者的立场上，客观地接受"你"这个客体，双方共同构建的是客观识解。

　　私は先生に本をさしあげました。
　　先生は私に本をくださいました。

这两句话的语法是没错的，但是不自然。在具体的语境下，其根本原因是把中文的识解模式原封不动地嵌入到日语的表达里。如果将识解模式调整到日语所习惯的主观识解模式，即说话人自己置身于那个事态之中，不用特意说"私"，对方也会明白。下面的日语表达就自然了。

先生に本をさしあげました。
先生は本をくださいました／先生から本をいただきました。

接下来，分析一下形容词的例句。

医者：痛いですか。
患者：はい、痛いです。

上面是自然的日语表达，但是在汉语中，根据中文的习惯，应该是下面这样叙述。

医生：你痛吗？
患者：我痛。

好多学习日语的中国学生，是在将这种识解模式平移到日语进行如下翻译处理的，所以是不妥当的。

医者：あなたは痛いですか。
患者：はい、私は痛いです。

另外，在日语中表达情感的形容词，如"嬉しい""痛い"等等，是第一人称的情感表达，这些词的使用是有人称限制的。在日语里，表示情感的形容词是最典型的、最直接的自我体验，用于传达说话人自己的感情，没有必要出现"私"，这也是日语与汉语又一不同之处。所以，在这种情况下，日语表述中的"私"是不需要被语言化标记出来的。

那么，在叙述他人的内心情感、好恶表现时，既然不能直接使用表示情感色彩的形容词、形容动词，那该怎样表达呢？只要加上"がる""ようだ""らしい""そうだ"等，表示是说话人观察到的结果，就可以了。

同样，在表达思考、想法时，除了自己的想法可以用"と思う"外，

对其他人的想法、思考内容进行表述的时候，一定要用"と思っているようだ""と思っているらしい"等表述形式。

在日语里，说话人即使没有参与到事态之中，但是，在描述时，也将自己置身于事态之内，以参与人的身份来把握。试分析如下的例句。

> 李さんは先生に本をさしあげました。
> 先生は王さんに本をくださいました。

这两个句子，通过"さしあげる"体现"我"和小李一样的立场，尽管是"小李给老师书"而不是"我"给老师，但"我"与小李一样，对老师心怀尊敬；而"くださる"体现的是，我与小王同属一个立场，尽管"老师给小王书"并没有给"我"，但"我"同小王一样，感恩老师。

我们看出，日语中的发话人即使没有参与到事态中，或者可以说是事态之外的一个旁观者，但是，他仍然以参与者的身份，与事态融为一体。体现出"我"归属参与者中间的哪一方，在语言中也反映出了说话人的立场与态度，明确表明自己参与到了事态之中。

通过中日语言对比和以上分析，我们得知，日语在把握事态进行描述的过程中，主观识解倾向非常明显；而汉语在把握事态中，客观识解特征非常明显。

这一分析，便于指导我们的日语学习。一部分初学日语的学生，因为习惯了中文的识解方式，导致在日语事态表述时，过多的使用了"私"。通过上面的对比，我们清楚了这一根本原因后，今后在汉日互译、语言表达上，就会有意识地进行识解方式的转换，只有这样，形成的语言表述才能更符合目的语的思维模式和人际交流习惯。

第4节　中日文本的对照分析

鲁迅的《故乡》发表于1921年，在日本有十多个译本。1927年，日本白桦派代表作家武者小路实笃首先在其编辑的杂志《大调和》上发表了日语翻译的《故乡》。此后，陆续有佐藤春夫（1932）、井上红梅（1932）、竹内好（1955）、高桥和已（1967）、松枝茂夫（1974）、增田涉（1975）、驹田信二（1979）、藤井省三（2009）等发表了十多个译本。1956年，日本教育出版社首先开始将日文版《故乡》收录到初中三年级的《国语》教科书中，采用竹内好翻译的版本。

虽然有多个翻译版本，但唯独竹内好的译文在日本被称为"定番訳（标准译本）"，固定地收录在日本初中教材《国语》里。竹内好译本被认为最为日本化、最本土化。

丸山升（2004：10）在《鲁迅·文学·历史》这部著作中是这样评价的："従来の訳の中でも最も質の高かった小説の訳…魯迅の日本語訳として、ここ当分定本とも言うべき存在になるだろう。"

东京大学教授藤井省三翻译了鲁迅的《故乡/阿Q正传》之后，在后记中提出："历来鲁迅文学的日语翻译，多半富有浓厚的domestication（归化）倾向，其中，竹内好（1910—1977）的翻译可谓是最为本土化的作品。"在谈到自己与竹内好译本的不同之处时，他认为竹内好的翻译采用的是日语语言本土化的处理方式。他在承认竹内好的功绩的同时，提出了"魯迅独特の文体が失われているのではないか"。他这样写道，"魯迅を土着化すなわち現代日本語化するのではなく、むしろ日本語訳文を魯迅化すること"（藤井省三，2009：59—60），表明自己采用的是忠实原文表达和原文语言特色的"鲁迅化"原则。

竹内好的译本大量省略了第一人称（复数）的语言标记。这也反映出，第一人称在中日作品中有无形式标记化问题，映现出中日不同的识解方式。

下面就鲁迅的原文有"我"的句子，与竹内好、藤井省三的翻译进行对照分析。

一、竹内好的翻译

我的心禁不住悲凉起来了。

阿！这不是我二十年来时时记得的故乡？

覚えず寂寥の感が胸にこみ上げた。

ああ、これが二十年来、片時も忘れることのなかった故郷であろうか。

我们那时候不知道谈些什么。

そのとき何をしゃべったかは、覚えていない。

第二日，我便要他捕鸟。

あくる日、鳥を捕ってくれと頼む。

我于是又很盼望下雪。

それから、雪の降るのが待ち遠しくなった。

此后又有近处的本家和亲戚来访问我。我一面应酬，偷空便收拾些行李，这样的过了三四天。

その後、近所にいる親戚が何人も訪ねてきた。その応対に追われながら、暇を見て荷ごしらえをした。そんなことで四、五日つぶれた。

我于是日日盼望新年，新年到，闰土也就到了。

それからというもの、来る日も来るも新年が待ち遠しかった。新年になれば閏土がやって来る。

我想：希望是本无所谓有，无所谓无的。这正如地上的路；其实地上本没有路，走的人多了，也便成了路。

思うに希望とは、もともとあるものとも言えぬし、ないものとも言えない。それは地上の道のようなものである。もともと地上には道はない。歩く人が多くなれば、それが道になるのだ。

原文中的"我"在译文中都没有标记出来，都被省略了。我们发现，在自认为是最"鲁迅化"的藤井省三的译本里，也存在着第一人称（复数）的大量省略现象。

二、藤井省三的翻译

但要我记起他的美丽，说出他的佳处来，却又没有影像，没有言辞了。

しかしその美しさを思い出し、その良さを語ろうとすると、その面影吐きえ、言葉も浮かばない。

母亲说着，便向房外看，"这些人又来了。说是买木器，顺手也就随便拿走的，我得去看看。"

母は言いかけたまま、外を見た。"またあの人たちだ。道具類を買うとかいいながら、手当たりしだい勝手に持って行ってしまうんで、ちょっと見てくるね"。

不认识了么？我还抱过你咧！

忘れちゃったか？抱っこしてあげたでしょ！

那么，我对你说。

それじゃあ、言わせてもらうわよ。

这来的便是闰土。虽然我一见便知道是闰土……

この客こそ閏土だった。一目で閏土だとわかったが…

三、原文与三个译本的对照统计

就"我""我们"的语言化现象，笔者将鲁迅的原文与竹内好、井上红梅、藤井省三的译本进行了有无语言形式化的数据统计，见表 5 - 1。

表 5 - 1　《故乡》原文与日译本第一人称（我、我们）的出现次数统计

文本	《故乡》原文		竹内好　译本		井上红梅　译本		藤井省三　译本	
第一人称	我	125	わたし	60	わたし	76	ぼく	83
第一人称复数	我们	24	わたしたち	8	わたしども	18	ぼくら わたしら ぼくたち わたしたち	16
合计次数	149		68		94		99	
与原作比例	100%		45.6%		63%		66.44%	

通过这张表的对比统计，我们可以看出两个问题：第一，无论是哪位译者，其译作中第一人称以及第一人称复数的语言标记，都要比汉语原文中"我""我们"的出现次数少，尽管藤井省三一再标榜在翻译中坚持"鲁迅化"（忠实原文），但其译文中出现的频率仍远远低于原文，出现比率仅占原作的 66.44%；第二，被认为是最日本化的竹内好的译文，"わたし""わたしたち"出现得最少，仅占原作的 45.6%。

我们看到《故乡》的日语翻译，将第一人称大量地无标记化处理，因为只有这样才能符合日语主观识解的表达方式。那么，在日语作品汉译时，是否也应考虑符合汉语的客观识解的表达方式，将第一人称有形化——标记

出来呢?

四、日语作品的汉译

下面是夏目漱石的『坊ちゃん』开头的一段以及林少华《哥儿》中的翻译。

親譲りの無鉄砲で小供の時から損ばかりしている。小学校に居る時分学校の二階から飛び降りて一週間ほど腰を抜かした事がある。なぜそんな無闇をしたと聞く人があるかも知れぬ。別段深い理由でもない。新築の二階から首を出していたら、同級生の一人が冗談に、いくら威張っても、そこから飛び降りる事は出来まい。弱虫やーい。と囃したからである。小使に負ぶさって帰って来た時、おやじが大きな眼をして二階ぐらいから飛び降りて腰を抜かす奴があるかと云ったから、この次は抜かさずに飛んで見せますと答えた。

(夏目漱石『坊ちゃん』)

我是个天生的冒失鬼,从小就总是吃亏。上小学时,曾从二楼教室一跃而下,摔伤了腰,痛了一个星期。也许有人问何苦如此胡来,其实也没什么大不了的理由:我从新建好的二层楼上探头下望,一个同学开玩笑,说我再逞能也不敢从上边跳下来,还大声起哄笑我是胆小鬼。事后勤杂工背我回家,父亲瞪大眼睛说:哪有你这种家伙,从二楼跳还能摔坏腰!好,我说,下次跳个不摔腰的给你看。

(林少华译《哥儿》)

我们可以看到,原文中没有一个"わたし(ぼく)",这正是日本人最通常的表达方式,如果翻译成中文,没有"我"的话,我们怎么也不明白,所以译文有六处增加了"我"、两处增加了"你",因为中文的识解方式是尽管说自己,也要抽身之外,进行客观的表述。

这不是忠实与不忠实的翻译处理问题,也不是语言标记有无的表面形式化问题,而是思维意识问题,是中日在对事态识解描述时,呈现出的不同的思维意识性。语言是人们的思维意识对客观世界把握的主观映现(张继文,2016:1—7)。同时,不同的语言形式,框定了不同的语义概念。所以,第一人称在中日作品翻译中有无标记问题,是我们不得不思考、不得不在语言形式上进行相应处理的问题。

下面是『伊豆の踊り子』开头的一句话，以及高慧勤的译本。在这个译本中同样补充了"我"。

道がつづら折りになって、いよいよ天城峠に近づいたと思うころ、雨足が杉の密林を白く染めながら、すさまじい早さで麓から私を追って来た。

（川端康成『伊豆の踊り子』）

道路变得曲曲弯弯。正当我在心中估量可能就要到天城的那一刹那，雨水把杉木的丛林染成白蒙蒙一片，并以电光火石之势，从山麓那边向我追来。

（高慧勤译《伊豆的舞女》）

句子中"思う"是第一人称的思考，所以，日语中是不需要将第一人称的形式标记出来的，而在汉语中，只有把"我"标记出来，才会避免疑义，为大家所接受。所以，高慧勤女士的译本在此处所做的处理是符合汉语的识解方式的。

我们来分析下面的中文句子该如何进行日语翻译处理。

我感谢你提醒了我。
我冒昧地给您写信，请原谅我的唐突。

这两个句子，如果按着中文的表述，直接转换为日语形式的话：

私は、あなたが私を注意したのに感謝します。
私は突然あなたに手紙を差し上げまして、私の失礼をお許しください。

这样翻译，语法没有错误，但不太符合日语的表达习惯，因为是用汉语的思维习惯去套日语语言表达形式的。那么，按着日语的认知特点，进行和谐顺应翻译的话，去掉"わたし""あなた"的话，就自然多了。可翻译为：

注意してくれて、ありがとう。
突然お手紙を差し上げまして、失礼をお許しください。

所以，第一人称在中日作品中有无标记化的问题，映现了中日不同的识解方式。在中日作品互译过程中，有必要根据这一原则，对于日语作品或日语语言翻译成汉语时，要对第一人称进行适当的增补；同时，在汉语作品或汉语语言转换日语时，要对第一人称进行适当的删减，只有这样才能符合目的语的思维习惯，才能使中日互译中的信息传递达到最佳效果。

第 5 节　小结

Langacker 提出了"识解"这一人类认知的主要方式，并且从详略度、辖域、图形与背景、突显、视角等方面对识解的维度进行了具体描写。通过运用这一理论对具体语言现象进行分析，我们可以清楚地看到语言的动态性以及人们的认知特点在语言形式上的体现。

池上嘉彦通过日英对比，对"识解"进一步分析，得出了日语的主观识解特征明显这一结论。通过汉日对比分析，我们也看到了汉日认知特点的差异性：日语的主观识解特征明显，汉语的客观识解特征明显。这种差异性直接反映在两种语言的表现形式上。

池上嘉彦、守屋三千代（2009：45）就《雪国》开头一句"国境の長いトンネルを抜けると雪国であった"进行过分析，并认为这句话虽然没有主语，但日语读者都能身临其境，感受到自己就坐在火车的座位上，火车穿过隧道的瞬间，由车窗外漆黑一片一下子变成了一片雪白，这在日语里是理所当然的，因为日语置身其中的"臨場"感。

他们认为，同样这两句话，如果由以西方语言或中文为母语的人们来理解的话，很多人都认为是列车从隧道里钻出来，在翻译的时候，都选择把"列车"作为主语。

关于这句话的汉语翻译，好多中国学者研究过。无论是"穿过县境上长长的隧道，便是雪国"（高慧勤译本）还是"穿过县界长长的隧道，便是雪国"（叶渭渠、唐月梅译本）都没有主语。学者们还与英语译本"The train came out of the long tunnel into the snow country."（E. Seidensticher 译本）相对比，认为在汉语译本中如果不加上主语的话，是难以理解的。

正是因为中日两种语言存在识解特征的差异性，才导致了中日语言形式并非完全一致的对应。所以，我们在进行中日翻译、交流的过程中，就要根据两种语言不同的认知特点，进行与认知特点相符合的语言形式的调整，以达到最佳的信息传递以及沟通交流的最佳效果。

第六章　概念化与概念化的动态性

贾母因问黛玉念何书。黛玉道："只刚念了'四书'。"黛玉又问姊妹们读何书。贾母道："读的是什么书，不过是认得两个字，不是睁眼的瞎子罢了！"

宝玉便走近黛玉身边坐下，又细细打量一番，因问："妹妹可曾读书？"黛玉道："不曾读，只上了一年学，些须认得几个字。"

——《红楼梦》第三回

"念了'四书'"和"些须认得几个字"——水平是不同的。同样的人，却出现了两种迥然不同的介绍，其背后的原因及形成不同介绍的过程值得思考。

第 1 节　语言的概念化

语言是人类最基本，也是最重要的交际工具，语言交际是人的一种基本行为，其核心目的就是交流情感、表达现实意义。用于交流的话语的形成是一个过程。人们在认识事物和描述客观现实的过程中，从感性认识上升到理性认识，把所感知的事物的本质特点抽象出来，加以概括，对客观事物进行口头或书面性语言描述，传达出某种意义，这种意义的传达就是概念。

概念是人们对客观事物所进行的语言描述，例如："彼は狼だ。"而概念化则是指发话人或受话人思维意识中概念形成或被激活的过程，也就是话语人的心智意识中的"彼"到"狼だ"的这一形成过程。

那么，人们传递出来的意义或概念是怎样产生的呢？

认知语言学认为，概念是人们通过认知过程形成概念化的结果。Langacker（1987：194）提出，"意义即概念化"，他强调意义不是客观已定的，而是语言运用者人为地建构出来的。

可以说"他是狼"，也可以说"他无情无义""他凶狠残暴"，有时或许又对他给出了不同的评价，如"他很勇猛""他很顽强""他是一只小绵羊"等等。可见，人们对客观事物的描述经过了认知的加工过程，概念化的结果是将语义表述传达出来。所以，van Hoek（2000：135）认为，意义的概念化是词语与心智之间的关系，而不是词语和客观世界之间的关系。

意义或概念的产生过程就是概念化，即心理经验的各种结构组合过程。人们传递出的意义，不一定是客观世界的绝对真值条件，因为一个表达式的意义就是在说话人或听话人的大脑里激活的概念，更为具体地说，意义存在于人类对世界的解释中，它具有主观性，体现了以人类为宇宙中心的思想，反映了主导的文化内涵、具体文化的交往方式以及世界的特征（文旭，2002：91）。

认知语言学强调的概念化是指人们形成概念的心智活动，是人们的大脑对外界产生反应后，出于语言表达的需要而进行的加工过程（李福印，2008：348）。话语是人们对客观事物认识的结果，其过程是"现实→认知→语言"。可以说，现实决定人们的认知，人们的认知是能动的，认知又决定所采用的语言形式，从而传递出不同的语言意义。因此，我们不应通过纯粹的文字表面描写来解释客观现实意义，而应该通过前面所论述的语言的主观性、体验性来解释语言。

第 2 节　概念化的动态性

概念化是概念形成的过程。这个过程的背后隐藏着一个动态的认知过程。人们动态的认知过程导致了概念的可变性，因为这个动态的概念化过程是与发话人的主观性密切相关的。

人们通过语言，把在现实世界中看到的、了解到的和想到的变成自己的见解，在自己的情感、信念、价值判断等的思考（内心的过程）基础之上，进行语言的概念化，形成语言形式。这个过程因发话人的不同而不同，因时间、因语境的不同而不同。

莱考夫在《女人、火与危险事物范畴显示的心智》中，对"anger（愤怒）"的表述进行了列举，并且提出：这些表达与愤怒之间的关系是什么？这些表达之间又有怎样的区别？我们将要论证的是，这些表达并不是任意的。当我们思考这些表达中的推论时，其中必定有某种系统结构会逐渐清晰。我们想要说明的是，在所有这些表达的背后都存在连贯的概念组织。

He *lost his cool.*

他失去了冷静。

She was *looking daggers* at me.

她用剑一般的目光看着我。【她对我怒目而视】

Almost *burst a blood vessel*.

我差点爆了血管。【大动肝火】

He was *foaming at the mouth*.

他唾沫四溅。【破口大骂】

You make *my blood boil*.

你使我热血沸腾。【发火】

He's *wrestling* with his anger.

他在努力克制愤怒。【强压怒火】

…………

（莱考夫，2017：388—390）

上面是莱考夫列举的英语中愤怒的不同表现形式。同样，在日语中，类似的形容词、动词以及表达句式也是多见的。下面是一组副词，描写触摸"手"时所产生的感觉。

ざらざら　ごつごつ　がさがさ　（皮肤粗糙的感觉）
つるつる　すべすべ　　　　　（皮肤光滑）
かさかさ　さらさら　　　　　（皮肤干燥）
べとべと　ねばねば　　　　　（黏黏糊糊）
ぬるぬる　つるつる　　　　　（湿润光滑）
しっとり　（湿润）
びっしょり　びしょびしょ　（湿透了）

概念是人们对客观事物进行的语言描述，而概念化则是指发话人或受话人思维意识中概念形成或被激活的过程，在描述过程中，人的主观意识性影响着概念的形成。

我们看下面隐喻的例子：

彼は狼だ。

"他是狼"是发话人经过主观意识所形成的概念，在概念化过程中，

"狼"的概念特征向"他"映射，于是，"他是狼"这一概念在发话人或受话人思维意识中得以形成或被激活。

"彼は狼だ"可以理解为他阴险、凶残、贪婪、虚伪、狡诈、忘恩负义等。相关的词语还有狼心狗肺、狼子野心、狼狈为奸、狼狈不堪、狼奔豕突、引狼入室、白眼狼等。当今，"狼性"又被赋予了"有极强的好奇心""对周围的环境总是充满兴趣""不断体验"，从而"躲避危险，发现食物，顽强地生存下来"等语义。所以，人们对客观事物的描述经过了认知的加工过程后，概念化的结果是将语义表述传达出来。

换个角度，客体同样是这个人，在别人的眼里或者在不同时期，发话人也可以发出"彼は優しい人だ"或"彼は素敵だ"等不同的概念。在概念化过程中，"狼"是发话人或受话人思维意识中概念形成或被激活的过程，也就是话语人在心智意识中的"彼"到"狼"的这一形成过程。

吃食堂、吃外卖、吃宴席
吃饭的

"吃食堂""吃外卖""吃宴席"这些是换喻，换喻是相邻关系的替代，"食堂""外卖""宴席"是一种吃饭的形式（场所），并非是吃的内容。就吃的内容而言，我们可以说吃米饭、吃馒头、吃饺子等。在这里，发话人在概念化过程中，突显并激活了吃饭的形式特点。

根据不同的语境，"吃饭的"可以传递发话人不同的语义。可以表示字面的真实意义——吃饭的；可以表示谴责别人的不努力；也可以表示看不起别人或对别人的蔑视。

当然，就"吃"来说，还有"吃了闭门羹""吃老本儿""工作很吃力"等隐喻语义概念。

人们接触到熟悉的事物，其概念化就包括头脑中已经存在的、现成的固定概念；接触到不熟悉的乃至未知的事物，概念化形成的概念是头脑中原来没有的、新的概念。概念化是人们的心理活动，是大脑对外界产生反应后，出于语言表达需要而进行的加工过程（李福印，2008：347）。

作为发话者、认知主体将以怎样的见解、视点来捕捉世界——这是认知语言学一直研究的问题。作为一个基本的事实，就是只有对周围的事物进行认知之后，才能体现到语言层面（张继文，2013：29）。因为在所要描述的客观事物与实际语言表达之间，存在着具有意识与认知能力的"话语者"；同样，当我们接受到了任何形式的语言表述后，在转化为我们对客观事物的理解中，同样存在着具有意识与认知能力的"受话人"的存在。

所以，我们日常听到的语言表达，大多都是"话语者"的再构建，或者是话语者站在自身立场上的再解释；同样，话语的接受者在接收到语言表述后，经过自己的思维判断，再形成对客观事物的理解。例如：

かなりよい値段で車を買った。
かなりよい値段で車を売った。

关于"よい値段"的解释，站在卖方的立场上，"よい値段"是越高越好；站在买方的立场上，是越便宜越好。所以，第一句的发话人应该是"买方"，第二句的发话人应该是"卖方"。分析例句可以看出，发话人的概念化过程，决定了语言表现本质上的多样性（李在镐，2010：29—30）。

"认知"是人们对客观现实的体验过程，人们通过身体、五感去体验、感知客观世界，进入思维层面，进而形成概念。认知语言学认为：语言所表达的概念结构是人们各种认知能力作用于语义内容的结果。Langacker 指出：意义是识解与内容的一个变量（李福印，2007：263）。

那么，在概念形成过程中，影响概念化的因素有哪些？这是我们应该继续思考的问题。

第 3 节　概念化动态性的客观动因

我们知道，概念的形成与人们本来具有的概念化能力和后天所拥有的概念体系密切相关。概念化能力是人们接触现实世界、在社会中形成的多样化的解释经验，这是人的普遍能力，是人们生来具有的认知能力。同时，概念体系与发话人的主观性密切相关，与发话人看待问题的视角、识解方式、感情色彩、价值标准、逻辑推理等密切相关。正如莱考夫（1987：310）所主张，要区分概念化能力和概念化体系。只有区分两者，才能充分说明语言行为的普遍性和多样性。

本节将从心理通路的引领，认知能力的差异性，场景与背景，时代发展与认知变化，不同的语言体系与文化差异，同一词语的复数焦点，抽象、新奇的语义拓展等七个方面对概念化体系产生影响的原因进行探讨。

一、心理通路的引领

Langacker（2016：457—458）在谈论概念的动态性时，提出了"心理通路"的概念。心理通路是指某些概念可以引发其他概念。他举例说，当你想到字母 A，多半会想到字母 B。这又促进了字母 C 的激活，C 进而又引向字母 D，如此以至无穷。一个概念引发另一个概念，可能是因为两者之间关系业已确立（如字母表的情况），或仅仅是因为它为另一概念的涌现创造了条件。

在一个概念序列中，当每个概念可轻易引发下一个概念时，该序列即可称为"自然路径"，为数众多的自然路径在语言结构中扮演着重要角色。

语言形式可以将心理通路所产生的概念语言化，不同的概念会导致产生不同的语言表达形式。因此，概念化在认知语言学中具有重要的意义，它是指人们在大脑中用不同的方式来组织、把握某一感知到的情景。在选择某一具体的词语或者结构时，说话人通过语言形式，呈现内心所感知的情景。

而人的感知是不断变化的，人们可以用不同的方式感知和描述同一情景（Langacker，2002：27）。人的感知是主观性的，主观性的东西具有很强的随意性、多变性和不确定性。

现在我们分析本章开头的例子。

黛玉回答贾母时用了"只刚念了'四书'"，回答宝玉时用了"些须认得几个字"。为什么竟出现两种迥然不同的介绍？在形成两种不同表述的背后，其原因就是心理通路的引领。

贾母问黛玉读了什么书时，黛玉回答是'四书'。'四书'是孔孟之道的"经书"，读'四书'是完全符合封建道德规范的，是无可挑剔的。但当黛玉问道"姊妹们读什么书"时，贾母漫不经心的回答却引起了黛玉的注意和重视。"读的是什么书，不过是认得两个字，不是睁眼的瞎子罢了"，话虽说得漫不经心，但是，这句话清楚明白地向才情超拔的黛玉传递出两种可能：第一种是这几个孩子真正没怎么读书，贾母对她们不满意；第二是贾母的头脑中延续着封建社会的"女子无才便是德"的传统观念，女孩子们读什么书，识几个字就可以了。

为了能够在这里与姐妹们和谐相处，平平安安地生存下去，同时不悖逆贾母之意，所以，当宝玉再问及黛玉读书一事时，她迅速对刚才的答话做了重大调整。

当然也可以有如下的理解。

贾母是长辈，黛玉对长辈的回答，如实汇报，尽显亲情；对宝玉的回答，不超过或保持与姊妹们一个水平，是因为不希望初来乍到的自己，突显与姊妹们的不同，目的在于为自己今后营造一个与姊妹融洽相处的环境。

在表达概念、进行言语设计时，为了更加稳妥、贴切、适度，根据心理通路的概念联想，为使语义表述更加周全、完满，必然会体现在语词的选择，以及句式、语法的调整上。

可以说，话语主体所传达出的语言表达形式，都承载着话语主体所附加的语义概念内涵。不同的语言表达形式，传递着话语主体不同的附加内容。这种现象的产生，是心理通路概念联想的表征形式。

二、认知能力的差异性

虽说概念能力是普遍的、与生俱来的，但并不是所有人都具有同样的概念能力。人们的概念能力随说话人的年龄、教育水平、社会地位、知识结构、价值观、评价体系、性格特征、社会状况的不同而不同。

《水浒传》第三十七回，戴宗在酒馆里与宋江喝酒，李逵第一次由戴宗引荐给宋江。在介绍李逵时，戴宗的口气十分谦恭，口气似下属向上级禀报。李逵问戴宗："哥哥，这黑汉子是谁?"

戴宗原来是江州知府的两院节级，但他看透了国家的腐败，并不安于现状，而是主动和梁山的人接触，希望加入梁山。他是一个有思想、敢想、敢干的人，有一定的魄力，聪明、足智多谋。

李逵是个淳朴的农民，刚直、勇猛、鲁莽、性情急躁、反抗性强、对朋友忠诚。直来直去的他，在这场景下，竟没有看出他的领导戴宗都毕恭毕敬地对待宋江，竟说出了"这黑汉子是谁"这样不客气的话。李逵的鲁莽直率以及"空気が読めない"（不会察言观色），都表现在了他的语言形式上。

三、场景与背景

在会话交流过程中，语境、背景、场所、时间、对话双方的关系、场面气氛、话题都影响着话语双方的话语形式。

下面是四组重大体育赛事的歌曲和口号，我们不难看出时代的变迁导致语义概念的变化。

> 我们亚洲，山是高昂的头，
> 我们亚洲，河像热血流。
> （1990 年北京第十一届亚运会宣传歌曲《亚洲雄风》）

> 万水千山，相隔多远，
> 珠江弯弯，伸手相牵。
> 隔山遥望，跨海相约，

绿茵赛场，难说再见。

（2010 年第十六届广州亚运会会歌《重逢》）

我和你，心连心，永远一家人。

（2008 年北京奥运会开幕式的主题曲《我和你》）

纯洁的冰雪·激情的约会

（2022 年第二十四届冬奥会北京冬奥会口号）

从 20 世纪 90 年代到 21 世纪 20 年代，虽然只是三十几年，但是由于时代的发展，特别是全球一体化的推进，价值标准以及审美体系也在悄然发生着变化，在上述的几个大型运动赛事的宣传歌曲、宣传口号中，我们便有所体悟。

从 20 世纪 90 年代"高昂的头""热血流"的威武雄壮，到 21 世纪的情意绵绵"伸手相牵"以及"心连心，永远一家人"，再到 2020 年在北京、张家口召开的第 24 届冬奥会"激情的约会"，宣传口号传递着不同的情感，从最开始的刚毅坚强到了今天的情意绵绵。虽是比赛、是竞技，但更是交流情感、建立友谊的重要场所。体育赛事，是世界各国人民相互了解、共同交流、书写友情、和谐发展、共同进步的盛会。

不同的语境、背景等因素影响着语言形式的形成。同时，不同的语言形式也传递出时代所附加的概念内涵。

四、时代发展与认知变化

随着时代的进步和社会的发展，评价标准和审美价值观也在变化，这些变化直接影响到语言层面。在这里，我们以对女性的审美标准的变化为例，分析一下语言形式的历时演变。

中国各朝代的审美标准都不同。春秋时期的越国美女西施，相传她心痛时捧心皱眉的样子很迷人，给人柔弱、楚楚可怜的感觉，也曾是一时的审美标准，所以出现了"东施效颦"。楚国曾出现过喜欢细腰女子的君王，因此产生了"楚王好细腰，宫中多饿死"的说法。汉代时赵飞燕以身材轻巧见称，而唐朝崇尚的是丰满，武则天与杨贵妃都是身材丰满的女人，"燕瘦环肥"就是指赵飞燕和杨玉环。貂蝉、西施、王昭君、杨玉环，古代四大美女享有"闭月羞花之貌，沉鱼落雁之容"的美誉，但各具时代审美特点。当以缠足为美时，"莲步小袜"便成为美女的一种美态。

现代美女的标准自然发生了变化。赞美女性外表的有"窈窕佳人""骨感美人""面带桃花";重视修养成为另一项重要的审美标准,出现了"白领丽人""气质美女""知性美女"等语言表现形式。对女性赞美的词语,反映了不同时代的审美标准与时代特色。

深圳是中国改革开放的前沿,经过四十多年的发展取得了举世瞩目的成果,当今成为引领新时代发展的国际化大都市。深圳产生了一系列反映发展理念的流行语,这些流行语背后同样反映了时代的发展、人们的价值观以及认知的变化。

> 时间就是金钱,效率就是生命。
>
> 空谈误国,实干兴邦。
>
> 敢为天下先。
>
> 鼓励创新,宽容失败。
>
> 来了就是深圳人!
>
> 深圳,与世界没有距离。

"时间就是金钱,效率就是生命"是诞生于1981年的标语。在改革开放之初,首先将"金钱"与"效率"直接摆在了人们面前,提倡利益和效率,突破了传统计划经济体制的模式,反映了深圳特区进行的经济体制改革尝试的价值理念。

"空谈误国,实干兴邦"是1992年初在蛇口竖起的标语牌。这个口号旗帜鲜明地倡导一种新的排除思想上的干扰、减少不必要的争论和内耗、多干实事的价值观和发展观,在推进改革开放的探索和实践中发挥了重要作用。

"敢为天下先"是1992年春,在邓小平视察深圳经济特区并鼓励深圳"大胆地试,大胆地闯"的背景之下,经过《深圳特区报》《深圳商报》连续发表社论探讨,从而与"先走一步""敢闯敢试"等一起迅速流行起来的观念。

"鼓励创新,宽容失败"激励并温暖着敢于投身创新的人们,这种"鼓励"和"宽容"营造着一个激情迸发的脉动城市,催生出了深圳无数的第一。

"来了就是深圳人!"表达着深圳的包容性和给予每位深圳建设者的主人翁的定位。大家在这个城市都能找到归属感,每个人的努力付出与城市的发展建设密切相连、同频共振……

"深圳，与世界没有距离"，这是深圳申办世界大学生运动会的一句口号。不仅深圳大运会与世界没有距离，深圳在经济发展、科技创新、人文环境等方面一直在追赶世界的潮流，并向世界敞开胸怀。

深圳的这些流行语，是人们在改革创新的发展中提炼概括而成的。这些概念的形成，同样反映出人们的认知受时代的发展、价值观念的影响。在这些概念的倡导、引领下，积极进取、创新发展的主旋律影响着深圳，激励着深圳的每一位建设者。

五、不同的语言体系与文化差异

不同的语言体系有不同的语法规则，也产生出了不同特征的识解方式。日语"コ（これ）、ソ（それ）、ア（あれ）"是三分法，英语"this—that""here—there"是二分法，汉语也是"这""那"二分法。再如，汉语的"给"只有一种表现，与双方的地位与年龄、是来宾还是主人等无关，在英语里同样只有"give"以及第三人称单数"gives"一种表示，但是，日语里的"给"却有多种表达形式。英语的"give"和汉语的"给"表达较为纯粹简单，而日语在传达"给"的语义时，对于给予的对象依存度非常高，要考虑授受动作双方和说话人等三方的关系。

山田さんに本を差し上げました。
鈴木さんに本を上げました。
息子にお小遣いをやりました。

学長は本をくださいました。
劉さんは本をくれました。

前三句都是"我给了别人"，出现了三种表现形式。"给山田书"时，用了"差し上げました"，突显了"我"与"山田"地位不对等和对"山田"的敬意；"给铃木书"时，用了"上げました"，表示较为平等或关系较为亲近的关系；"给孩子零花钱时"时，用了"やりました"。给自己的孩子物品或给动物喂食时，可以使用"やる"，如"金鱼に餌をやる"等等。

"校长给了我书"时用了"くださいました"，传递出我与校长之间的位置不对等，以及我对校长的尊敬。"小刘给了我书"中用了"くれました"，表明了小刘和我之间是平等或较为亲近的关系。

在日语表达以及汉、日两种语言互译过程中，从概念化以及动态性视角出发的语言研究，对更好地理解和运用伴随语言形式传递发话人的附加概念具有积极意义。

六、同一词语的复数焦点

在聚焦某一特定对象进行语义表述时，一个词语有时可以聚焦某一对象多个不同的侧面；同时，这些词语也能赋予某一焦点对象相反的语义。选择使用这些多项含义聚合词语，同样是人们对事物表述时概念化动态性的体现。

アルバイトか社員か不明な若い女性が、慇懃無礼に「少々、お待ちください」と答えた。

这个句子中的"慇懃無礼"是一个词，是由"慇懃"和"無礼"两个正好相反意义的词组成。"慇懃"是恭恭敬敬，有礼貌；"無礼"是失敬，没有礼貌。这是矛盾的两个方面，一个词同时聚焦了想法的两个方面。

这句子可以做出如下翻译：不知道这个女孩是临时工还是公司职员，（有礼貌？/没礼貌？）回答道"请您稍等"。

可是，到底该如何翻译"慇懃無礼"呢？在这里，话语者想要传递的是这个女孩表面恭维，实则轻蔑、无视对方，可以理解为"貌似客气，却漫不经心"。通过一个词，反映出聚焦事物的两个相反方面，话语者意在"无礼"。同样，受话人在接受这一概念时，同样经过认知思考，可以获取到对事物本质的理解。

染水处理対策委員会は4月に発足して…会議を開く予定がなく、事実上の開店休業状態になっています。 ①

日本福岛核泄漏以后，2013 年 4 月成立了污水治理委员会，东电公司在提交了问题报告后，却没有安排任何会议，因而使该委员会事实上处于"开店休业"状态。那么，到底是什么状态呢？就是开门上班不办公、不营业的状态。一个词语聚焦了这个机构的两个相反的侧面。

---

① "福岛第 1 原発 非常事態だが/汚染水対策政府は'休業'"，『しんぶん赤旗』，2013 年 8 月 5 日，https://www.jcp.or.jp/akahata/aik13/2013 – 08 – 05/2013080501_01_1.html。

好歹我也是个大学生，这点儿英语还是懂的。

不论多少，你总得交一点儿费用吧。

"好歹"是事物的两个方面，这里突出"歹"，表示至少或最差的意义；第二句的"多少"强调的"少"。

在汉语中，这样的词语很多。网上有这样的小幽默：

冬天，能穿多少穿多少；夏天，能穿多少穿多少。

"剩女"产生的原因有两个，一是谁都看不上，一是谁都看不上。

第一句中出现了两个"多少"。第一个用于"冬天"，强调的是"多"，即多穿一些衣服；第二个用于"夏天"，强调的是"少"，即少穿一些衣服。第二句中的两个"谁都看不上"，可以理解为"她看不上任何人"或"任何人都看不上她"。同一词语，关注到了事物不同的焦点。再如"舍得"，从哲学思想的体现上来看，有舍才有得。俗话说"舍得一身剐，敢把皇帝拉下马"，意义核心在"舍"。再如"是否""能否""成败""得失""好坏""高低""强弱""优劣""好坏"等由反义词构成的合成词，其意义并不是两个词义的简单组合，它往往是从矛盾对立中概括出来的新义。

我们可以看出，发话人聚焦的是同一观测对象的两个乃至多个方面，由听话人做出判断和给予评价。无论是"殷懃無礼""開店休業"，还是"好歹""多少"，都表述了相反的两个方面，但话语双方都是处在这同一认知平台上，能够接受发话人所传递的真实语义。

"殷懃無礼""開店休業"表达了话语者对于这两个句子的主体对象做了负面的评价，而"好歹""多少"表示了最基本起点以及对听话人标准的提醒。这种正反意义组合的词语，虽然表述的是两个焦点，但有突显的一方，同时，正反对应又赋予整个句子以新的意义。

再看下面的句子：

最終試験は明日に迫ってきた。

あしたはあしたの風が吹く。

明日の世界を担うのは君たちだ。

（籽山洋介，2014：35—36）

同样是"あした（明天）"，可是，在三个句子中的语义各不相同。"最

终考试近在明天了"，这里的"明天"很近，就是指客观的即将到来的"明天"；接下来是一句谚语，"明天会吹明天的风"，明天的情况还会有变，考虑以后的事情徒增烦恼，这里的"明天"指以后；最后一句"肩负世界明天的是你们"，这里的"明天"指将来。

"明天"就是今天的下一天，这是基本语义。有的就是基本语义的明天，有的是以后，有的是未来。汉语中的"明天"也是如此。如"明天就是新年了"，新年到了，非常近；"为了美好的明天，我们都要勤奋努力"，这里指的是未来，时间很远。同一词语动态地表达出事物的不同侧面。

七、抽象、新奇的语义拓展

人们在现实世界中，各种思考和联想不断产生，这种想法与每个人的知觉、思维方式、感情、阅历、价值观、信仰体系等密切相关，要把这些思想传递给他人，必须通过常规的、能被大家接受的语言表述出来。但是，由于世界的空间是无限的，表达人们思想的词语也涉及广阔的领域，用固定的词语来表述无限的空间、无限的事物，表达容易受阻。

如何解决这一问题呢？人们的思维具有解决这一问题的能力，因为词语的意义具有可伸缩性、动态性。利用这种特性，可以将固定意义的词语拓展出无限的意义，于是，脱离词语的基本含义，抽象语义、新奇语义便从中而生。

分析下面的例子：

> このまま推移すれば、マツタケはここ数年に比べると期待できるのではないかと見通している。
> この装置は人の心を見透す不可思議な能力を持っていた。
> （森雄一、高橋栄光，2013：38—40）

第一句"照这样推算的话，与近几年相比，可以预测到香菇还会有好收成的"，日语中的"見通し"用于预测事物的走向、估计等，类似的词语有"見通しが明るい（前景光明）""見通しが暗い（前景黑暗）""見通しがあまい（看不清前景）""見通しがある（有前景）"；第二句"这个设备具有看透人内心世界的不可思议的能力"，"見透す"是指能看清人的内心或事物的内质，类似词语为"見抜く（看透）"。

上面的两个句子分别是"みとおす"两个意义的具体运用，下面是出现在一个句子里的词语，同时表达着两个意义的情况。

先方はわが社の企みと今後の業績悪化を見通していたようだ。

高齢者の感じていることや将来を見通した商品開発。

　　第一个句子"对方好像是看透了我公司的打算和估计到了今后的业绩恶化"，这里的"見通す"涉及两个方面，"公司的打算"和"今后的业绩恶化"，看清了"打算"，符合"看透了内情"的解释，而估计到了"今后的业绩恶化"符合"预测"的解释；第二个句子"开发符合高龄者想法以及具有将来性的商品"，这里的"見通す"涉及"感じていること"和"将来"两方面，看透了"想法"和预测到"将来性"。

　　本来一个词在一个句子里承担一个意义，可是在这里一个词同时承担了两个意义。应该指出的是，这两个含义之间也具有连续的认知关联性，是以能够直接判断事物发展为基础意义，延伸到对不能直接判断的事物内在本质进行判断。不能否认，这种抽象的语义形成也是概念化动态性的表现形式。

　　新的语义产生与人的认知，特别是与隐喻、提喻、换喻性思维密切关联，看下面的句子。

　　太郎は頭が大きい。

　　太郎は頭がいい。

　　太郎は頭を刈った。

　　太郎はその証拠を頭から否定した。

（児玉徳美，2010：76）

　　"頭"这个词的基本含义就是指人、动物脖子以上的部分，第一个句子是"頭"的基本含义，生物学意义的"头"。第二个句子的"頭"是指思考、分析能力强，聪明，相同的用法还有"頭が固い""頭が古い"，并非是头脑本体"坚固、古老"，而是指思想的僵化、保守。第三个句子不是"割头"，这里是换喻，是相邻关系的替换，因为"头"与"发"是相邻关系，喻指头发。第四个句子的"头"是"开始"，从一开始就否定，把一开始称为"头"，再如"頭に据える"是指上层，占据了上层；因为"头"是人身体最上面的部分，与事物的开始、机构的上层具有构造性的相似，运用其相似性，开始、上层也就是"头"。这是相似关系的隐喻性表现。

　　ひとり頭五個ずつ配る。

"一个人分五个"，这里用"头"指人数，"头"是人体的一个部分，用部分指全体，是提喻表现。

比喻产生在人们的认知过程中，作为人们认知的基础，以人们所见、所要表达事物的空间位置、移动感觉、关联性等作为出发点，通过把这种感觉转移或映射到其他领域，从而使语义得以动态地扩展。

第4节　概念化动态性的主观因素

概念化是一个动态的过程，我们该如何在汉语运用和日语研究中验证这种特性？关键是我们该如何动态地理解、把握日语语义，并且运用概念化动态性这一特点，从形式到语义进行中日语言的对比研究，这是需要我们继续思考的问题。

对同一客观事实，运用不同的语言结构、表达方式去呈现，传递出不同的语义背景、话语者的立场、发话人对现场的把握以及发话人与受话人的关系等。这既不是简单的语义真值的解释，也不是单纯的翻译形式上的对应所能把握和体现出来的问题。为此，在这里就这一问题继续展开论述。

一、同一事态的多视点观测

认知语言学家认为，语言意义的构建主要是来自概念化，而不是来自非概念的语言结构（Evans and Green，2006：363）。为此，主张语言研究应以概念结构和意义研究为中心，着力寻求语言形式背后的认知方式，通过认知方式对语言做出统一的解释。认知语言学强调的概念化是人们形成概念的心智活动，等同于意义，是人们大脑对外界产生反应后，出于语言表达需要而进行加工的过程（李福印，2008：348）。之所以说概念化是一个动态的过程，是因为概念化的背后隐藏着一个动态的认知过程，这一过程也体现在对同一事态多视点的动态观测上。

对于同一事物的表述，可以有多个观测视点。我们看下面的句子。

> 大学から駅まで約一キロである。
> 大学から駅まで歩いて約15分である。

这两个句子都是在表明大学和车站的位置关系。第一句，发话人将观测视点聚焦在空间距离上；第二句表达的是时间，发话人将视点放在了移动的时间上（籾山洋介，2010a：27—34）。

　　議事堂前に集まった人々。
　　議事堂前に集まった群衆。

　　一个用了"人々"，一个用了"群衆"，两个词语的共性是都表示相当数量的人的集合，"人々"在一定程度上突显的是人们的视点中的组成这个庞大游行队伍的一个一个"人"的个体，而"群衆"突显的观测点是由人们组合起来的集合体。

　　下面的句子表达的是由于对同一个事件两个动作的认知顺序不同，从而做出了不同的表述（李福印，2008：350）。

　　他辞職結婚了。
　　他結婚辞職了。

　　这两个句子叙述了同一事件，涉及了两个动作，第一个句子是按从辞职到结婚的时间顺序进行认知编码的，视点的重心在结婚；第二个句子是按相反的顺序叙述，视点的重心在辞职，辞职与结婚有因果关系。两句话的概念化过程的不同，导致了结构和意义的不同。

　　以上是发话人在对同一事物进行观测时，各采用了不同的语言表现形式进行分析，语言形式的不同是概念化过程的结果，映现了话语者的认知能力、立场和观点等。对于不同的形式传递出不同的语义区别，应从人的认知过程、影响认知的因素中去寻找其理据性。

　　二、视点要素的主次选择

　　前面我们讲了，一个实体在被认知的过程中，可分为优势和次优势，即焦点和背景。焦点是一个运动的或者是一个可动的物体被突显出来。背景是一个参照体，它本身在参照框架中是固定，相对于这个参照体，焦点得到特定的描写（Talmy，1983：232）。桌子上放着一个茶杯，我们通常会把茶杯视为整幅画面中突出的角色，将其与作为背景的桌子分开。同样，当我们聆听一场音乐会时，我们会将钢琴的声音与乐队的伴奏分开，认为前者更为突显。

　　获奖的同学们站在主席台上。
　　在主席台上，有获奖的同学们。

如果认知主体把"获奖的同学们"作为焦点，就以"同学们"为出发点进行描述，把"主席台"作为背景来处理。此时的发话人处理事件信息是按照"获奖的同学——→主席台"这样一种认知顺序来编码。如果将"主席台"作为焦点，"获奖的同学"作为背景的话，发话人则按照"主席台——→获奖的同学"这样的一种认知顺序来编码。

> 水仙の香りが教室に漂っている。
> 教室には水仙の香りが漂っている。

当"水仙の香り"是焦点时，它成为认知主体的知觉中较为突出的部分，具有动态性；如果把"教室"作为焦点加以突出，并以此为出发点对其做进一步的描述，"水仙の香り"就处于背景的位置，成为一种新的信息。

一般说来，焦点是包含在背景之中的成分，但又突显于背景中，在认知中占有优势，是最明显的部分。而背景突显程度较低，作为认知的参照点而存在。

认知语言学家认为角色与背景的分离反映在语言结构上，如汉语的主—动—宾（SVO）结构或日语的 SOV 结构。主语对应于角色，宾语对应于背景，动词的表达则是角色与背景之间的关系（Langacker，1990，1991），这个理论能够很好地解释日语提示助词"は"的语法功能，"は"可以将主语、谓语、宾语、补语、状语都作为主题即焦点突显出来。

不仅如此，对于日语的其他提示助词，如こそ、さえ、すら、しか等，该理论也能给予很好的解释和说明。例如：

> ワインが半分残っている。
> ワインが半分しか残っていない。

两个句子都是对葡萄酒的剩余数量进行的描述，两个句子描述的事实相同。但是，由于两个句子形式不同，我们就不得不寻找其区别所在。运用认知语言学的焦点与背景理论分析来看：当焦点是主语"ワイン"，背景是"残っている"，该句子是客观现象的叙述；通过提示助词"しか"，将"半分"提到突显地位，成为焦点，背景则是"ワイン"，表达的是话语者对"ワイン"的喜好，希望剩余更多才好，甚至有对已空半瓶的不舍（籾山洋介，2010b：14—22）。

　　这种认知的焦点与背景反映在语句表达中，主要靠主语（主题）和非主语（非主题）来加以区别。主语或主题往往是优势部分，在同等条件下，人们总倾向于选择知觉范围中占优势的、突出的事件作为主语或主题，尽量回避把不突出的事件选作语法的主语或主题。焦点—背景的选择与人们对情景的识解密切相关。

三、视觉扫描顺序与动态注意力

　　Langacker（2000：362）将人们的注意力分为两种：总体扫描（summary scanning）和顺序扫描（sequential scanning）。总体扫描一般是观察静止的情景时的认知过程，把一个事件当成整体来看待。顺序扫描是指一种基本的、有次序的心理活动，把一个事件看成是不断展开并且是发展变化的过程。当然，总体扫描中蕴含着顺序扫描。

　　　　桥横跨在两岸上。
　　　　東京-静岡間に高速道路がある。

　　这两句话，都是描述桥的状态。第一句话的"桥"占据着两岸的空间，话语者将扫描的结果作为一个整体看待；第二句话同样如此，描述的是"東京"与"静岡"之间有"高速道路"，两个句子都是把这一客观事实作为扫描的结果来叙述。可以说，这两个句子都是总体扫描。
　　再看下面的句子：

　　　　桥从岸边跨向另一岸。
　　　　東京-静岡間に高速道路が走っている。

　　这两句话描写的都是渐进化扫描。第一句话是从一侧的岸边向另一侧的岸边对桥延伸顺序的扫描；第二句话是"東京"与"静岡"之间行驶着"高速道路"这样一个动态的、行进状态的次序扫描。
　　分析下面的句子：

　　　　車窓のガラス越しに、町のネオンラインが光っては後ろへ流れていく。
　　　　车窗外的树木飞快地向后退去。

第一个句子里的"ネオンライン"并非在流动，而是发话人乘坐的车在行驶，感觉到霓虹灯招牌在向后流淌；同样，第二个句子的树木是静止的，但是"向后退"却是动态的。Talmy（2000：99）将这类语言现象或表达方式称为虚拟位移（fictive motion），是人们注意力的移动导致多样的表达形式的呈现。

松本曜（2004）在参考了Talmy（2000）的理论的基础上，将虚拟移动分为以下三种形式（翟东娜，2006：432）。

（1）视觉放射：知觉者为移动的起点，当人们注意视野中的对象时，眼睛与对象之间有一条虚拟的线相连，由此向对象发送信息。即"外を見る""目を注ぐ""視線を送る""目が届く"。如：

    船がだんだん小さくなっていった。

并非"船"变小了，是投射出去的视线中的对象远去了。知觉者为移动的起点，视线投向远方。

（2）映像移动：知觉者为移动的终点，由视觉对象先发送信息，信息从对象物向知觉者一方移动。即"目に入る""目に見える""目に飛び込む"。如：

    山がだんだん迫ってきた。

不能移动的"山"，却成为移动对象，向知觉者靠近，映入知觉者的视野。

（3）注视点的移动：是人们通过改变眼睛和头的方向，改变视线，从而可以改变视野中注视点的位置，即"目を移す""目を上げる""目を落とす""見回す"。

    駅に降り立つと、見渡す限り田んぼが広がっていた。

视野中的"田んぼ"突然宽广起来，是因为走近，人们的注视点随之而改变。

从人们的认知过程来看，视点的总体扫描或者是次序扫描，产生了不同的语义概念。同时，动态的注意力产生了动态的概念化结果（李福印，2008：349）。

四、发话人的空间位置

当人们观察某一事物或某一场景的时候，必然是从某一位置或角度进行观察。因为发话人所处的位置不同，导致对于同一事件或状态的把握不同，传递出的意义也不相同。

> Aさんが名古屋から東京に行った。
> Aさんが名古屋から東京に来た。

这两个句子都是对同一事态进行的表述。第一句话的说话人身处东京以外的任何地方，包括名古屋；第二句话说话人的位置在东京。

> ここからは上がり坂だ。
> ここからは下り坂だ。

一个人站在半山腰处，面向山顶方向，从他的立足点开始为"上がり坂"；面向山底，从他的立足点开始为"下り坂"。

五、发话人的立场、态度与评价标准

前面我们曾就中日语言体系的不同，分析了日语、汉语中"给"的区别。日语中"给"的表达形式多样。使用哪种形式，话语人要根据给予的双方以及说话人三者之间的关系做出选择。

在这里，我们还要把日语里的"给"提出来，因为在日语中，"あげる""差し上げる""くれる""くださる"等不同的表现形式，是说话人从自己的立场和角度出发，对事态做出判断之后，对语言形式进行的选择。伴随着语言形式的选择，说话人所附加的、表明说话人对自己立场的语义概念也被传递了出来。

例如：

李さんは王さんに本をあげました。
李さんは王さんに本をさしあげました。
李さんは王さんに本をくれました。
李さんは王さんに本をくださいました。

这四句话都是"李先生把书给了王先生"这一概念的表述。第一个句子是发话人与小李、小王三者关系亲密、随便，或者小王与小李都比发话人年龄小，发话人站在这样的立场上，描写了这一现象；第二个句子的发话人是站在动作发出人"李先生"的立场上，与"李先生"位置相当，是同一群体关系者，共同对"王先生"表示敬意，王先生的位置、地位高于话语者和"李先生"；第三个句子的发话人是站在书的接受人"王先生"立场上，"李先生"则是话语者和"王先生"的亲密朋友，同龄或者年龄低于说话人；第四个句子的说话人也是站在接受书的"王先生"的立场上，但是，对"李先生"给予了足够的尊重，因为地位、年龄等，与李先生保持着一定的社会距离。这四个"给"充分表达了话语者自身的立场和位置，以及他如何看待所要描述对象之间的相互关系。

在话语者的概念化过程中，内心世界已存在一个基本的态度，如好恶情感、评价标准、价值取向以及自己的地位从属关系等。从话语者的态度、地位从属关系这个立场出发，话语者对客观事物的描述也不相同。

甲のほうが乙よりもましだ。
甲のほうが乙よりも良い。

两个句子都表达了甲在某些方面优于乙。其中"ましだ"的前提是"甲和乙都不理想，只是相对于乙来说，甲要强些"；而"良い"则没有这样的预设框架，只是单纯的甲和乙比较"甲比乙好"。

再如：

テストかレポートかだと、断然レポートの方がましだ。
休日出勤するより平日に残業した方がましだ。

这两个句子的"ましだ"所框定的前提是两者都不好，但是相比之下，

"考试和写报告，当然是写报告比较好"和"与其假日上班，不如平日加班比较好"。

另外，我们知道情感形容词可以表达话语人的主体意识性，比如好吃、好喝、很优秀、不努力、这件衣服不好、这件衣服很好等。就表达一定数量单位的量词来说，量词也可以传递一定的情感作用力，蕴含着一定的情感，反映着说话人的主体意识性。如"一位学者""一名战士""一个小偷儿"与"一群土匪"在情感上就有着明显的区别，我们不可能说"一位小偷儿"。实际上，特定的表量构式可以直接参与人类情感的表达，对人类情感事件进行临摹或概念化，成为人类情感的标志和象征（潘震，2015：769）。

情感的有无、情感的程度都可以直接用不同的量词呈现出来，不同的部分量词的使用可以突显情感力的细微差别，从而使情感表达更加细腻生动，比如，"一丝丝""一阵阵""一缕缕""一团""一股"等都在表示情感的深浅、情感的律动、喜好或憎恶等无形的情感传递。

第5节 小结

概念是人们在接触客观世界的过程中，从感性认识上升到理性认识，把所感知的事物的共同本质特点抽象出来加以概括，是自我认知意识的一种表达。这种表达是人们大脑对客观事物本质的反映，是经过概念化形成了概念的结果。

概念化是动态的。概念形成过程受心理通路的引领，也受认知能力的差异性、场景与背景、时代发展与认知变化、不同的语言体系与文化差异、同一词语的复数焦点、抽象与新奇的语义拓展等客观动因的影响。

同时，概念形成过程受同一事态的多视点观测、视点要素的主次选择、视觉扫描顺序与动态注意力、发话人的空间位置，以及发话人的立场、态度与评价标准等主观因素的影响。

认知是人们对客观现实的体验过程，也是对外界客观事物的反应过程。出于语言表达需要而进行的语言加工，与人们的主观因素、事物的客观因素密切相关，正因如此，出现了不同的语法构造和不同形式的语言表达。在日语学习、汉日对比研究中，对于日语、汉语突出各异的表达方式，以及对于日语相似语义的不同表达方式的区别，从发话人主体的认知观、概念化的动态性这一视角出发进行研究将是一个很好的选择。

第七章　认知的范畴化

太子：皇阿玛，我错了。

康熙：不要叫我皇阿玛，叫我皇上。

太子：皇上，儿臣错了，请皇上降罪。

——电视剧《康熙王朝》

皇上，皇上，不能出家呀！

福临啊，福临，老臣想死你啦！

——电视剧《康熙王朝》

微风过处，送来缕缕清香，仿佛远处高楼上渺茫的歌声似的。

塘中的月色并不均匀；但光与影有着和谐的旋律，如梵婀玲上奏着的名曲。

——朱自清《荷塘月色》

"皇阿玛"是父子关系，"皇上"是君臣关系，"福临"是皇帝的名字。将"皇阿玛"改称为"皇上"是从家庭的父子关系转换为工作中的君臣关系；大臣索尼将"皇上"改为"福临"，直呼其名，是把朝廷中的君臣关系转换为曾经的老师与学生的关系……

朱自清的《荷塘月色》用嗅觉的"清香"去体味听觉的"歌声"，用视觉的"缕缕"去体味嗅觉的"清香"。用视觉的"渺茫"去体味听觉"歌声"，用视觉的"光与影"去体味听觉的"旋律""名曲"，构成了通感。

这些都是起始域向目的域的投射，都是跨范畴的。那么，范畴到底是什么呢？

第 1 节 范畴化

人们生活在现实世界中，具有识别可见的东西和看不见的东西的概念范畴。通过范畴化，赋予世界秩序化，同时也能在世界中确定自己的位置。范畴是具有明显心里特征性的概念。正如莱考夫、约翰逊（1999：23，38）所说，概念是反映现实世界的结果，是人们身体、大脑在与外界相互作用的过程中形成的。范畴的出现会导致一个概念的形成，相反，概念的形成也会导致一个范畴的出现。

范畴化是人们对客观世界进行辨识、分类和理解的心理过程，是人们认识世界的手段，也是一种基本认知方式。王寅（2013：96）认为范畴化是一种基于体验、以主客体互动为出发点对外界事物进行主观概括和类属划分的心智过程，是一种赋予世界以一定结构，并使其从无序转向有序的理性活动，也是人类认识世界的一个重要手段。范畴化是人类认识世界的一种基本认知方式。

语言的范畴化是认知语言学的重要研究内容。莱考夫（1987：5）强调范畴化是我们思维、概念、行为和言语形成的基础。他在《女人、火与危险事物：范畴显示的心智》（2017：5）中指出：人们根据事物之间的共同特性确定范畴。根据内部成员的共同特性来界定范畴的这种观念即范畴化，它是一个不容轻视的问题，对于我们的思维、感知、行动和言语来说，没有什么比范畴化更基本了。

人们根据需要，对这个世界上存在的各种各样的东西和事情，从某种观点进行整理和分类，根据必要条件，明确某一类事物是否属于该范畴，这种范畴的形成基于人类一般化的认知能力。

之所以说范畴化是最基本的，是因为我们在思考时离不开范畴，范畴是范畴化的结果，范畴化是一个过程。当我们思考时，我们自然会进入范畴化的思考模式中。例如称呼是"皇阿玛""皇上"还是"福临"，这都是在进行范畴的划分。当我们推断事物的种类时，如把椅子、民族、疾病、情感，乃至所有事物做种类划分时，我们也在运用范畴。

每当我们有意识地进行某一类型的活动，如摆放书架上的书籍、整理衣柜里的衣服和电脑里的文件夹、安排大型酒会的坐席等等，我们在分类的同时也在使用范畴。

如果没有范畴化的能力，我们根本不可能在自然界，或者社会生活和智力生活中进行任何活动。显然，探讨人们怎样范畴化对理解人们究竟如何进行思维和从事活动十分重要（Lakoff，2017：6）。

回到本章开头的第一个例子。康熙亲征葛尔丹，身染恶疾，太子在京城欲登基，这件事让回到京城后的康熙大怒。该例是勃然大怒的皇帝与认错的太子之间的对话。"皇阿玛"和"皇上"分属两个不同的分类范畴，一个是父子关系，一个是君臣关系，不同的分类界定了不同的位置关系。这个分类的过程和范畴形成的过程就是范畴化，范畴化的结果产生了新的概念关系、新的范畴。

第二个例子也是一样。电视剧中，清顺治帝（康熙的父亲，6 岁登基，24 岁时去世）要遁入佛门，曾闭关不见任何人，大臣在呼唤他。大臣索尼先是称呼"皇上"，后来，直呼其名为"福临"。为什么敢于直呼皇帝名字？因为这位大臣曾是皇帝的老师，直呼其名，重新界定了双方的关系范畴为"师生"，而不是君臣。既然是师生关系，学生就要回应老师，听老师的。

人们生活在范畴的世界里，从家居用品、食物、情感、性别，一直到万千事物和具体事件，范畴化具有独特的作用。范畴化是人类对世界万物进行分类的一种高级认知活动（赵艳芳，2000：55）。范畴化的结果就是构建范畴，而范畴化最直接的对象则是产生语义范畴。

在莱考夫看来，范畴化进程是意义建构过程中极为重要的部分，范畴作为范畴化的结果是获得意义的认知基础。Langacker（1988：394）提出的范畴化理论为人们研究语言与交际提供一个崭新的角度，使人们能够更全面地了解语言、思维与现实世界的关系。

心理学家提出了原型理论。原型理论（Rosch，1975：104，192—233）认为，范畴的内部结构是原型结构，它的内部分为中心成员和边缘成员。范畴中的典型成员被称为原型，原型是范畴化的认知参照点，根据认知对象与原型的相似度来判断其是否属于该范畴。

20 世纪 50 年代，维特根斯坦对"Spiel"（游戏）一词进行考察，提出了"家族相似性"的说法，指出处于同一个范畴内的家族成员之间存在着一种互相重叠、互相交叉的相似性网络，有的特征为范畴内某些成员所共有，有的特征则为其他成员共有，随着成员增多，相似性的情况也会减少，甚至难以找到所有成员共有的特征。

"范畴是我们经验的一部分。它将我们经验的某些方面区分为可辨别种类的结构。"（Lakoff，1999：19）莱考夫所说的经验并不是狭义上对经验的理解，而是更倾向于体验。这种体验不仅包括知觉、运动等狭义经验，还包括构成实在或潜在经验的一切，它是生物体内部基因遗传所获得的组成成分，是在物理和社会环境中互动的本质。因此，范畴建构既不是先于经验之前，也不是在经验之后的后续结果，它与人类的涉身体验同步，并且大部分都是自动的和无意识的。我们的身体、大脑及其与外部世界的体验式互动，决定了我们如何进行范畴划分以及赋予世界怎样的范畴结构。

范畴化进程既是最为基础的，也是极为复杂和模糊的。在莱考夫看来，我们的知觉、思想、行为、语言、意义等无一不是以范畴化为认知基础，而范畴化也因其具有涉身性和想象机制而显得复杂模糊。

第 2 节　范畴化理论对语义学的解释

一、范畴化与语义的形成

《中国大百科全书》（1987：200）对范畴做了解释，认为范畴是反映事物本质属性和普遍联系的基本概念，是人类理性思维的逻辑形式。范畴化是对有区别的事物及事件进行同等处理的过程，它既是一种固有的语用功能，也是人类身体、言语或心智的一种行为。它是人类最基本的功能之一。从本质上讲，范畴化是一种对事物的分类过程，该过程属于人类的一种基本认知活动。人类在纷繁复杂的自然与社会现象中设法寻找它们的相似性，再根据这些相似性对一切事物进行分类并形成概念。

范畴化涉及分类（type）和分层级（hierarchy）的巨型网络（徐盛桓，2008）。类—层级结构是人们在长时记忆中认识事物范畴和储存知识的基本形式（Collins and Loftus，1975）。当一个概念上移时，其意义的抽象性增强；当其下移时，其意义的具体性增强。一个事物在这样的类—层级结构里的适当位置规定了它的全部内涵和外延信息（徐盛桓，2008）。内涵是一类事物或一个事物的"本质属性的总和"；外延指的是某概念相对于其上位概念的下位状态，下位层级的事物相对于其上位层级的类来说是它的外延。

范畴化理论之所以在语义学方面得以应用，是因为该理论能够对语义做出深层的解释。莱考夫（2017：111—117）引用日语量词"本"做出了说明。

日语"本"除了作为名词的"书"之外，作为量词也是其常见用法之一。"本"表示的是长而细的物体，指"根""支""瓶"等，如用以修饰手杖、甘蔗、铅笔、蜡烛、树、绳子、头发等，其中细长的坚硬物是范例。但是，"本"还可以用于那些不具有明显代表性的事物中。如它还可以用于棍棒或刀剑的武术比赛，棍棒或刀剑是比赛中起主要作用的器材，是细长的事物，因此这是以功能性的部分代表整体的转喻。"本"还可以用于打电话：一方面，电话筒和电话线是起主要作用的，这是转喻；另一方面，打电话是一种通讯行为，凡通讯行为都符合通讯最主要的隐喻，即莱考夫和约翰逊（1980）所描述的导管隐喻，也就是说，人们把通讯看作是一种管道，这是隐喻。

通过对日语量词"本"的研究，得出了有的"本"是从该词的中心义出发，如修饰并用作"杖""鉛筆"的量词；有的"本"是将物体展开的形状，比如修饰并用作胶布卷、录像带等的量词，这是从其中心义引申到非中心义；有的"本"修饰的是通过事物关联性起作用的物体。比如棒球，"最初打った十四本のホームライン"，棒球棒的形状与击球所形成的路径细长的轨迹，构成了一个范畴，引申到得分，这样从"本"的中心义引申到非中心义，存在着相似的激发因素。为此，莱考夫（2017：114）提出：

第一，范畴的基本层次是具体的，引申意义则是从具体、基本层次的事物延伸到其他事物。

第二，范畴引申是激发理论的应用，通过意象图式转换形成概念转喻。

第三，范畴化并非建立在成员的共有特性基础之上。

从理论上讲，超出其中心义而运用类别词的每个例子都应有一种激发因素，这种激发因素，是通过需要意象图式转换和物体代替的转喻方式达成的。激发因素不可能是专门的，人们不可能仅为处理一种情况就设计一种意象图式或转喻。只有其他情况证明也是合理的，才能为有类别词的语言分析提供充分标准。

从本质上讲，范畴化就是一种对事物的分类过程，该过程属于人类的一种基本认知活动。人类在纷繁复杂的自然与社会现象中设法寻找它们的关联性，再根据这些相似性对一切事物进行分类并形成概念。心理学的格式塔理论提出了相邻原则、相似原则、连续原则、闭合原则（Ungerer and Schmid，2000：33—35）。

二、类比：范畴化的途径

认知语言学家侯世达、桑德尔（2018：003）提出，在人类思维研究中，类比和概念是主角。如果没有概念就没有思维，如果没有类比，概念就无从谈起。因此，他们认为，类比是实现范畴化的途径。

人们通过已知的旧事物和知识积累来理解未知的新事物、探索新的知识，大脑无时无刻都在做类比，并用类比选择性地唤醒脑中的概念。人类的类比能力是概念的根源，概念又是因为类比而被有选择性地激活。

分析下面的例子：

你家里太热了，把窗户和电扇都打开吧！

这个句子中的"打开"有两个意思。一个是把窗户推开，让风吹进来，这是一个"推开"窗户的动作；另一个则是按下电扇的开关，让电器运转起来，这是个"按下"开关的动作。前者用在门窗上，后者则适用于电器。用打开窗户的类比去打开电器。

那天他说自己是单位里最好的单簧管手。一表演，太难听了，简直是嚎叫！看来乐器可不是像牛那样好吹的！

句子中包含了两个"吹"，虽然字面上"吹"只出现了一次，即"吹牛"。另一处是通过类比激活"吹单簧管"，单簧管是真的"吹"，从肺部经口腔把空气挤出，但是牛却不是真的被"吹"起来了。

单身的来由：原来是喜欢一个人，现在是喜欢一个人。

句中出现了两处"喜欢一个人"，可以有两种理解。一是喜欢某个人，有心仪暗恋的对象；另一种理解为喜欢自己一个人生活，那就是独身主义。至于具体原来和现在各是哪种情况，就要根据语境做出判断了。

你可别小瞧他。小说和书法，他都能写。

这个关键词是"写"。也就是说，句中的"写"应该是有两个意思。"写"小说和"写"书法是不一样的。因为这是两个不同的动作，"写"小说需要精心构思情节、人物，不一定是在纸上写，也许在电脑上"写"，或者准确来说是在电脑前"打字"，是创作。而"写"书法则不需要思考什么情节或者人物、戏剧冲突和高潮，需要的仅仅是拿一支毛笔，蘸上墨水，在纸上实实在在地"写"。

再看下面关于写的句子：

你可别小瞧他。板报和书法，他都能写。

这里的问题在于，"写"板报和"写"书法是同一个"写"吗？很难说。二者似乎都一定要真正地"写"，没法用电脑把内容输入进去，但是写的时候用的工具又不一样：一个是粉笔，另一个却是毛笔。写的内容往往也不同，"写"板报多为宣传，有时还要画一点儿画，而书法则一般是一种艺术爱好。

冬至夜，羊汤和饺子都很温暖。
冬至夜，妈妈的关爱比饺子更温暖。

如果仅从语义的角度来分析"关爱"和"饺子"这两个概念，它们之间的距离或者说两个概念间的差距太大了。但是在"冬夜里"这一语境的限定下，通过类比和有条件的激活，我们能够明显地体会到本来不具有类似性或可比性的两个概念，竟然被合理地划入到了"温暖"这一范畴。

这是人类思维活动的结果。人们的思维活动包罗万象，从基本的物体识别，到人类大脑产生新的想法、新的发现，或形成新的概念意义。我们在接触新的事物和新的事态、理解新的情况、领会新的知识的过程中，每时每刻都在不停地进行心理活动，判断事物性质并且做出决定。所有心理活动都有着相同的基本认知机制。

这些心理活动尽管看上去各不相同，但它们背后都有着同样的认知机制，类比都在不停歇地为范畴化而运行着（侯世达、桑德尔，2018：6—8）。

三、语义相邻、相关、相似

关于语义的相邻、相关、相似，我们先从具体的事物着手进行分析。就拿家具来说，我们会想到沙发、茶几、衣柜等，作为这些概念的上位层次则是"家具"；说到苹果、桔子、香蕉，我们会想到这些是水果，苹果、桔子、香蕉则为"水果"概念的下位层次。这是范畴化最基本的层次划分，是具体、明确的。

就某一句话或某一个词来说，它可以激发人们的思考或联想，在其构成的诸要素中，有中心要素，也有边缘要素。当我们从不同的观点和视角出发理解它时，要素间的重要程度也会发生变化。所以，有时尽管是周边要素，也可能会在具体语言中起着重要的作用。

例如：

あたりは静まり返っていた。
会議を始めてもう2時間になるから、このあたりで一休みしよう。

　　日语中的"あたり"在词典中的基础意义为"范围"。可是，在第一句话中它是指空间范围，第二句话中是指时间范围。

　　再如：

　　　私が住んでいるところはまだ緑がかなり残っている。
　　　このところ、いい天気が続いている。
　　　思うところを率直に述べなさい。

　　日语"ところ"的基础意义是"地方"。但是，上面三句话却产生了三个意义，"ところ"分别是指"空间的范围""时间的范围"和"作为思考对象的抽象范围"。在这里，"ある範囲"（某个范围）成为三者的共同点。其意义是由基础意义向周边意义延展，这是相邻关系。

　　　八百屋で野菜を買った。
　　　面包会有的，一切都会有的。

　　"野菜を買った（买菜）"，是用种概念代替属概念，或者是上位概念特指下位概念；"面包"泛指食物，是用属的概念代替种的概念，或者是下位概念特指上位概念，这样的范畴化构成了提喻。

　　再看下面的例子：

　　　魯迅を読んでいる。
　　　一本を飲んだ。

　　正在读"鲁迅"中的"鲁迅"是指其作品，"一本"是指瓶子，喝了一瓶是指瓶子里的东西。鲁迅与鲁迅作品相关、瓶子与瓶子里的东西相关。由于相关关系的存在，可以用相关事物相互指代，因此产生了换喻（转喻）的语义。

　　以上是相邻、相关关系范畴的语义表达。不仅如此，人们也可以超越两者事物本质的常规范畴边界，重建一个共享的上级范畴，据此获得表示其上位范畴的抽象范畴指称，且在特定语境下动态实现。

　　下面是并非建立在成员的共有特性基础之上的例子：

　　　時は金なり。

人生は旅である。

时间和金钱、人生和旅途，看起来既没有相邻关系也没有相关关系，因为两者并没有建立在成员的共有特性基础之上。但是，根据相似原则，它们虽属于两个范畴，但由于范畴的引申和激发（时间和金钱都是非常贵重的东西，不要轻易浪费，要珍惜，要有意义），从而产生了两者的相似性。

"人生是旅途"，将本没有关联的"人生"与"旅途"连接在一起：两者都有起点，有终点；有无限风光美景，也有跋涉的艰辛；有喜悦，有迷茫。在引申和激发的引领下，跨范畴的两者产生了相似的、共有的家族属性，于是，隐喻意义产生了。

四、范畴与多义性

范畴理论认为，原型是词义范畴最具代表性的义项，往往是人们首先认知的，也是语言符号里最早获得的义项，通常是词的"直接"意义（本义），词义的发展过程也是词的原型义项，即核心义项向边缘义项演变的过程。范畴的扩展也就带来词义的扩展，多义范畴就是一个以原型为中心不断向外扩展的结构。

由于客观世界纷繁复杂，又在不断地变化发展，同时，人们对客观事物和现象的认识也在不断地深入和呈现出多元的视角，人们不可避免地要利用原有的基本范畴词来表达与之相关的其他事物。

看下面的例子：

冬天能穿多少穿多少。
夏天能穿多少穿多少。

（某女给男朋友的电话）
你要先到了，你等着；你要晚到了，你等着！

"多少"的核心义是指数量。"冬天能穿多少穿多少""夏天能穿多少穿多少"是从"多少"的基本范畴延伸到了冬天的"多"与夏天的"少"。"等着"的原型义就是"待つ"，可是，当用于提醒、恫吓别人迟到的后果时，其语义延伸到了"覚悟する"。

再看下面这些词：吃饭、吃亏、吃不消、吃了批评、吃不开、吃不准。我们试想一下，如果将这些词翻译成日语，该怎样处理呢？肯定不能都用

"食べる"，因为中文"吃"的原型义已发生了拓展，构筑了新的附加范畴。为此，翻译时，我们必须进行相应的语义范畴调整。可以对译为"ご飯を食べる""ひどい目に合う（損をする）""やりきれない""叱られる""歓迎されない（受けない）""はっきりしない"。

词的语义范畴是一个开放的动态过程，多义词作为一个完整的语义范畴也会受语言内外因素的影响而不断变化。

五、文化背景与语义范畴变化

范畴化与不同的文化背景密切相关，并且随着时代的演变而变化。我们先以"龙"的中国概念范畴与国外概念范畴进行对比分析。

在中国的传说中，龙是一种善变化、能兴云雨、利万物的神异动物，为众鳞虫之长，四灵（龙、凤、麒麟、龟）之首，能显能隐，能细能巨，能短能长，春分登天，秋分潜渊，呼风唤雨，无所不能。它在神话中是海底世界的主宰（龙王），在民间是祥瑞象征，在古代则是帝王统治的化身。

后来，"龙"成为中华民族的象征。上下数千年，龙已渗透了中国社会的各个方面，成为了一种文化的凝聚和积淀。因此，龙成为了中国的象征、中华民族的象征、中国历史的象征。由此产生了"虎背龙腰""龙恩""龙体""龙袍""龙头"等词语；现在"中国巨龙腾飞""我们是龙的传人""龙腾盛世"寄予着我们美好的希望和奋斗的目标。

"龙"虽然在英文中一般翻译为"dragon"，但西方文化中的"dragon"与中国传统的"龙"除了形象有一些相似外，背景和象征意义有很大的差别。"dragon"在基督教中被视为恶魔的象征，带有恶毒、凶狠的意味，与东方的祥瑞完全不一样。文化背景的不同，决定了同一词语、同一事物的范畴属性不一定相同。

再看"狼"的范畴变化。

彼は狼だ。

我们可以理解为，这个人具有阴险、凶残、贪婪、虚伪、狡诈、忘恩负义等特点。相关的词语还有狼心狗肺、狼子野心、狼狈为奸、狼狈不堪、狼奔豕突、引狼入室、白眼狼等。在英语中，"狼"也不是好东西，具有狡猾、鬼鬼祟祟、卑劣等品质。

可是，视角一经转变，又出现了另一语义。今天也有人们从另一角度分析：狼是一种有极强好奇心的动物，它们对周围的环境总是充满兴趣，不断体验，从而躲避危险，发现食物，并顽强地生存下来。甚至有人分析到，一个人成才，只有合适的环境还不够，成才的主体必须具有主观能动性。他要"有极强的好奇心""对周围的环境总是充满兴趣"，"不断体验"从而"躲避危险，发现食物，顽强地生存下来"。歌曲有"要嫁就嫁灰太狼"，因为灰太狼的特点是认真、执着与顽强，"失败从来不受伤，两只四处张望的眼，寻找胜利的方向"。

认知语言学认为，范畴化是一种基于体验，以主客体互动为出发点，对外界事物进行主观概括和类属划分的心智过程，是一种抽象程度最高的命题结构性概念，已经成为人类抽象思维成果中具有高度概括性、赋予世界以一定结构的概念。这种概念范畴与主体、时代的发展、文化背景都密切相关。

在言语化之前，多个范畴会相互结合，也会出现从某个范畴到其他范畴的联想，从而出现新的范畴。另外，概念在言语化的阶段即使与意义相同，也不局限于词语的表面意义，句子、词语、叙事的意义也会成为概念。概念的言语化只不过是将概念转换成词语形式。之所以说解释语言意义是认知的过程，就是因为具体语境下的词语意义有时会超过词语字典意义，并且随词组、句子、叙述而对语言的概念结构产生很大的影响，解读过程与主体的思想性、目的性密切相关。

范畴化研究是认知语言学的重要理论，是语义学研究的基石。通过上面的分析，我们可以进一步引出：范畴化是提喻、换喻、隐喻形成的认知基础。提喻、换喻、隐喻这种分类形式与高桥英光（2010：71—125）、安井泉（2010：17—80）、李在镐（2009：91—105）的分类标准相一致。

第 3 节　提喻：种属概念的替代

在语言表达的范畴化过程中，不直接说某一事物的名称，而是借事物本身所呈现的各种对应的现象来表现该事物，这种替代关系在修辞上称为提喻。实质上，这是人们认识事物的过程，所呈现的是认知概念化的结果。其结果表现为部分和全体、个体与类别、种与属的互相代替。

日语中"花见"的"花"，专指"樱"，日语中的"お酒"多指"日本酒"，这是用上位概念代替下位概念。

ひさかたの 光のどけき 春の日に しづ心なく 花の散るらむ
（『古今和歌集』84 紀友則）

花の色は うつりにけりな いたづらに わが身世にふる ながめせし
まに　　　　　　　　　　　　　　　（『古今和歌集』113 小野小町）

　　第一首短歌，可以理解为"阳光和煦春日里，樱花匆匆谢落去"。歌中的"花"，指的是下位概念"樱花"。同样，第二句可以理解为"沥沥春雨花色褪，容颜逝去愁思堆"。这里的"花"也是指樱花。
　　再看下面的短歌：

人はいさ 心も知らず ふるさとは 花ぞ昔の 香ににほひける
（『古今和歌集』42 紀貫之）

　　"故国花香如从前，可叹人心已变换。"短歌中的"花"指的是"梅の花"，也是用上位概念代指下位概念。
　　再看下面的一些句子：

叔母が病気で手が足りないというから私が勧めて遣ったのです。
（『夏目漱石こころ』）

笑う門に福きたる。
人はパンのみにて生きるにあらず。

　　"手が足りない"中的"手"指的是人，意思是人忙不过，人手不够。用人的身体部位来指"人"这一整体概念。"笑う門に福きたる"中的"門"指的是家庭，意思是和谐的家庭幸福多，用房屋的部分来指房子全部，即家庭这一全体。"人生只有面包是不行的"中的面包是指食物。

　　　无边落木萧萧下，不尽长江滚滚来。
（杜甫《登高》）

　　无边无际的树叶在秋风中飒飒落下，奔流不尽的长江滚滚而来。林木落叶萧萧而下，让人感到秋季的悲凉、感伤，但是，长江之水奔波不息，气势浩荡，给人以无穷的力量。"落木"是指落叶，这里用"树木"整体来代替"树叶"部分。

转喻的认知机制是范畴的邻近原则。这种邻近是指概念范畴的同一性，可以理解为同一个范畴域。

第 4 节　换喻：相邻概念的互指

换喻也称为转喻，是域际相邻关系的概念互指。古罗马修辞学家把换喻解释为"以一个意义相同的词来代替原词"的语言修辞手法。经常会用诸如伴随、邻近、毗邻这些词来描写这两个词的意义关系。而在现代修辞学或者语言学中，这些词已为另一个词所取代，那就是邻近性（Koch，1999：141）。Croft（2003：177）认为，传统上把转喻定义为"词义从一个实体转移到另一个与之具有邻近关系的实体"，换喻具有"邻近关系"，是因为它们具有经验上的相关性。

莱考夫（Lakoff，1987）在转喻研究中对邻近性概念进行了新的探索，强调邻近性具有概念属性，适用于具体的空间关系，也适用于抽象的因果逻辑联系。

换喻产生的认知基础是相关的近邻性。这种相关的近邻性是在空间的邻近、共存关系，时间的先后关系，因果关系的基础上形成的，表现在以材料指制品、以容器指容器内的物体、以原因指结果、以手段指主体等。

请看下面的例子。

今晩は鍋にする。
ワインを開ける。

"今晚涮锅"中的"锅"，使用这种涮菜的容器来指锅中的菜，这是用容器来指内容物。相反，"打开红酒"是指打开红酒的瓶盖儿，这里是用内容物"红酒"来指瓶盖子。

用场所、建筑物来指部门或机构。如："ホワイトハウス"（white house，白宫）是指美国政府，日本的"永田町"指政界，"霞ヶ関"指日本的"中央省庁"。

用结果指代原因、用原因指代结果。如："涙を流す"是流泪，指哭泣，是用流泪这一结果来指形成的原因是痛苦、悲伤；用"冷や汗が出る"指心里着急，用出冷汗这一结果表示心慌、心急；用"あくびが出る"表示无聊，无聊才导致了打哈欠；"赤面する"指难为情、不好意思、害羞；"眉をひそめる"表示不开心、担心。这些都是用结果代替原因或者用原因代替结果的表达。

用动作状态代替结果。"ハンドルを握る"指开车；"ユニフォームを脱ぐ"（脱制服）指引退；"筆をとる"指写字。这些是用动作的状态来指代结果。

用作者指代作品。"シェークスピアを読んだ""チョムスキーをよむ"是读莎士比亚、乔姆斯基写的作品，"モーツァルトを聴いた"指听莫扎特创作的乐曲。

用属性指本体。例如："白バイ""赤帽""社長""通訳"是指警察、车站服务生、社长、翻译等特定的人。

换喻是以现实世界事物的时间、空间性关系的相邻性为依据而进行的认知语义扩张。

佐藤信夫在『レトリック感覚』中举了下面的例子。

春雨やものがたり行く蓑と傘　　　　　　　　　　　（蕪村）

这里的"蓑"是指"蓑を着た人"，"傘"是指"傘をさした人"。"蓑"是穿着蓑衣人的一部分，"傘"是撑伞人的一部分。"蓑"和"傘"是指两个人，是换喻的认知方法。这句诗可理解为：穿蓑举伞两个人，相逢问候春雨中。

看下面短歌的例子：

おほかたは 我が名もみなと こぎいでなむ 世をうみべたに みるめ
すくなし　　　　　　　（『古今和歌集』669 読人知らず）

はやき瀬に みるめおひせば 我が袖の 涙の川に 植ゑましものを
　　　　　　　　　　　　（『古今和歌集』531 読人知らず）

第一句可以理解为：我多么期盼自己能够成名，无奈只是痛苦的叹息，因为我们难以再相见。其中的"名"不仅仅指名字，还是指功名、成名。第二句理解为：如果是湍急的河流从我的双眼流出，那么，我的衣袖培育的就是一条泪河。这里的"海松布（みるめ）"与"见る目"相关，指相见、见面，换喻为泪水不断，成为一条河。

唐诗中也有好多这样的诗句：

> 无端嫁得金龟婿，辜负香衾事早朝。　　（李商隐《为有》）

"金龟"在这里是指带有金龟图案的官服，表示官位。可以理解为：虽然嫁给了一个有官位的夫君，可是早晨要很早就出去上班，只留一人在家寂寞难耐。

> 衔杯映歌扇，似月云中见。　　（李白《相逢行》）

口含酒杯，歌扇掩映，宛若见到了云中的皎月。"歌扇"是女子们手里拿的东西，此处用"歌扇"来指女子。

> 千里横黛色，数峰出云间。　（王维《崔濮阳兄季重前山兴》）

青黛色苍绵延千里，挺拔的一座座山峰直出云间。其中的"黛色"是山峰的颜色，此处是用山峰的颜色指山峰。

> 一水护田将绿绕，两山排闼送青来。
>
> 　　　　　　　　（王安石《书湖阴先生壁》）

一条河水呵护着农田，环绕着碧绿的庄稼；两座大山打开门送来绿色。"将绿绕"的"绿"是颜色，这里指庄稼，是用田地的绿色来指代田地里的农作物；"送青来"的"青"也是颜色，在这里是指山上的植物浓密，苍翠欲滴。

就换喻的性质来说，换喻是经常性使用的表现方法，具有普遍性。换喻通过词语的置换，达到突显事物特征的效果，以此作为参照点来识别其他较难定位的目标实体，又具有认知范畴的代表性。

有家从事对俄罗斯出口贸易的公司，具有一定的经营规模，拥有稳定的俄罗斯客户二十余家。俄罗斯的公司名称和人名都很长，诸如斯坦尼斯拉夫斯基、格利鲍耶陀夫、伊凡诺夫斯基、斯韦特拉娜等等，很难记。在公司内部，以及与供货厂家交流时，人名的读音很长、又拗口，人们难以记住。该怎样在公司内部以及在与供货厂家对接时，寻求简洁、经济、最具效率化的指代方式，以便达到方便工作交流的目的？公司员工在思考，也在应用。虽然他们不是搞语言学研究的，但在实际工作中，他们却很好地运用了换喻的语言策略。

公司内部员工之间以及他们与国内供货厂家之间的交流，是用这样的方式指代俄罗斯客户的：

> 大眼睛的订单增加 5000 支灯具，让报一个优惠价。
> 小个子公司的采购经理下周二到中山工厂验货。
> 飞行员他姐姐来广州参加春交会。
> 小胖子的老板预约广交会见面。
> 大胡子的行李送到了上海宾馆。
> 小辫子从香港来深圳。
> 光头想去海边住两晚，让预订房间。
> 富婆要在广交会结束后，去趟皮草市场。
> ············

上面这些话语是该公司日常真实的语言，他们通过这样的方式来指代俄罗斯客户。"大眼睛""小个子""小胖子"是人的身体特征，"大胡子""小辫子""光头"是人的外表特征，"富婆"是人的行为特征，"飞行员"是曾经有过的工作经历，用这些来指代俄罗斯客户，简洁、方便、高效。

同样，面对中国无数的供货厂家，俄罗斯客户也难以记住每家公司及其领导的名字。对于经常性的客户，俄罗斯客户是这样交流的（此处省略俄语，仅将汉语列出）：

> 村长的价格是多少？
> 这是给冬瓜的礼物。
> 上周，兔子来圣彼得堡了。
> 在青蛙那里订货。
> 竹子的销售今年比去年好。
> 小精灵价格有变化没有？
> 歌手出什么新品种了？

"村长"是一家工厂老总，曾经在村里担任过村主任，这是用以前的职务代当今的公司；"冬瓜"据说是公司老总的头部特征，这是用他的外表特征指代本人；"兔子"是那个人走路时可爱的跳跃特征；"青蛙""竹子"

"小精灵"都是供货工厂生产的主要产品系列;"歌手",据说那家公司女老总喜欢唱歌,而且唱得很好。

写到此处,我又想起了自己在日本被称为"カシミヤさん"的真实故事。1994年至1996年,我经过内蒙古自治区政府考试选拔,获得日本"高泽三次郎国际奖学财团"全额资助的特别奖学生身份,到日本大学院读硕士学位。奖学财团经常举办各种交流活动,高泽三次郎理事长习惯临时点名让学生发言。有一次,理事长突然提出"カシミヤさん",会场停顿了片刻,有人指着我说,叫你呢。理事长的目光也盯着我,于是我站了起来……

从此以后,"カシミヤさん"成了我的名字。留学即将结束前夕,财团约我谈话。在财团事务局的小黑板上,写着理事长的日程——几点几分与"カシミヤさん"面谈。这次面谈,决定了我回国后,担任"高泽三次郎国际奖学财团中国事务所长",负责协调内蒙古教育厅外事处选派公费赴日本留学生的事务性工作。

为什么我被称为"カシミヤさん"呢?因为留学出国前,我在内蒙古经贸厅系从事对日本"カシミヤ"(羊绒)产品的出口工作,所以,理事长用我曾经的工作来指称我。

换喻,是在同一认知域内,由始源域向目标域的映射,可以将人们的注意力从某个感知突显的特征指向具体的事物。选择特定(情境)语境中最相关的事物或概念作为转喻的认知参照点,以此参照点来识别其他难以有效表述、难以定位的目标实体,既经济、节省时间,又清晰准确。换喻不是简单的语言替代,它能让人们产生由此及彼的概念联想,从而达到更好的认知效果。

第5节 隐喻:概念跨域的映射

从古代到现代,隐喻始终是修辞的关注中心和关注焦点。隐喻研究可以追溯到两千多年前亚里士多德的《修辞术·亚历山大修辞学·论诗》。在该书中,亚里士多德说:"隐喻仿佛就在眼前。""隐喻的作用不可估量。通常的语言只传达我们已经知道的东西。如果我们要了解新鲜的东西,那就要通过隐喻。"

隐喻被认为是一种相似关系,可能是外表、形状、功能上的相似,也可能是心理感受的相似,有时一些事物之间的相似性很大,有时这些事物之间的相似性可能很小,甚至有些事物之间可能并不存在什么客观的相似性(束定芳,2000:172)。但是,通过人们的主观激发和引申,两个不同经验域间的概念映射产生了相似性，这种相似性把两类事物划归为一个范畴，不是通过明确的话语来表示两者的相似性，而是在另一类事物暗示之下，让人们来感知、体验、想象、理解此类事物，带给人们对事物新的观察视角或新的认识。

本节将对隐喻的构造和概念隐喻的分类进行介绍。

一、隐喻的构造

关于隐喻的构成，理查兹提出了"喻体""本体""喻底（相似形）"三要素，布莱克将之替换为"框架"和"焦点"，通过这组用语剖析隐喻的结构，解释隐喻的相互作用。束定芳（2000：67）从隐喻语义结构的角度，根据喻体、本体（话题）和喻底这些组成成分在隐喻中是否出现情况，总结出了四种构造。

现以日语短歌为例，对隐喻的结构构造分类（张继文，2009：75—82）如下。

（一）喻体、本体和喻底同现

喻体、本体和喻底在文中同时出现，就短歌来说，仅有三十一个字音的短歌中都做出了明确的交待。如：

> あしひきの　山鳥の尾の　しだり尾の　ながながし夜を　独りかも寝る
>
> （柿本人麻呂）

这首短歌出自《万叶集》。译为：长长雉鸡尾，低低垂落地，孤枕漫夜难入睡。"あしひきの"有人解释说是"足を引く（拖沓）"之意，"山鳥の尾のしだり尾"是喻体，"夜"是本体，"ながながし"是喻底，是两者的相似形"漫长"。三者在原文中都有交代，所以在翻译中，尽可能对等地体现出来。再如：

> 水風呂に　みずみちたれば　とっぷりと　くれてうたえる　ただ麦畑
>
> （村木道彦）

译为：浴桶水荡漾，暮色茫茫歌声起，田地麦浪在吟唱。这里"麦畑"是本体，"みず"是喻体，"みちたれば"是喻底。是谁在"うたえる"？是水还是人们？原来是那无垠的麦浪在歌唱。于是，喻体、本体和喻底都在句中明确呈现出来。

（二）喻体、本体同现

隐喻句中只出现喻体和本体，作为相似的喻底，靠受话人去理解和推断。例如：

　　爾後父は 雪嶺の雪 つひにして 語りあふべき 時を失ふ

（春日井健）

　　译为：逝去的父亲，是那冰峰雪林，再不能交谈亲近。这是一首挽歌。去世后的父亲（本体）成了"雪嶺の雪（喻体）"，相似性没有明确表达。再如：

　　ひかり生れ 草生れ木生れ 黒土は うねりて春の 乳房となれり

（竹下奈々子）

　　译为：孕育着希望，哺育着草木生长，蜿蜒的黑土是春的乳房。在翻译中译出了"黒土は春の乳房となれり"这一隐喻句式，原句中的喻底没有出现。在翻译时，补充了"哺育、滋润"这一相似形。这种隐喻在短歌中比较普遍，仅出现了喻体和本体，作为相似性的"喻底"则靠吟诵者去推断和理解。

（三）喻体式隐喻

在短歌中，有时本体不出现，只出现喻体，在这种情况下，该隐喻往往预设着另外一个隐喻。

　　白鳥は 哀しからずや 空の青 海のあをにも 染まずただよふ

（若山牧水）

　　这首短歌在日本广为人知，只要一提到若山牧水，人们就会想起这首"白鸟"的短歌。此句译为：天鹅不哀伤，蓝天碧海不会给你染装，自由翱翔。这里只出现了喻体"白鸟"。这首短歌是诗人在二十二岁时创作的，抒发了自己的心静与清纯，推崇清高、圣洁的心情。这大概是该短歌的隐喻意义所在。再如：

　　さくらばな 陽に泡立つを 目守りゐる この冥き遊星に 人と生まれて

（山中千恵子）

　　译为：阳光映照樱花瓣，浪花光芒闪，地球穿行宇宙间，与人共欢颜。这是一首描写樱花的名作品。阳光照射在樱花瓣上，静静地凝视着，眼前出现了如浪花般耀眼光芒，人们就生活在这宇宙间行进的地球上。在这里既没有哀伤樱花凋零，也没有赞赏樱花绝美，一反传统的生命无常的意识，诗人并没有把意识投向时间，而是投向了广袤浩瀚、自由自在的空间。整首短歌隐含着对命运的乐观及其信念，这大概正是作品的魅力所在吧。

　　两首诗句中只有喻体，本体、喻底都没有出现。在具体话语语境下，根据上下文的语境，本体、喻底由读者来体会。

（四）本体式隐喻

　　在隐喻句中，有时不但喻底不出现，连喻体也不出现，表面只出现本体（话题），喻体是隐含的。例如：

　　　くらき河も 注ぎてゐしよ 青年の うちにゆれつつ ある海の面
　　　　　　　　　　　　　　　　　　　　　　　　　　　　（穴沢芳汀）

　　译为：昏暗的河水，流入年轻人心里，荡起那片海的涟漪。"くらき河"是昏暗的河水，在此喻指悲剧性的东西，是这里的"本体"。"青年のうちにゆれつつある海"是指内心世界。在这里喻底和喻体都没有出现，只有"くらき河"这一本体。我们可以将本诗的喻体理解为"青春的烦恼"，青春时代的烦恼注入青年人波澜起伏的心海，这个隐喻可以理解为"昏暗的河水是烦恼"。

　　再如：

　　　群がれる 蝌蚪の卵に 春日さす 生れたければ 生れてみよう
　　　　　　　　　　　　　　　　　　　　　　　　　　　　（宫柊二）

　　译为：暖日春阳普照，蝌蚪成群结队，快乐健康成长。这里的本体是"蝌蚪の卵"，"群がれる"喻指结群，"卵"指幼小的个体或刚刚诞生的生命，他们对世界有着陌生感也充满着新奇与喜悦。表面写蝌蚪，视线似乎转向了人们。

　　二、概念隐喻分类

　　莱考夫在《我们赖以生存的隐喻》中将概念隐喻分为了实体隐喻、结构隐喻和方位隐喻。我们按这个划分标准，以《古今和歌集》、唐诗的诗句为例，进行如下分析。

（一）实体隐喻

实体隐喻是指人们以自身经验和生理体验为基础，把抽象的事件、行为、情感、思想等视为存在的、有形的物体或物质，通过概念将看不到的事物转换为实体。如"心里有说不出的高兴"，"心里"除了动物学意义上的心之外，"心"是一个抽象的概念，在这里把"心"转化成容器，变成一个可视的物体。"内心在雀跃"中的"心"是无形的，可是，在这里变成了可视的"雀跃"的有形物。将抽象的事物有形化，帮助人们通过实体的特征来理解抽象的概念。

淡淡相思都写在脸上，沉沉离别背在肩上。

（洛兵《梦里水乡》）

风筝在阴天搁浅，想念还在等待救援，我拉着线复习你给的温柔。

（宋健彰《搁浅》）

"相思"是看不到的情绪，通过动词"写"转化成可见的字显露在脸上；"离别"是一种无形的痛苦，通过动词"背"转化成扛在肩上有形的东西；"想念"也是无形的，通过"等待着救援"，将无形的"想念"转化成可见的故障或事故；"温柔"同样是不可见的，通过动词"给"转换为实物。

唐诗中，把"心"喻为实体的诗句很多，诸如："洛阳亲友如相问，一片冰心在玉壶"（王昌龄《芙蓉楼送辛渐》），"谁言寸草心，报得三春辉"（孟郊《游子吟》）。而其中"冰心"即心是冰，透明、一尘不染等概念向"心"映射；而"寸草心"是细小、微不足道等概念向"心"投射（张继文，2010：10—14）。

"心"是无形的，在日语表现里，将其转化成具体实物的表现很多。

1. "心"与花草树木、颜色

世の中の 人の心は 花染めの うつろひやすき 色にぞありける

（『古今和歌集』795 読人知らず）

译为：世上人们的情谊啊，都是那染花的颜色，容易褪。"人の心"是染在物体上的颜色，将无形的、看不到的内心转变为有形的、可视的物体，通过"染花的颜色"，将"颜色变浅、颜色消失"等特点向"人の心"影射，"心の花"喻为人心易变、移情别恋之意。于是，世态炎凉的人心的演变过程，变成了实际的物体。

　　色見えで　うつろふものは　世の中の　人の心の　花にぞありける
　　　　　　　　　　　　　　　　（『古今和歌集』797 小野小町）

　　译为：世上人们的心啊，就是这颜色模模糊糊、看不清晰的花。这首歌是将"人の心"喻为"花"的表现。

　　吹きまよふ　野風を寒み　秋萩の　うつりもゆくか　人の心の
　　　　　　　　　　　　　　　　（『古今和歌集』781 雲林院親王）

　　译为：寒冷的山风吹入胡枝了林，一片凌乱，你的心就是那混乱的胡枝子。将秋天"萩"的"花褪色、花飘零"等向人心映射，在这里，"人の心"与"秋萩"构成隐喻。

　　たれぞこの　三輪の檜原も　知らなくに　心の杉の　我をたづぬる
　　　　　　　　　　　　　　　　（『新古今和歌集』1062 藤原実方朝臣）

　　"心の杉"是指心地诚实、正直，如直直耸立的杉木。此句译为：你是谁呀，不熟悉我却要把我找寻，你了解我坦诚、真挚的内心吗?!
　　2."心"与天空、明月
　　短歌中有"心の秋"，是将"心"喻为"秋"，将"秋"的萧条、凄凉与寂寞等特点向"心"影射，喻为"变心"。如：

　　いつまでの　はかなき人の　ことの葉か　心の秋の　風を待つらむ
　　　　　　　　　　　　　　　　（『後撰和歌集』897 読人知らず）

　　译为：我深深爱恋着的人啊，你的话语，竟成为我等来的心里的秋风。"心の秋"意为凄楚、悲凉。还有春天与"心"构成的隐喻：

　　物思へば　心の春も　しらぬ身に　なにうぐひすの　告げにきつらむ
　　　　　　　　　　　　　　　　（『玉葉集』1842 右京大夫）

译为：我陷入痛苦中，内心不是春季；来报春的黄莺啊，你是为什么而来呢？其中的"心の春"是指如春天般的绚丽心情。

> 風吹けば 室の八島の 夕煙 心の空に 立ちにけるかな
> （『新古今和歌集』1010 藤原惟成）

译为：对你热切的思恋，是晚风吹拂的室八岛上的夕烟，升腾在我心间。诗中"心の空"是将"心"喻为"空"，将"夕煙"在天空漂浮不定的特点向"心"影射，喻指思绪起伏、心情不定。

> 秋風は 身をわけてしも 吹かなくに 人の心の 空になるらむ
> （『古今和歌集』787 紀友則）

这是一首将人心喻为天空的歌。此句译为：秋风不会将身体分开吹拂，你的心被秋风扫荡，竟成了天空。秋风吹空了一切，包括心中已有的情感，是"空荡"这一要素从原始域向目的域"人の心"映射。

> いかでわれ 清くくもらぬ 身になりて 心の月の 影をみがかむ
> （『山家集』雑歌）

在这首短歌中，"心"与"月"组成隐喻。"心の月"是指心中的醒悟，真如之月，指点迷津。

3. "心"与动物

"心の馬"是把"心"喻为"马"，内心世界如奔腾的骏马，难以控制。"心の猿"是指烦恼难以控制，就如同难以控制住坐立不安的猴子一样。在日语中还有"意馬心猿"一词，把心喻为猴子，意为如猴子喧闹般无法控制自己的心神。

> 心の馬を急がせ、岡崎の長橋わたりて
> （『浮世草子』一代男）

译为：心是奔驰的骏马，驶过冈崎长桥。形容心情激动，难以控制。通过"の"来连接，表示"心"与"马"是同格的。

4. "心" 与山、水、田地

雲はれぬ 浅間の山の あさましや 人の心を 見てこそやまめ

（『古今和歌集』1050 平中興）

译为：你的心是云雾笼罩的浅间山，我一定要将它看清、看透。在这首歌里，"心" 与浅间山构成隐喻，将浅间山的模糊、冷酷等特性向 "心" 映射。

吉野川 水の心は はやくとも 滝の音には 立てじとぞ思ふ

（『古今和歌集』651 読人知らず）

译为：我的心是吉野川的河水，虽然没有激越的声响，却湍流不息。在这里，"吉野川水" 和 "心" 通过 "の" 的连接构成同格隐喻，将水流的汹涌映射到目的域 "心" 上，内心却发不出澎湃的声响，更能突出内心的苦闷与痛苦。再如：

濁りなき 心の水に すむ月は 波もくだけて 光とぞなる

（道元禅師）

道元禅师这句诗是对修行境界的赞美。此句译为：月亮停留在清澈如水的内心，静美的波光能将世界照亮。"心の水" 是本体 "心" 和喻体 "水" 出现的隐喻，可以理解为心是清澈的水，"月" 有人解释为 "悟り"，即醒悟、悟道或者开悟，这里只是本体 "月" 出现的隐喻。

道元禅师最有名的和歌是 "春は花 夏ほととぎす 秋は月 冬雪さえて すずしかりけり"。川端康成曾在诺贝尔文学奖颁奖典礼上，引用这句诗来讲解日本美的本质。

浮草の 上はしげれる 淵なれや 深き心を 知る人のなき

（『古今和歌集』538 読人知らず）

译为：我的心是浮草遮掩的水潭，有谁能了解啊?! "心" 是 "淵"，将 "淵" 的高深、不可测等特点映射到 "心" 上。

あらを田を あらすきかへし かへしても 人の心を 見てこそやまめ

（『古今和歌集』817 読人知らず）

译为：如同荒芜的田野被翻耕多次，我一定要把那人的真心看清，我决不会轻易把爱恋抛弃。诗句中将"人の心"喻为荒芜的田地，被表面的杂草笼罩着。与这首歌相类似的还有：

憂き人の 心の関に うちも寝で 夢路をさへぞ 許さざりける

（『新千載』1166）

"心の関"是"心"与"関（关卡）"构成隐喻，喻指别人拒绝接受自己的爱慕心愿，心中有着一道"关卡"。再如，"心の池"是把心中的思虑喻作池中荡漾的水。同样的还有"埋木の人知れぬ身と沈めども、心の池の言ひ難き（謡曲・実盛）"。

此外，还有将"心"喻为弓的诗句。例如：

梓弓 ひけば本末 我が方に よるこそまされ 恋の心は

（『古今和歌集』610 春道列樹）

译为：思恋之心是拉满的弓，两端越来越靠近自己，夜晚更强烈。"寄る"与"夜"是双关语。通过拉紧的弓弦来表达思恋之心。

上述这些短歌表明，尽管"心"是看不到的物体，但是，通过隐喻的思维方式，将"心"转换成了现实存在的颜色、花朵、天空、荒芜的田地、河水、水潭、高山以及可以感受到的秋季等，通过不同事物的特点，表现不同的心理世界以及心理情感。

5. "心"是不明示的物体

唐诗中有"几许心绪浑无事，得及游丝百尺长"（李商隐《日日》），其中的"心绪"到底是何物，没有明示，但可以判断出，"心"是可以抽出丝的物体。同样，在日语中，也有将心喻为不具体的物体的表达。

日语中的"心の錠"（心上的锁）是将"心"喻为可以挂锁的物体，"心細い"（心细）、"心高し"（心高）、"心長し"（安心、心意不变）、"心を掴む"（引人注意）、"心を砕く"（心碎）、"心を奪う"（迷人）、"心を入れ替える"（重新做人）、"心を以て心に伝う"（以心换心）等，虽没有明示具体物体，但都可以让人们感受到这种表现中的"心"是一个实在的物体。

（二）结构隐喻

结构隐喻是指通过一个清晰、界定分明的概念去构建另一模糊、界定含混或完全缺乏内部结构的概念。如"恋爱就是旅行"，用旅行来捕捉对"恋爱"的概念理解。两者虽属不同的范畴，但他们共有类似的构造，如"旅行"有出发地和目的地，通过中间的道路，向目的地行进，发现美景，领略新奇，但道路未必平坦，时而有障碍物，时而又要绕道行走，或许也有不能到达目的地的可能。于是通过"旅行"这一构造特点，我们可以去理解"恋爱"的一个侧面。"恋爱"有开始，两人面向终点——结婚行进，有两情相悦的美好，但是，恋爱过程未必顺畅，有时会遇到问题，也可能会转向与他人同行，甚至会出现无法达到终点的可能。

> 看那青山荡漾在水上，看那晚霞吻着夕阳。
>
> （洛兵《梦里水乡》）

> 信誓旦旦给的承诺，全被时间扑了空。　（宋健彰《退后》）

"晚霞吻着夕阳"将"晚霞"与"夕阳"视作在亲吻的情侣，框架了晚霞与夕阳就是情侣拥抱、亲吻的概念结构；"时间扑了个空"框架了一个时间是人，人去寻找，却扑了个空的概念结构。

下面是短歌中通过构造的相似性，以"波"喻"花"和以"花"喻"波"的诗句。

> 谷風に とくる氷の ひまごとに うち出づる波や 春の初花
> （『古今和歌集』12 源当純）

> 草も木も 色かはれども わたつみの 波の花にぞ 秋なかりける
> （『古今和歌集』250 文屋康秀）

这两句都是把"波"喻为"花"的诗句。第一句译为：山谷的春风将冰融化，缝隙间涌出的清泉，是初春绽放的鲜花。水波纹如花一瓣一瓣。第二句译为：草木虽都已染上了秋色，但水波的花纹仍不见秋意。两句都是用"花"的构造特点投射到"水波"的概念上。

桜花 散りぬる風の なごりには 水なき空に浪ぞたちける

（『古今和歌集』89 紀貫之）

风吹樱花落，无雨空中荡花波。风将樱花吹落，同时也将落花吹向广阔的空间，风一停，空中一轮一轮如波浪似的花瓣在涌动。用"波浪"来喻"花"。

唐诗中这样的例子很多。

昔时横波目，今作流泪泉。　　　　　　　（李白《长相思》）

世事波上舟，沿回安得住。

（韦应物《初发阳子寄元大校书》）

波澜誓不起，妾心古井水。　　　　　　　（孟郊《烈女操》）

第一句意为：从前送你秋波的双眼，现在已变成了流泪的泉水。"泪"与"泉"在涌出水流这一点上具有类似性。第二句意为：世间的事情如同波浪上的船，有起有伏，有喜有悲。用行进在波浪上的船起起伏伏的结构特点投射到"世事"上。第三句意为：内心平静，波澜不起，我心就是古井水。将平静的"古井水"的概念特点投射到"我心"。三句诗都是将"泉""波上舟""古井水"的构造特点，投射向"目""世事""妾心"。

（三）方位隐喻

方位隐喻是以空间为始源域，将空间结构投射到非空间概念上，是将方向投向目的域的映射。方向隐喻把心理状态、情感、支配能力、善恶价值观等本来是非空间的概念，用上下位置关系、先后关系来概念化处理，是一种"空间性概念"。如"高兴为上""健康为上""具有支配能力为上""地位高为上""量多为上""好为上"，相反则为下（张继文，2010：16—19）。以日语短歌为例，分析如下。

1. 上与下

地位高为上，地位低为下。试分析下面的短歌：

久方の 雲の上にて 見る菊は 天つ星とぞ あやまたれける

（『古今和歌集』269 藤原敏行）

译为：在宫殿之上所见到的菊花，还以为是天上的星辰。"雲の上"是指宫中，并非普通的人间，因为皇宫是众人无法攀及的至高无上的场所，所以是"云之上"。

したづの　ひとりおくれて　鳴く声は　雲の上まで　聞こえつがなむ
（『古今和歌集』998　大江千里）

译为：和自己同时起步的人都已经功成名就，只有自己还是如此迟缓。我的慨叹与期盼如能传到云霄，请上天赐我恩典。这里的"雲の上"是指宫中的最高统治者。

地形高为上，低为下。请看下面的短歌：

秋萩の　花咲きにけり　高砂の　尾上の鹿は　今や鳴くらむ
（『古今和歌集』218　藤原敏行）

秋萩に　うらびれをれば　あしひきの　山下とよみ　鹿の鳴くらむ
（『古今和歌集』216　読人知らず）

第一句的"尾上"是指山顶。此句译为：当看到胡枝子花开，在高砂（地名）的山顶上的小鹿，一定在高兴地鸣叫吧。这是根据日本古代延续下来的把"萩"视为鹿的妻子这一习俗，为高砂山顶的小鹿咏诵的短歌。第二句中的"山下"是指山麓。此句译为：面对胡枝子花开，不知为何有些郁闷，从远处传来鹿的鸣叫声，那是爱恋妻子的呼唤，在山麓下回荡。诗中的"山下"是指山麓或山脚，与"山上"正好相反。

外表为上，内心为下。如：

我が上に　露ぞ置くなる　天の河　と渡る舟の　櫂のしづくか
（『古今和歌集』863　読人知らず）

鳴き渡る　雁の涙や　落ちつらむ　物思ふ宿の　萩の上の露
（『古今和歌集』221　読人知らず）

第一首诗的大意是：我身上落着露珠，那是渡越天河的舟楫溅出的水滴。这首短歌是把七夕夜里的雨喻为"しづく"。"上"指我表面的衣服。

第二首诗的大意是：昨夜鸣叫远行的大雁流下悲伤的泪水，正好落到忧伤人家里的胡枝子上，成了露珠。"萩の上"也是指"萩"的表面。

> 花すすき 我こそ下に 思ひしか 穂にいでて人に 結ばれにけり
> 　　　　　　　　　　　　　（『古今和歌集』748 藤原仲平）

> 夏なれば 宿にふすぶる かやり火の いつまで我が身 下もえをせむ
> 　　　　　　　　　　　　　（『古今和歌集』500 読人知らず）

> 冬川の 上はこほれる 我なれや 下に流れて 恋ひ渡るらむ
> 　　　　　　　　　　　　　（『古今和歌集』591 宗岳大頼）

> かきくらし 降る白雪の 下ぎえに 消えて物思ふ ころにもあるかな
> 　　　　　　　　　　　　　（『古今和歌集』566 壬生忠岑）

第一首诗表面写"すすき"（芒花），其实是一首恋歌。大意是：芒花呀，我只能在内心里将你思恋，你秀出了穗，却与别人有了约定。"下"是指自己的内心。第二首的诗意是：如同夏日里家家燃起驱蚊的烟火，虽不在表面升腾，可是，我内心深处的爱恋却一直持续不断。"下もえ"是指心中的焦躁不安。第三首诗意为：就像冬季表层冰冻的河水，我虽然没有言语表达，可是内心深处一直流淌着对你的爱恋。"下"是指内心深处。第四首诗意为：雪在黑夜里静静地融化之际，正是我内心陷入深深思恋之时。其中的"雪の下"与"心の中"是双关语，虽写雪的下面，其实是指心底。

悲伤为下。日语短歌中的"下"在指内心的同时，也映射了忧伤、失落之意。试看下面的诗句。

> 下にのみ 恋ふれば苦し 玉の緒の 絶えて乱れむ 人なとがめそ
> 　　　　　　　　　　　　　（『古今和歌集』667 紀友則）

> 紅の 色にはいでじ 隠れ沼の 下にかよひて 恋は死ぬとも
> 　　　　　　　　　　　　　（『古今和歌集』661 紀友則）

第一首译为：我内心的苦恋，是断了丝线的珍珠，散乱一片，岂能把他人责怨。"下にのみ"喻指内心深处的失落。第二首译为：不如红色能惹人注目，我的爱是那杂草覆盖的沼泽，付出生命我都心甘情愿。"沼の下"是心情极度低落表现的映射。

在《古今和歌集》中，还有"下に流れる"这样的表现。如：

山高み 下ゆく水の 下にのみ 流れて恋ひむ 恋は死ぬとも
（『古今和歌集』494 読人知らず）

虫のごと 声にたてては なかねども 涙のみこそ 下に流るれ
（『古今和歌集』581 清原深養父）

第一首译为：山脚下的小河在静静地流淌，那是我心中对他的思恋，至死不渝。"山高み下ゆく"是高山之下，河流低缓。"下にのみ"是指自己的内心深处。两处都用了"下"，表现了忧伤和低落之意。"流れて恋ひ"又是一个隐喻，即"恋は水である"。第二首译为：我不能像虫子一样发出声响，只有泪水在心底流淌。"下"是指内心，还是与不愉快的心情以及深深的痛苦相关。

卑微为下。短歌中也有这样的诗句：

隠れ沼の 下よりおふる ねぬなはの ねぬなは立てじ くるないとひそ
（『古今和歌集』1036 壬生忠岑）

译为：我是沼泽下生出的无根莼菜，哪里能有什么好声名，不要拒绝来我这里。沼泽的下面，意为出身之卑微；因为卑微，我不会在意与男人往来的名声，所以，你也不要拒绝来我这里。这里的"下より"既有方位的下面，也表示地位的卑微。

河源为上，河尾为下。如：

涙川 なに水上を 尋ねけむ 物思ふ時の 我が身なりけり
（『古今和歌集』511 読人知らず）

落ちたぎつ 滝の水上 年つもり 老いにけらしな 黒き筋なし
（『古今和歌集』928 壬生忠岑）

这两首短歌的"上"都是指河水的上游。第一首译为：我在寻找泪河的源头，原来悲伤痛苦时，我自身就是那河水之源。第二首译为：急流倾泻的瀑布源头，是上了年纪的老人，黑色的毛发一根也没有。这是拟人化的表现方法，将瀑布喻为老人。"滝の水上"喻指瀑布的源头。

あかずして 別るる涙 滝にそふ 水まさるとや しもは見るらむ

（『古今和歌集』396 兼芸法師）

译为：分别让我痛苦不已，泪水流入瀑布里，下游的河水汹涌上涨。短歌里的"しも"指的是河水下游。

2. 前、后

我们在《古今和歌集》中没有找到通过"前"来表示时间的诗句。而"のち"表示时间的诗句有六首（68、247、435、931、978、1066），通过分析，我们可以得出古人的认识观念——把未来视为后方，把过去当作前方。

桜色に 衣は深く 染めて着む 花の散りなむ のちの形見に

（『古今和歌集』66 紀有朋）

あかでこそ 思はむなかは 離れなめ そをだにのちの 忘れ形見に

（『古今和歌集』717 読人知らず）

鶴亀も 千歳の後は 知らなくに あかぬ心に まかせはててむ

（『古今和歌集』355 在原滋春）

惜しむから 恋しきものを 白雲の たちなむのちは なに心地せむ

（『古今和歌集』371 紀貫之）

人目ゆゑ のちにあふ日の はるけくは 我がつらきにや 思ひなされむ

（『古今和歌集』434 読人知らず）

第一首译为：衣服染上樱花色，是为了在花凋谢后，还能见到樱花的影子。这里的"のち"是以后或将来的意思。第二首译为：相爱的人们在互相还没厌倦时分手吧，这样的留恋才会成为将来的纪念。第三首译为：龟鹤千年后的事我们不能知晓，但我诚心祝你生命一直到永远。第四首是一首送别诗，译为：现在依依不舍，我真不知爱恋的人离开后，我该是怎样的心情。第五首译为：我担心别人看见，所以将下次见面时间推得很远，你该不会认为这是我的薄情吧。"のち"是指还没有到来的下一次。

从以上五首短歌中，我们可以看出，"のち"是以后或将来发生的事，人们把后方视为未来。那么，我们是否同样也可以推出过去的就是前方的呢？这与今天人们的思维意识是相同的。

3. 中心与周边

人们置身于空间中，并在空间中生活，与空间结成了密不可分的关系，这成为人们日常生活中的经验基础，思维意识便在这一背景下展开。于是，以中心与周围的隐喻思考渗透到语言组织中，成为一个原型的认识模式。心脏是身体的中心，心是精神的中心。根据这一体验，人们创造出很多中心与周边的隐喻词汇。《古今和歌集》中也有这样的表现。

下面以《古今和歌集》中"世の中"为例进行分析。"世の中"这个词在《古今和歌集》出现频率较高，出现在 23 首（53、71、112、152、164、475、795、797、804、842、890、901、933、935、939、941、942、943、946、948、949、960、987）短歌中。其认识的出发点是把世界视为一个容器，所以产生了"世の中"的说法。汉语与此又有所不同，汉语有"世间""世中""世上"等说法。如"千岁却归天上去，一心珍重世间人"（戚道遥《歌》），"谁能世上争名利，臣事玉皇归上清"（吕岩《呈钟离云房》），"犹是可怜人，容华世中稀"（李白《赠升州王使君忠臣》）等。在汉语中，"世间""世中"是把世界喻为一个容器，"世上"是把世界喻为一个平面。

试分析下面的短歌：

世の中に 絶えて桜の なかりせば 春の心は のどけからまし
（『古今和歌集』53 在原業平）

散る花を 何かうらみむ 世の中に 我が身も共に あらむものかは
（『古今和歌集』112 読人知らず）

やよやまて 山郭公 ことづてむ 我れ世の中に 住みわびぬとよ
（『古今和歌集』152 三国町）

第一首译为：世间如果没有樱花的存在，春日里的人们，心情怎能这样舒畅？第二首慨叹人生无常，诗意是：怎能怨恨花落，在这短暂的人世上，我又岂能与花共长久。第三首译为：请杜鹃鸟稍稍等一下，顺便给山中朋友带个口信，告诉他我已经厌倦了世上的生活。这些都是以"世の中"的形式出现的。

另外，在《古今和歌集》中，还有"巌の中に"（《古今和歌集》952）是山岩中、洞穴里，"春霞なか"（《古今和歌集》465）是春霞里，"ぬるなかに"（《古今和歌集》558）是睡梦中，"浪のなか"（《古今和歌集》427）是波浪里等表现形式。如下面的短歌：

> 恋わびて うち寝るなかに 行きかよふ 夢のただぢは うつつならなむ

（『古今和歌集』558 藤原敏行）

译为：在郁闷的思恋中进入梦乡，我来到了想念的人的身旁，我期待着梦中的道路出现在现实中。"寝るなかに"是将"寝る"喻为一个容器。

4. 内与外

"内""外"是人们根据身体的经验向外界事物的一个影射。每个人都是一个独立的个体，在与外界或某一事物接触时，有表面，也有内与外的方向性，可以视为一个容器。在原本没有内外区别的空间里，人们却树起了一道无形的疆界。通过皮肤与外界的接触，人们把皮肤的表面作为一道分界限，由此产生了内外意识。通过"身体は容器である"（身体是容器）这一基本隐喻，推及方方面面，诸如视野、状态、活动、行为，于是，内与外这一空间意义的概念化便被广泛运用。

在《古今和歌集》中，没有找到"外（そと）"这一词语，使用"外（ほか）"的短歌有第68首、第977首两首，这两首的"外"所表示的是其他地方的意思，这不是本文所涉猎的对象，在此省略。使用"内"的短歌有很多，上面的例中的"恋わびてうち"是把这种孤独的思恋看成了一种容器，"内"接在"恋"之后，此外，还有把"内"接在"年""声""夢""心"之后的表现形式。分析下面的短歌。

> 年のうちに 春は来にけり 一とせを 去年とやいはむ 今年とやいはむ
（『古今和歌集』1 在原元方）

夕月夜 小倉の山に 鳴く鹿の 声の内にや 秋は暮るらむ

（『古今和歌集』312 紀貫之）

宿りして 春の山辺に 寝たる夜は 夢の内にも 花ぞ散りける

（『古今和歌集』117 紀貫之）

思ひせく 心の内の 滝なれや 落つとは見れど 音の聞こえぬ

（『古今和歌集』930 三条町）

　　第一首译为：虽说是年内，可是春天（立春）已经到来，昨天的一切是去年还是今年？在这首短歌的"詞書"（诗序）中，有"立春到来之日所咏"的叙述。其含义是春天是一年之始，立春到了是一年的开始呢，还是过了正月才算新年。诗中的"年のうち"是把"年"喻为容器，这个空间内承载着四季。第二首译为：小仓山月夜鹿哀鸣，凄凉声中送暮秋。诗歌流露一种孤寂、凄凉的"秋"的感觉。"声の内"是把声音喻为容器，秋天在声音里结束。第三首译为：春日夜晚山边眠，花在梦中飘飞散。把"夢"看为一个容器，花在这个空间里飘落。短歌吟诵的是夜晚梦境，却也暗示了现实中白天的景象，这种暗示也是纪贯之典型的创作手法之一。第四首译为：我压抑着自己痛苦的思绪，只觉得内心深处的瀑布飞流直下，却听不到它一点儿声响。这里的瀑布喻指泪水，"心の内"是一个巨大的空间，竟容得下一个瀑布！

第6节　通感：概念跨域的平移

　　通感是指触觉、味觉、嗅觉、视觉、听觉之间的表现互借现象。钱钟书在《通感》中将"通感"这一术语从西方引进中国。它是指我们在思考或交流时用属于乙感官范畴的事物印象去表达属于甲感官范畴的事物印象，以期达到新奇、精警的表达效果（张继文，2008：19—22）。通感在汉语中有时也被称为移觉、联觉、移就等。

　　日语把这种语言现象称为"共感覚"（synesthesia）。《大辞林》中解释为"ある一つの刺激が、それ本来の感覚だけでなく、別の感覚をも同時に生じさせる現象。音を聴いて色を感じる類"。如"甘い声"是味觉与听觉的结合，"暖かい色"是触觉与视觉的结合，这种语言现象就是概念的跨域平移。

一、通感与隐喻

关于通感与隐喻的问题，Ullmann（1962：247—248）曾在意义的类似性中，举出了"拟人性隐喻""动物隐喻""通感性隐喻"等。他认为，隐喻就是一个感觉领域向另一感觉领域意义的转移，无论是从听觉到视觉还是从触觉到听觉，都是以相似性为基础的。池上嘉彦（1985：99）指出，通感就是以意义的相似性为基础，表示某感觉领域的词语转用到其他的感觉领域，之所以能引起转用，是因为不同感觉间能够产生相同感觉的平行性推移。

利科在他的"隐喻"专著中（1986：12）指出，通感即"感觉的移位"，人类本能地把两个不同的感知域连接起来，并显示出两者的相似性，因此可以毫不费力地将他们归入隐喻大家庭。通感既是一种修辞，又是一种隐喻。

称通感为隐喻，是因为通感表现为感官特征之间的映射过程。在通感隐喻的意义建构与阐释过程中，感官特征通常从低级感官形式映射到高级感官形式。隐喻中概念通常从可及性较强的概念映射到可及性较弱的概念。经过映射之后，我们在目标域中也可得出与源域相类似的推论（汪少华、徐健，2002）。

山梨正明（1982：58）认为，通感比喻的基本特征是，某一感觉通过其他感觉表现出来。如"甘い味""辛い味"等的表现是作为味觉的基本感觉，是通过味觉的下属概念来形容的，起着文字表面的感觉表现的意思。而"なめらかな味""やわらかい味"等的表现是把作为味觉的基本感觉，通过其他触觉的下属概念所形容表现出来的，他认为，这种比喻是隐喻的机能表现。

通感比喻是某种感觉的名词，通过与其他感觉相关的形容词修饰表现出来。例如："甘い音"（味觉——→听觉）、"柔らかい声"（触觉——→听觉）、"うるさい模様"（听觉——→视觉）。"甘い"是味觉领域的感觉，与听觉领域的经验在某一点上一致。同样的，"柔らかい"是触觉领域，与听觉领域的经验在某些方面是相同或相似的，"うるさい"是从听觉领域向视觉领域的转化。正是因为不同的两个领域之中存在着相同之处或者相似点，这种表现才能成立。这种从具体的领域向抽象领域的映射，正好符合隐喻的特征，所以，谷口一美（2003：160）认为通感是隐喻。

濑户贤一（1995）从信息发出者的角度出发，根据隐喻的意义，将其分为悟性隐喻和感性隐喻。他把五感以及通感隐喻归为感性隐喻中的外部感觉隐喻范畴。此外，与通感隐喻相并列，他又设立了视觉隐喻、听觉隐喻、嗅觉隐喻、味觉隐喻和触觉隐喻。

《大辞林》中有"通感的比喩"这个词条，解释为"ある感覚を表す語で別の感覚を表すこと"，英语译为"synesthesia metaphor"。所以，通感被称为通感隐喻应该是能为大家所认同的。

我认为，通感与隐喻存在着相同之处，但也有着本质的不同。相同之处在于概念的跨域性，无论是隐喻还是通感，都是在范畴化的基础上所进行的不同的概念范畴的跨越，例如隐喻的"他是狼"或者通感的"暖色调"，"他"和"狼"是两个概念范畴，触感"暖"和视觉"色"也是两个概念范畴。不同之处在于：隐喻是跨范畴的概念映射，如"他是狼"是将"狼"的概念特征向"他"投射；而通感则是跨范畴的概念平移，如"暖色调"是将触感"暖"向视觉"色"的概念平移，即用"暖"来感受视觉的颜色。

二、通感的语言表现

通感隐喻不仅表现在日常语言中，而且大量存在于文学作品中。

（一）触觉与味觉、嗅觉、视觉、听觉

在日语诗歌中有好多这样的表现形式。在西脇顺三郎的诗歌《雨》中，有"南風は柔らかい女神をもたらした"的诗句，"柔らかい"是触觉，而"女神"是视觉，这是触觉向视觉的映射，联想起温柔、多情之意象。在这里，"女神"是"雨"的隐喻。

田中隆一的《归途》中有"あなたのやさしい眼のなかにある涙"，是"やさしい"这一触觉向"眼"的视觉里映射了"柔情"，构成通感。

堀口大学的《溺死》里有"やさしい声で歌い出す"，这里的"やさしい"是"低缓"的感觉向"声"中平移。

汉语中有同样的表现形式。例如，杜甫《船下夔州郭宿雨湿不得上岸别王十二判官》中有"晨钟云外湿，胜地石堂烟"的诗句。这里是潮湿的空气（触觉）与钟声（听觉）相结合，为突出空气的潮湿，利用"晨钟"即早晨的钟声也被染湿的意象平移。

（二）味觉与嗅觉、视觉、听觉

味觉与嗅觉、视觉、听觉可以构成通感隐喻。清冈卓行的诗歌《石膏》中有"さわやかなその腐臭"这样的诗句，是视觉"さわやか"向嗅觉"腐臭"平移了轻微、微弱的感觉。

王鹏运《点绛唇·饯春》中的"长亭暮，乱山无数，只有鹃声苦"，

"声苦"是味觉"苦"向听觉"声"的平移。

再如，蒋春霖《唐多令》中有"背西风，归雁声酸"，苏轼《秧马歌》中"腰如箜篌首啄鸡，筋烦骨殆声酸嘶"和李颀《听董大弹胡笳声兼寄语弄房给事》中的"嘶酸雏雁失群夜，断绝胡儿恋母声"，两句中的"酸嘶"和"嘶酸"，是味觉与听觉构成的通感。

（三）嗅觉与视觉、听觉

松尾芭蕉的俳句"鐘消えて花の香は撞く夕哉"中的"消えゆく鐘の音"（听觉）掺杂在"花の香"（嗅觉）之中，散发在"夕暮れ"（视觉）里。这是嗅觉与视觉构成的通感。

再如，那珂太郎的诗歌『はかた』中，有"鏡のなかのなびくかすかの髪の香りが枯れる"的诗句，"香りが枯れる"是嗅觉转视觉的通感。

我国明朝诗人贾唯孝在《登螺峰四顾亭》中写道："雨过树头云气湿，风来花底鸟声香。"鸟声掺杂了花的香味，他听到了鸟声的香味儿了吗？这是嗅觉"香"向听觉"声"的通感平移。

陆机在《拟西北有高楼诗》中有"佳人抚琴瑟，纤手清且闲，芳气随风结，哀响馥若兰"的诗句，这里是佳人的芳香气息（嗅觉）与琴声（听觉）构成通感，为突出佳人气息的芳香，通过不可能有香味的琴声也被染上了芬芳的气息进行特点平移。

（四）视觉与听觉

视觉与听觉可以构成通感。吉冈实的《静物》中有"大いなる音楽へと沿うてゆく"这样的诗句，是视觉"大いなる"的特点向听觉"音楽"的平移。

松尾芭蕉的俳句"牛べやに蚊の声暗き残暑かな"中，最有趣的是，诗人运用通感表现了"蚊の声（听觉）"与"暗き（视觉）"，从"残暑"这样的季语里，预示了夏季将要结束、秋季将要到来之意。在这里也说明了通感是暗喻的一种。

芭蕉的名句"静けさや岩にしみいる蝉の声"，抛开是否与佛教思想有关联之外，其中通感的使用是非常有特色的。"蝉の声"（听觉）与"静けさや岩にしみいる"（视觉）构成了和谐统一的通感意象。

贾岛《客思》中的"促织声尖尖似针"，通过针的"尖尖"这一视觉，将其特征性平移到促织的声音听觉中。

苏轼《前赤壁赋》中"余音袅袅，不绝如缕"，是听觉与视觉构成的通感。朱自清《荷塘月色》中"塘中的月色并不均匀，但光与影有着和谐的旋律，如梵婀玲上奏着的名曲"，是听觉"名曲"与视觉"光与影"构成的通感。

严遂成《满城道中》中"风随柳转声皆绿，麦受尘欺色易黄"是视觉"绿"与听觉"柳声"构成通感。

（五）视觉与触觉、味觉

清冈卓行的诗歌『愉快なシネカメラ』中有"恋人たちの清らかな抱擁を間近に覗き込む"这样的诗句，"清らかな"是视觉，而"抱擁"是触觉，是高级感官的视觉向低层感官的触感移动构成的通感。

在他的另一首诗『冬の朝』中有"それらではなく、僕が反芻する透明な味は"，是视觉"透明"向味觉"味"的平移，也是从高层的视觉向低层的味觉转移构成的通感。

饭岛耕一的诗歌『わが母音』中有"澄んだ母音見つけることが"，这里的"澄んだ"是视觉，"澄んだ母音"是听觉，是视觉与听觉构成的通感。

三、通感与认知联想

通感同样是思维模式的一种，其所表现的是用原感觉的属性、原感觉的体验平移至目的域。通感首先是感觉器官接受到一定的刺激，于是激发联想，这种给予刺激的联想起始源即对象物，可以是有形的也可以是无形的。每个人的感知又受个人的背景、经验所左右。南不二男（1993：4—11）指出这种背景因素包含普遍性条件、社会文化条件和个人条件三方面。

人们的联想产生通感。一切可由感官把握的事物都有一定的外部形式，这些外部形式又经过必要的组合构成一定的结构，且不同感官感知的事物可以有相似的外部形式、相似的结构，因而可以产生通感。在感官感受对象的同时，会引起相应的内心情绪体验、价值判断、审美体验，甚至有时人对自身生理反应的内省也可以导致产生通感。所以，通感既是一种修辞，能够达到丰厚语意、形象立体、情感表达别具匠心之效果，还是一种认知思维模式的表征。

第 7 节　小结

人们生活在现实世界中，具有识别可见的东西和看不见东西的概念范畴。通过范畴化，将世界赋予秩序，同时也能在世界中确定自己的位置。这个范畴是具有明显的、心里特征性的概念。正如莱考夫、约翰逊（1999：23，38）所说，概念是反映现实世界的结果，是人们身体、大脑在与外界相互作用的过程中形成的。

范畴化理论认为："人类的概念系统是人类经验的一个产物，而经验是透过人体获得的。在人类语言和存在于人的经验之外的这一世界之间没有直接的联系。人类语言是建立在人类概念的基础之上，而人类概念则是由人类的经验促发而成的。"（Lakoff，2017）范畴化理论特别强调范畴划分的重要性，"对我们的思维、感知、行动和语言来说，再也没有什么东西比范畴划分更基本的了。……如果没有范畴划分能力，我们根本就不能在自然界或是在我们的社会生活和智力生活中从事任何活动"（Lakoff，2017）。范畴化理论正是以类别划分为起点展开研究的。

塞尔也表达了同样的看法，他说："世界是按照我们区分它的方式而区分的，而我们区分事物的主要方式是在语言中。"我们是"通过语言的范畴来经验世界，这些范畴帮助我们赋予经验本身以形式"（杨玉成，2002：2）。这就是说，世界虽然不是语言所创造的，但是，世界具有被我们体验的形式，世界已成为我们体验的对象。

第八章　隐喻：跨范畴的概念映射

小时候
乡愁是一枚小小的邮票
我在这头
母亲在那头

长大后
乡愁是一张窄窄的船票
我在这头
新娘在那头

后来啊
乡愁是一方矮矮的坟墓
我在外头
母亲在里头

而现在
乡愁是一湾浅浅的海峡
我在这头
大陆在那头

——余光中《乡愁》

传统的隐喻理论认为，隐喻是语言的一种修辞手段，因而对隐喻的研究多局限在修辞范围内，在话语修饰的层面进行。隐喻就是比喻的一种，其作用在于暗示两种事物之间的相似之处。

我们来解读《乡愁》中隐喻的话，就会明确意识到隐喻已不仅是一种单纯的修辞现象："乡愁"与"邮票""船票""坟墓""海峡"之间的相似处在哪里？我们似乎无法找到"乡愁"与这些事物之间的相似点。

所以，局限在修辞层面来研究或理解这首诗的隐喻，难以定义"乡愁"的概念。

"邮票"是游子对家乡母亲的牵挂，"船票"是新郎对家乡新娘的爱恋，"坟墓"是儿子对家乡亡母的追思，"海峡"是海外游子对故土的思念，这里"乡愁"的语义概念已经超出了"邮票""船票""坟墓""海峡"的概念本身，或者可以说，"邮票""船票""坟墓""海峡"并不是乡愁，而是通过这些概念向"乡愁"进行跨范畴的概念投射，同时，使得目的域的概念增添了许多额外的信息。

在上一章里，我们从范畴化相似性的角度出发，探讨了隐喻的界定、隐喻的构造以及隐喻的分类。本章将对隐喻的历时研究进行回顾，并从认知语言学的视角从隐喻与思维、隐喻的普遍性、隐喻的概念跨域映射等方面对隐喻进行探讨分析。

第1节　隐喻研究：从修辞到认知

隐喻是一个古老的问题。亚里士多德在他的《诗学》和《修辞学》中有大量关于隐喻的定义、例子和思考。亚里士多德认为，人们使用隐喻的动机是学习中的愉悦和展示自己博学的欲望。马库斯·图留斯·西塞罗认为，隐喻是比较高雅的修辞手段，使用隐喻可以帮助人们发现自己的创新能力。长期以来，隐喻作为修辞格手段而被关注，把隐喻当作语言的修辞形式。野内良三（2000：104）认为传统的隐喻定义是"類似性に基づく比喩である"（以相似性为基础的比喻），隐喻的功能是"具体的なもの、既知のものから抽象的なもの、未知のものを理解ために用いられる"（用具体的、已知的事物去理解抽象的、未知的事物）。

从20世纪30年代开始，关于隐喻的研究多了起来，到了20世纪末特别是近三十年来，隐喻的研究更呈多元化趋势。人们从哲学、逻辑学、社会学、符号学、现象学、阐释学、心理学、语用学等多个学科、多个角度对隐喻的本质、工作机制及作用进行研究。80年代兴起的认知语言学则把隐喻看作一种思维现象，认为隐喻的意义并不是客观地描写世界，而是通过说话人的概念认知对外界事物进行表述，构成思考体系的概念隐喻来源于经验基础。莱考夫、约翰逊以及其后的认知论者认为隐喻是存在于概念领域的认知作用，隐喻表现是指通过语言表现形式把概念领域的认知具体化、概念化。他们认为隐喻表现存在于我们生活的各个方面（张继文，2008：124）。

20世纪60年代以后，人们逐渐认识到隐喻已不仅是一种单纯的修辞现象，它是人们认知的体现。莱考夫和约翰逊提出，日常语言中的不少隐喻都存在系统性的倾向。这些学者的研究告诉我们，隐喻并不是诗人和演说家才使用的高级修辞手法，而是日常交流中必不可少的一部分。

在《我们赖以生存的隐喻》中，莱考夫、约翰逊认为我们常常用讨论空间的词汇来谈论时间，比如在不远的将来、下个月、上周末、前年、后天、往前追溯两年等，用到"远""下""上""前""后"等空间概念表示时间。又如三年内、大学上学期间，这些都是用空间概念来表示时间的例子。同时，还有用时间的词汇来谈论空间，比如"光年""开车 15 分钟的距离"。人们还常用旅程的词汇来形容人生，比如"她的成功之路""坎坷不平的人生""他的发展步入了高速通道"等。人们把人生经历的事看作自己走过的地方，比如"我已经过了这个坎儿了""他们又回到了原点"。还有的表达用与高低相关的词来表示幸福与不幸，比如"心情低落""士气高昂"等（侯世达、桑德尔，2018：026）。

关于一些抽象的概念，人们往往通过熟知的人类活动进行类比，进而达到概念映射。比如：一个新的理论问世了、这些道理不言自明、命运总是和人们开玩笑、生活的压力太沉重了、他被荣誉冲昏了头脑。人们还常常把复杂的情况与假想敌人、假想战争联系在一起，比如：我们一定要战胜这次新型冠状病毒、谣言在事实面前不堪一击、人生最大的敌人是自己、这个海外拓展计划被扼杀在摇篮中、抗击疫情已取得决定性胜利，等等。

由此可以看出，系统性的隐喻已在人类语言中大量存在。隐喻是人们借助语言表现出来的思维方式和行为方式。正如莱考夫和约翰逊（2015：1）所说，"最传统的哲学观点，几乎没有让我们在理解隐喻时结合自身的经验""隐喻在人们日常语言和思维中无所不在""隐喻应该是我们关心的中心问题，也许是充分阐释人类理解的关键所在"。

也曾有过对隐喻不屑一顾的论述。让我们把时光回溯到 17 世纪，看一下英国著名的思想家霍布斯在他最著名的《利维坦》（1651）里面的论述。

他在文中这样写道："人类思想之光，都在清晰明了的词句中，以精准之定义将歧义消除；……隐喻，与意义不明、带有歧义的语句一样，乃虚幻缥缈之鬼火；以之为基础进行推理思考，就似在无数谬论中游荡。"

霍布斯把自己的观点阐述得非常清晰。真理就是光，词句中的歧义必须清除出去。而隐喻像是点点鬼火，将人引向一个诡异的世界。但是，如果仔细来分析这段话，我们就会发现一个颇有讽刺意味的现象：作者批判隐喻的方法，并不是用消除歧义后的"精准定义"，而恰恰是一个接一个的隐喻。"思想之光"是隐喻，"虚幻缥缈之鬼火"说隐喻是鬼火，也是隐喻，"似在无数谬论中游荡"是将无形的"谬论"视为可见的实体隐喻"水波"。批判隐喻的霍布斯，也拿不出"精准之定义"或"精准"的语言，因此，霍布斯一边对隐喻不屑一顾地横加批评，一边又在运用隐喻表达来说明问题，所以，他对隐喻的批判显得苍白而无力（侯世达、桑德尔，2018：26）。

第 2 节　隐喻：人类思维意识的映现

莱考夫和约翰逊首先把隐喻研究纳入认知语言学领域，其重要标志就是《我们赖以生存的隐喻》的出版。他们对隐喻的定义是：隐喻的实质就是通过另一事物来理解和体验某一类事物（Lakoff and Johnson，1980：5）。根据这一定义，隐喻就不仅仅是一种语言现象，它更是一种认知现象。它是人类将某一领域的经验用来说明和理解另一领域经验的一种认知活动，是人类思维的一种方式（束定芳，1998：10）。

莱考夫和约翰逊认为：比喻性语言与非比喻性语言在本质上无差别，日常语言中充满了隐喻，全不带隐喻的句子只占极少数。隐喻在日常生活中是无处不在的，不但在语言中，而且在思想和行为中。我们用来思考和行动的日常概念系统，在本质上也是隐喻性的（Lakoff and Johnson，1980：4）。在讨论隐喻作为一种思维方式时，莱考夫的主要研究对象是"概念隐喻"。通过对大量语言使用的系统研究，莱考夫发现日常语言中充满了隐喻句，而这些隐喻句又常常是成系统的。

分析下面的例子：

> 你是我的玫瑰
> 你是我的花
> …………
> 是我一生爱着的玫瑰花
>
> （庞龙《你是我的玫瑰花》）

> 你是风儿，我是沙，
> 缠缠绵绵绕天涯
>
> （琼瑶《你是风儿我是沙》）

"你是我的玫瑰，你是我的花"，这是给对方的赞美，表达了自己的爱慕之情，"是我一生爱着的玫瑰花"，这是一种誓言，珍惜、钟爱一生；"你是风儿，我是沙"，"沙"依附于"风"，相依相伴。

可以看出，隐喻早已不是停留在语言修饰与装点层面的问题，它已经成为人们认识客观事物的一种重要的思维方式和认知工具。莱考夫（Lakoff，1980）指出：隐喻的根本问题已不是语言表面的装点、修饰的问题，而是人们在利用一个概念域去说明另一个概念域，或者说概念域之间的映射。他将喻体称为始源域，将本体称为目标域，两个领域之间的互动称为"映射"。映射一般由始源域向目标域进行，即始源域的结构系统地映射到目标域中，在映射的同时，为目标域增添了新的信息。

事实上，人们通过始源概念域来思考和理解目标概念域，人们把较为熟悉的、具体的概念域（如"玫瑰""花"）映射到抽象的其他概念域（如"珍惜""挚爱"）等新的解释上，隐喻起到了引领人们认识新事物、表达新概念的作用。

语言哲学家维特根斯坦说过"语言是世界的图画"，这句话本身是一个隐喻，同时，也揭示了语言的丰富内涵与无限张力。隐喻不是简单的名称转用，而是把关联的两种事物连接起来，通过把熟悉的、已知的、具体的范畴概念投射到抽象的范畴概念中，进而形成表征性特征，达到语义的更新。隐喻产生的根源与存在的基础都依赖于人们的洞察力、思考力，依赖于长期历史培养出来的人们的判断力以及对先人的智慧、知识、经验和文化的继承。隐喻是维持和培养人的想象力的工具，因为它让人在联想中学会联想，它在扩展语词的空间、丰富词语的意义的同时，也拓展了思想活动和思维意识。隐喻不是简单的修辞与装饰，它是思考方式和思维意识的反映，隐喻的这种思想性维持着思想的隐喻性。

莱考夫和约翰逊（Lakoff and Johnson，1980：4）、莱考夫（Lakoff，1987）、莱考夫和特纳（Lakoff and Turner，1989）构筑了隐喻是从根源领域向目标领域概念映射这一定义。他们指出，隐喻的实质就是通过某一类事物来理解和经历另一类事物，认为隐喻不仅仅是一种修辞手段，更是人类普遍存在的认知手段和思维方式。隐喻在日常生活中是无处不在的。我们赖以进行思想和行动的日常概念系统，在本质上也是隐喻性的。

我们分析下面的例子：

只有这个单位才能容纳下他的实验设备和他远大的志向。

这句话中的"容纳"有两个意思：一个是物理上的容纳，由于他的实验器材非常庞大，只有这家公司才能提供足够大的空间来存放这些器材；另一个意思则是精神上的"承载"，只有这家公司才能承载他的抱负，帮助他实现人生理想。这两个"容纳"，一个具体，一个抽象，"志向"是抽象的、无形的。这里将无形的物体置于有形的空间，使"志向"实体化，并将"志向"可视化。

再如：

> 她的歌唱得和她的人一样美。

> 与泰坦尼克号一起沉入海底的，不仅有1514位乘客和船员，还有20世纪初英国人对其造船业的信心。

第一个句子里的"美"同时肩负着两个任务：一个是修饰"她"这个人，形容她貌美，是视觉上的美；另一个则是指她唱出的歌，优美动听，是听觉上的美。

第二个句子利用了"沉入"的两种不同用法：一是具体的船沉了、人沉了，或者说就是被淹没了；二是抽象的，人的信心减退了、消失了、没了，将无形的"信心"实体隐喻化（侯世达、桑德尔，2018：6—8）。

莱考夫（1980：244）认为，隐喻不是语言表象问题而是概念的本质问题，隐喻不是建立在始源域和目标域的相似之上，而是建立在已有的经验基础之上，是通过跨领域实现的，始源域和目标域之间的相似性是在两域的投射的过程中产生的。隐喻是人们认识客观世界的一种认知手段。

在第七章，我们讲了方位词语与隐喻的思维认知。人们置身于空间中，并在空间中生活，与空间结成了密不可分的关系，形成了人们日常生活中的经验基础。"上"具有正向价值，"下"具有负性价值；有意识的为上，无意识的为下；健康的和生命体为上，疾病的和死亡的为下；好的为上，坏的为下；美德为上，坠落为下；理智的为上，情绪化的为下；地位高的为上，地位低的为下。如"上级""下级""上北京""下基层"等。于是，与身体相关的方位隐喻意识成为人们认识事物的经验基础之一。

当我们用一熟悉的事物的概念去说明、建构另一事物时，结构隐喻起着十分重要的作用，因为它使人们超越指向性和所指，给人们提供了基于一个概念构建另一个概念的可能性。"她的爱高不可攀"，将她的"爱"视为高处的东西或者高山，想要得到她的爱，就如同攀高、登山。日语"高嶺の花"也是同样的含义。"时光流逝""時の流れ"，将"时光"视为可流动的水，流淌的、会逝去的水，于是，结构隐喻意识同样成为人们了解世界、认识新事物的经验基础。

将无形的事物有形化，是人们利用现实生活中实际存在的实体或物质来感受无形的事物，将无形的事物赋予它实实在在具体有形的物体概念。"只要人人都奉献出一点爱，世界将变成美好的人间""我不能接受你的爱"，将"爱"视为有形的东西，于是，实体隐喻意识也成为人们认识、理解另一无形事物的经验基础。

人们借助对一类事物的理解和体验去了解和领会另一类事物。隐喻思维能力是随着人们认知的发展而产生的一种创造性的思维能力，是认知发展的高级阶段，是人们认识世界，特别是认识抽象事物不可缺少的一种能力（赵艳芳，2001：102）。

第3节　隐喻历时研究：认知模式的延续与演变

研究语言，既要看到它横向相对稳定的状态，又要看到它纵向发展与演变的过程。索绪尔提出了语言共时性和历时性的研究，他认为共时性和历时性分别指语言的状态和演化的过程。

语言的历时性是研究语言在较长历史时期中的经历和变化，是指从纵观的角度去审视语言发展过程、演变结果。我们可以通过隐喻历时研究的视点，探讨中日思维模式、思维特点一致性、历时的传承与延续，同时，也可以从隐喻历时变化的角度，分析出中日思维方式的演变（张继文，2011：85—90）。

一、认知模式的历时延续

在中日古典诗歌中，我们不难发现一些隐喻的表达方式是一致的，如"涙川"（泪河）、"波の花"（浪花）、将"紅葉"喻为"錦"等等。不仅如此，这些隐喻的表现形式、隐喻意义一直延续至今。下面的隐喻用法也是如此。

（一）"雪"与"花"的隐喻互换
我们首先来分析下面的诗句。

　　雪降れば 冬ごもりせる 草も木も 春に知られぬ 花ぞ咲きける
　　　　　　　　　　　　　　　　　　（『古今和歌集』323 紀貫之）

　　梨花千树雪，杨叶万条烟。　　　　　　　　（岑参《送阳子》）

白雪却嫌春色晚，故穿庭树作飞花。　　　　　　（韩愈《春雪》）

第一首日语短歌可译为：冬日雪飘草木静，未至春日花枝成。句中用"雪"来喻"花"，"雪"却胜过"花"。接下来的两首唐诗同样是以"雪"喻"花"。这样的诗句在中国和日本的古典诗歌中比比皆是。这种表现形式延续至今（张继文，2009：105—109）。

经统计，日本最早的诗歌总集《万叶集》以及成书于 10 世纪初、奠定日本短歌基本形式的《古今和歌集》里，将"雪"喻为"花"和将"花"喻为"雪"的短歌很多。《万叶集》中有 11 首（822、839、844、850、3906、1420、1642、1645、1647、1841、4140）；《古今和歌集》中有 14 首（6、7、9、60、63、75、86、111、323、324、330、331、337、363）。

下面的诗句，是以"花"喻"雪"的表达。

春の野に 霧立ち渡り 降る雪を 人の見るまで 梅の花散る
　　　　　　　　　　　　　　（『万葉集』巻 5 : 839 田辺史真人）

春たてば 花とや見らむ 白雪の かかれる枝に うぐひすの鳴く
　　　　　　　　　　　　　　　（『古今和歌集』6 素性法師）

遥知不是雪，为有暗香来。　　　　　　　　　（王安石《梅花》）

第一首梅花如雪：春野雾弥漫，空中飘雪映眼帘，原为梅花瓣。第二首樱花如雪：立春时节樱花放，白雪枝头，莺鸣唱。第三首"遥知不是雪，为有暗香来"，因为有梅花香传来，才知道白白的不是雪，实则以雪喻梅。再如范云《别诗》中"昔去雪如花，今来花似雪"，意为当时离开的时候，漫天的雪像盛开的白花；如今回来的时候，遍野的花朵像纷纷的白雪。

（二）"露"与"玉"的互相指代

"露"喻为"玉""珠"，"泪"喻为"露"的例子在古典诗歌中很多，这种表述方法延续至今。

秋の野に 置く白露は 玉なれや つらぬきかくる くもの糸すぢ
　　　　　　　　　　　　　　（『古今和歌集』225 文屋朝康）

浅緑 糸よりかけて 白露を 珠にもぬける 春の柳か

（『古今和歌集』27 僧正遍照）

秋ならで 置く白露は 寝ざめする 我が手枕の しづくなりけり

（『古今和歌集』757 読人知らず）

玉露凋伤枫树林，巫山巫峡气萧森。（杜甫《秋兴八首其一》）

泪光停晓露，愁态倚春风。　　　　　（许浑《金谷桃花》）

　　第一首短歌可翻译为：秋野撒白露，蛛丝穿玉珠。是将"露"喻为"玉"。第二首短歌也是将"露"喻为"玉"，译为：春柳绿丝条，穿起白露珠。第二首短歌是将"泪"喻为"露"，译为：秋天未至生白露，梦醒枕臂泪滴落。两句唐诗分别将"露"喻为"玉"和"泪"喻为"露"。

　　（三）"前"与"后"：空间与时间

　　"前"与"后"是表示空间位置关系的，可是，通过"前"与"后"来表示时间先后意义的隐喻表现大量存在。这种表现存在于世界各种语言中。瀬戸賢一（1995：78—79）指出，时间是看不见的东西，通过方向性的空间隐喻使它变为存在的物体。

　　时间是珍贵的，同时，"逝者如斯夫"又说明了它的流动。如同河水一样从上游流到下游。瀬戸认为时间是从未来向过去流淌。未来是"まだ来ない"的方向，过去是"過ぎ去る"的方向。从时间的流向来看，前方是过去，后方是未来。所以，将过去称为"以前"，将未来称为"今後"。"以前"与"今後"中所出现的"前"与"後"就是根据这一认识构筑起来的思维意识。中国的"光阴似箭""夫天地者，万物之逆旅；光阴者，百代之过客"等说法也表明人们认为时间是有方向性的。

　　小泉保（1990：95—107）提出了"時間移動型"，他从哲学视点的时间观和语法层面的时间观进行分析，提出时间是从过去向着未来单方向流动，现在是过去和未来的衔接点。他认为在语言世界里，对于语言的把握，完全是主观的心理活动结果。对于说话人来说，只有说话的现在的世界才是现实，过去已经收入记忆之中，根据需要进行回想，未来只是预测。野内良三（2000：104）也指出，时间不停地在流动，对于这一难以把握的对象，通过实体化、空间化，使其计量成为可能。

　　在《古今和歌集》中用"のち"表示时间的诗句有6首（68、247、

435、931、978、1066），通过分析，我们可以得出古人的认识模式与这一理论是一致的（张继文，2010：16—19），即把未来视为后方，把过去当作前方。分析下面诗句。

桜色に 衣は深く 染めて着む 花の散りなむ のちの形見に
（『古今和歌集』66 紀有朋）

鶴亀も 千歳の後は 知らなくに あかぬ心に まかせはててむ
（『古今和歌集』355 在原滋春）

前不见古人，后不见来者。　　　　　（陈子昂《登幽州台歌》）

梅蕊腊前破，梅花年后多。　　　　　　　（杜甫《早梅》）

檐声未断前旬雨，电影还连后夜雷。　　（齐己《春寄尚颜》）

第一首翻译为：樱花颜色染衣衫，花谢依然可赏观。是说在衣服染上樱花色，为了在花凋谢后，还能见到樱花的影子。这里的"のち"是以后或将来的意思。第二首翻译为：龟鹤虽能越千年，诚心祝你更永远。是说不知道龟鹤千年后能否存在，但我诚心祝你生命一直到永远。三句唐诗同样都是"前"指逝去的过去，"后"指尚未到达的将来。

关于时间的描写有多种，可以是动态的、静态的，是容器、可以伸长、可以压缩或者可以位于空间的某个位置。

这样的日子一去不复返了。
时间不等人。
时间过去了一半。

時間が経つ（月日が経つ、時が経つ、時間が過ぎ去る）。

这些句子表明，时间是一个运动物体，一刻不停，刻不容缓，时间从人们面前流过。但是，下面的句子表明，时间又是静止的。

我们经过四年的学习，职业能力得到了培养。

在深圳度过了难忘的大学时光。

時間を過ごす。

这些句子表明，时间是静态的、不动的物体，是人们从时间面前经过；四年也好，一段时光也好，日语的"時間を過ごす"也好，都把时间看作是静止的。

再如下面这句歌词：

是我经过春与秋，还是春秋经过我。

(《一程山水一程歌》)

这里的第一个"春与秋"表示时间是静止的，我从这个静止的时间面前经过；第二个表示时间的"春秋"是动态的，时间从我面前经过。

时间是可以伸缩的物体，如：

延长开会的时间。
缩短开会的时间。
時間を延長する。
時間を短縮する。

时间还是一个容器，如：

三天内我给你答复。
这个星期内交作业。
時間外手当
営業時間内

时间还可以具有方位性、空间性，如：

上半年、下半年
上学期、下学期
下半期(しもはんき)、上半期(かみはんき)

通过"前"与"后"方位概念来表示时间先后的隐喻表现很多，除此之外，表示时间的隐喻表现形式丰富多彩，这也展示了人们思维的隐喻性以及思维在多维度的拓展。

（四）"上"与"下"

莱考夫和约翰逊（1980：18—29）认为，"上"具有正向价值，"下"具有负向效应。有意识的为上，无意识的为下；健康的和生命体为上，疾病的和死亡的为下；好的为上，坏的为下；美德为上，坠落为下；理智的为上，情绪化的为下；地位高的为上，地位低的为下。

具有方向性的"上"与"下"表达隐喻概念的情况很多。而这种空间隐喻表现早在 10 世纪初成书的和歌集——《古今和歌集》中已大量存在。这种概念隐喻的使用与文化背景、人们的经验密切相关。其影射的概念也反映出人们思维意识以及对事物的认知方式（张继文，2011：85—90）。

久方の 雲の上にて 見る菊は 天つ星とぞ あやまたれける

（『古今和歌集』269 藤原敏行）

あしたづの ひとりおくれて 鳴く声は 雲の上まで 聞こえつがなむ

（『古今和歌集』998 大江千里）

同时流辈多上道，天路幽险难攀登。

（韩愈《八月十五夜赠张功曹》）

安能以此上论列，愿借辩口如悬河。　　（韩愈《石鼓歌》）

第一首和第二首短歌中的"雲の上"是指宫中，并非普通的人间，因为皇宫是众人无法攀及的至高无上的场所，或者是指宫中的最高统治者，所以是"云之上"。第一首翻译为：云中宫殿见菊花，误为天上繁星撒。第二首翻译为：同龄已成名，自己何此缓，期盼寄云霄，赐我以恩典。

"同时流辈多上道"是指同时流放的人，很多都登上了（面向长安）的道路，"天路"（步入朝廷之路）险峻，在后面是很难追上的。"上道"是面向政治中心长安、回归朝廷的道路。

"安能以此上论列"意为怎么向上陈述，是指向地位高的人、君王上奏文。

再看"下"的诗句。

下にのみ 恋ふれば苦し 玉の緒の 絶えて乱れむ 人なとがめそ

（『古今和歌集』667 紀友則）

紅の 色にはいでじ 隠れ沼の 下にかよひて 恋は死ぬとも

（『古今和歌集』661 紀友則）

隠れ沼の 下よりおふる ねぬなはの ねぬなは立てじ くるないと
ひそ 　　　　　　　　　　　　　　　（『古今和歌集』1036 壬生忠岑）

山高み 下ゆく水の 下にのみ 流れて恋ひむ 恋は死ぬとも

（『古今和歌集』494 読人知らず）

但看古来盛名下，终日坎壈缠其身。

（杜甫《丹青引赠曹将军霸》）

上穷碧落下黄泉，两处茫茫皆不见。　　　（白居易《长恨歌》）

　　第一首短歌中的"下にのみ"喻指内心深处的失落，可以译为：内心
的苦恋，是断线的珍珠，混乱的心情，岂能将他人责怨。第二首中的"隐
れ沼の下"是心情极度低落时的表现，可以理解为：没有红花的鲜艳，我
的爱深埋在沼泽下面，这份爱，付出生命我都无怨。第三首短歌"隐れ沼
の下"同样可以理解为：我是沼泽下无根的莼菜，没有声名，谁会在意我
的存在。"沼の下"意为出身之卑微。第四首短歌用了两个"下"，意为：
我苦苦的爱恋，是高山下的流水，在心底流淌，至死无怨。

　　"但看古来盛名下"中的"盛名"是好事，可是其背面、后面——
"下"则是不幸终日缠绕。"上穷碧落下黄泉"是指杨贵妃死后，唐明皇非
常思念她，就派方士道人上天入地苦苦寻觅贵妃，渺渺茫茫，结果两处都没
找到。"上"与天界呼应，"下"与黄泉呼应。

　　在现代日语中有"上向き"（向上趋势）与"下向き"（趋势不好）、
"上回る"（超过）与"下回る"（低于标准）、"上手"（擅长）与"下手"
（笨拙）、"上作"（杰作）与"下作"（次品），此外还有"上得意"（大客
户）、"上出来"（结果成功）等等。

　　汉语中有"上岗""下岗""上策""下策""上升""下降"等，方位
词的"上""下"与权位的上下也是一致的。古代的皇帝到地方巡视，有过

"宋太祖下南唐""乾隆下江南";而地方官无论在哪里,自古至今都说"上京城""上中央"。百姓到各级政府告状,一律叫"上告""上访"。同样,全国各地通向北京的铁路线,均称"上行线",相反,均称"下行线"。

上与下也映现了正向与负向、积极与消极的思维意识。如:"积极向上""上进的同学""成绩下降""销售下滑"等。

野内良三(2000:116)、赵艳芳(2001:108)认为,"上"与"下"这种通过方向性以及位置关系所反映出的抽象概念,不是任意的,而是有其物质的和文化的经验为基础。"上—下"这一方向轴所反映的价值观,是普遍存在的,与不同文化、不同时代、不同地域的关系不大。

这种表现就是人们把相关的、原有的、共同的认知与表述的事物关联起来,相互彰显、相互映射,生动有力地表现了所叙述事物的突出特征及其所反映的相似性,激发人们的联想,给人们以认知的启示。上述词语的隐喻意义自古至今未发生明显改变,这从另一个侧面说明了人类的思维意识、思维方法具有历时延续与传承的特点。

二、人类认知模式的历时演变

人们对事物进行分析概括,既从特定的角度表明了具体事物,又揭示了事物的本质特征。这种对事物的认知和了解,是人们在特定历史时期的思维方式和认知模式的彰显。

我们先看一下"狼"这个词。"狼"的隐喻意义演变就是这样的一个例子。

我们知道,传统意义上的"狼"的隐喻意义是阴险、贪婪、虚伪、狡诈、忘恩负义等,如狼心狗肺、狼子野心、狼狈为奸、狼狈不堪、狼奔豕突、引狼入室。英语中的"狼"也不是好东西,喻指狡猾、鬼鬼祟祟、卑劣的人、告密者。

而现在,"狼"的隐喻意义发生了一些转变。人们开始用"狼性"来喻指一个人成才必备的能力,因为只有合适的环境是不够的,成才的主体必须具有主观能动性。要"有极强的好奇心""对周围的环境总是充满兴趣","不断地体验"从而"躲避危险,发现食物,顽强地生存"。歌曲《要嫁就嫁灰太狼》总结灰太狼的特点是认真、执着、顽强。

再有,"绿"的隐喻意义演变则更具有代表性。

"绿"在《现代汉语词典》(商务印书馆,2002年增补本)中的解释为"草和树叶茂盛时的颜色";《新华字典》(商务印书馆,1998年修订本)的解释是"一般草和树叶的颜色"。从绿色中,诗人歌德读出了"宁静与稳定"的意蕴；俄罗斯画家康定斯基进而将它描绘成了"人间的自我满足的宁静，这种宁静具有一种庄重的、超自然的无穷奥妙"；朱自清先生写过赞美绿色的散文，艾青写过颂扬绿的诗篇。

> 刮的风是绿的，
> 下的雨是绿的，
> 流的水也是绿的，
> 阳光也是绿的……   （艾青《绿》）

在更多的文人笔下，绿还被赋予了种种超色彩的认知功能。

> 日沉红有影，风定绿无波。   （白居易《湖亭望水》）

> 台前斗玉作蛟龙，绿粉扫天愁露湿。   （李贺《梁台古意》）

> 知否，知否，应是绿肥红瘦。   （李清照《如梦令·春晚》）

> 明星荧荧，开妆镜也；绿云扰扰，梳晓鬟也。
> （杜牧《阿房宫赋》）

"风定绿无波"以"绿"代水，是换喻，因为河水是绿色的"绿水青山"，用其事物特征来代替水；"绿粉扫天愁露湿"以"绿"代替竹子；"绿肥红瘦"以"绿"代替花叶。这三个例子都是换喻。"绿云扰扰"用"绿"来喻指女子头发的"黑润而稠密"，是隐喻。

尽管我国文学家对"绿色"早就有了职业的亲切与敏感，然而，在中国传统的主流文化里，"绿"却长期饱受着睥睨与冷落。

汉代时，绿色开始被用于冠帻服色之制，《汉书·东方朔传》中就有宫廷厨师戴绿帽子以明其身份的记载。《隋书·礼仪七》："五品以上，通着紫袍；六品以下，兼用绯绿。胥吏以青，庶人以白，屠贾以皂，士卒以黄。"

唐代以后，"绿"虽然有幸进入官阶，那也仅仅是下层官吏六品（深绿）与七品（浅绿）的标志与象征，白居易"分手各抛沧海畔，折腰俱老绿衫中"（《忆微之》）的诗句很能让人感受到一种卑微的叹息。元明之际，更是每况愈下，不仅绿袍被降为八九品官员的服色，甚至还有了"娼家男子戴绿头巾"的规定。到了清代，"绿旗"是汉营地方军的标志，其地位与正黄、正白等八旗兵有着天壤之别（周一农，2005：78—83）。

英语文化圈中，也有类似的隐喻含义，如年轻、幼稚、不成熟等，如"a green hand"（生手）、"green test"（试运转）等。

绿，是一种颜色，通常指青草、绿叶、苍翠的植物及青山绿水。绿色常常象征着自然、生命、健康、舒适、活力与安全。近几年来，"绿"又被赋予了新的意义，如交通意义上的通畅（绿色通道、绿卡）和生存文明意义上的节能、天然环保等低碳生活。于是，出现了绿色饭店、绿色家电、绿色照明、绿色煤炭、绿色政治、绿色消费、绿色科技、绿色意识、绿色治疗。

"绿色食品""绿色科技""绿色汽车"中的"绿色"并非指食品、科技、汽车是"绿色"的，而是引申有益、健康等概念特征向食品、科技、汽车方面的投射。绿色食品是指产自优良生态环境，按照食品标准及质量控制生产的安全、优质食用品。绿色科技是能够促进人类长远生存和可持续发展，有利于人与自然共存共生的科学技术。绿色汽车是从能源与环保的角度倡导的电力或代用燃料的汽车。绿色如此受人推崇，于是出现在了各个方面。如"绿色二人转"，是指倡导健康文明、传播正能量、剔除脏话的二人转。

歌词中有"路漫漫我与母亲最近，山微微我与太阳最亲，天水间我与红星最亮，我留给你一个绿色的背影"（贺东久《边关军》）。

"绿"在日文中，同样是指作草和树叶的颜色。

看下面的短歌。

ときはなる 松の緑も 春くれば 今ひとしほの 色まさりけり

（『古今和歌集』4 源宗于）

这首日语短歌就是对"绿色"的喜爱与赞美，译为：松树常年青，春来色更浓。

日语中也出现了"グリーン購入法"（绿色消费法）、"グリーン調達"（绿色供给）、"グリーンピース"（绿色和平组织）、"グリーン電力"（自然能源发电）、"グリーンIT推進協議会"（绿色IT推动组织），甚至还出现了以绿色开头的公司的名字，如"ミドリ薬品""ミドリ電気""ミドリ文具"等。日本出现了一个叫作"绿灯声援组织"，该组织开始推行对使用日本原产的食材（以食品原料的热量为统计单位）超过50%、诚实可靠、守信用的老字号店，给予挂"绿提灯"的活动。

由此可见，"绿"在当今时代，已被人们赋予了具有时代特点的、新的隐喻意义，其产生的背景是人们对工业文明进行反思之后的一种选择，呼唤绿色成了全球的文化共识和理性思考。

时代的发展变化给人们带来了新的事物、新的视野，也给人们带来新的思考素材。时代的发展产生着新的隐喻，更新着人们的传统观念，也更新着传统的隐喻语义。

第4节　隐喻：思维意识的文化地域性、时代性

隐喻语义的更新以及新隐喻词汇的出现，映现了人类思维意识的演变以及不同文化背景、不同区域的差异。时代的发展变化，影响着人类认识事物的角度、观念意识的更新；对相同事物的不同认知视角，又与不同的文化背景、不同的地域、不同的民族密切相关。

一、隐喻的文化地域性

日语中的一些流行语多是隐喻的表现方式，而这种表现方式又是日本所特有的。如"交通戦争"这个词时常被人们译成汉语的"交通战"，似乎与中国的"地道战"异曲同工，其实不然。该词指1955年以后的十年里，日本的交通事故死亡人数超过了战争中的死亡人数，因此在日本被称为"戦争状態"，两次死亡高峰分别出现在1970年和1988年，1988年又被称为"第二次交通戦争"。

"斜阳族"一词出自太宰治1947年的小说《斜阳》，是指"二战"后日渐没落的贵族上层人物。中国的"夕阳红"则是指仍然具有勃勃生机、幸福美满的老年人。

"太陽族"一词出自获1956年芥川奖的石原慎太郎的小说《太阳的季节》，在日本指"二战"后放荡不羁、不受秩序或道德约束的青年。在中国，"早晨八九点钟的太阳"，则是指承担未来与希望的青少年。

此外，由于地域文化的不同，也存在相同的本体，却表现着截然不同的两种事物的情况。

在我国古代诗人的笔下，"东风"一直被指作"春风"，象征新生力量，如：

等闲识得东风面，万紫千红总是春。　　　（朱熹《春日》）

飒飒东风细雨来，芙蓉塘外有轻雷。　（李商隐《无题四首》）

东风何时至，已绿湖上山。　　　　　　　（丘为《题农父庐舍》）

朱熹的诗是说春天的面容与特征是很容易辨认的，"东风面"借指春天；李商隐诗句中的东风无疑就是春风，不仅有春风、春雨，还有春雷了；丘为诗句中的东风也是吹绿青山的春风。

"西风"象征衰败、没落、腐朽的势力。有关西风的诗句也有很多，如：

八月西风起，想君发扬子。　　　　　　　（李白《长干行》）

古道西风瘦马，夕阳西下，断肠人在天涯。

　　　　　　　　　　　　（马致远《天净沙·秋思》）

西风一夜催人老，凋尽朱颜白尽头。

　　　　　　　　　（刘禹锡《酬乐天扬州初逢席上见赠》）

诗句中的西风，是秋风。西风的出现，形成了一个雄浑的秋天的意境。西风的萧条、场景的孤寂，令人感伤。

同样，在现代革命意识中，"东风吹，战鼓擂""不是东风压倒西风、就是西风压倒东风"，"东风"是指革命势力，"西风"是指反动势力。

可是，在诗人雪莱的《西风颂》中就是另一番景象。同样的东风、西风，虽然全诗没有一句话是在写革命，但整首诗就是围绕革命来叙述的。描写西风，赞颂西风，从树林到天空，再到大海，飞翔在现实和想象中。诗人的想象夸张而丰富，表达出了西风抵抗腐朽、鼓舞新生的巨大潜能。西风是勇猛的、值得歌颂的，全诗洋溢着诗人对西风的热爱与向往。

两者表现完全不同的原因在于中国的春天季风从东面或东南来，秋天季风从西面或西北来，而英国正好相反。由于英国处在西风带上，"西风"是暖风。不同的地理位置，决定了西风具有不同的范畴属性，所以，出现了同一喻体表现相反的两种事物的情形。

二、新隐喻的时代性

时代的发展变化展现给人们新的视野，也给人们带来新的思考素材。时代的发展产生着新的隐喻，也更新着传统的隐喻语义。

日语"冷战"一词既不是出自中国，也不是出自日本，而是出自美国。

美国政治评论家沃尔特·利普曼（Walter Lippmann）在 1947 年出版的作品 *The Cold War: A Study in U. S. Foreign Policy* 中使用了这个词。"冷战"是一种与"激烈的热战"相反的状态，是指没有直接武力冲突的两大阵营的对立。

再如"黄色"。黄色是中华民族崇尚的颜色之一，甚至是民族的代表颜色。在古代，黄色象征着神圣、皇权、尊贵、崇高、庄严等。宋代思想家朱熹说："黄，中央土之正色。"所以，黄色象征着中央皇权与社稷，同时它象征着生长万物的土地。传说，皇帝轩辕氏多穿黄袍，从而禁止庶民百姓穿黄色的衣服。这种制度大概从隋唐时代开始。此后历代皇帝均穿黄龙袍，黄色成为天子的专用色。满族的八旗制度，黄族最高（常敬宇，2010：244—246）。

黄色又与黄金同色，所以，黄色象征富丽堂皇。因为黄金的珍贵，人们把宝贵的时间称为黄金日、黄金周、一刻千金等。目前，中国在治理整顿中的一个举措是"扫黄打非"，"黄"为什么要扫掉呢？

黄色的贬义来源于美国。18 世纪以来，美国多用黄色纸印刷出版一些色情淫秽的书刊，因此称作黄色书刊。传到中国后，黄色就有了色情、淫秽的含义，因而产生了一批含贬义色彩的词语，如黄色电影、黄色录像、黄色书刊、黄色画报等，所以要扫。

三、隐喻的政治意义

人们习惯于把复杂的现象通过隐喻带入熟知的现实世界进行思考。在政治语言、政治意识中，隐喻同样被广泛应用。

我们来分析一下"梦"的隐喻意义。

"梦"，除了睡梦之意以外，其概念隐喻意义多指未来与希望。以下将从"中国梦""日本梦""美国梦"等词语的政治意义角度进行分析。

中国梦，是中国共产党召开第十八次全国代表大会以来提出的重要的政治概念。它关乎中国未来的发展方向，凝聚了中国人民对中华民族伟大复兴的憧憬和期待，它是整个中华民族不断追求的梦想，是亿万人民世代相传的夙愿。提出"中国梦"的目的就是要凝聚全国人民的力量，投身富强民主文明和谐的现代中国的建设，实现国家富强和民族振兴。

中国人民人人在努力，人人在谈"中国梦"。白岩松 2009 年在耶鲁大学演讲的题目是《我的故事以及背后的中国梦》（My Story and the Chinese Dream Behind It）。他讲道：在遥远的东方，在一个几千年延续下来的中国，也有一个梦想。它不是宏大的口号，并不是存在于政府那里，它是属于每一个非常普通的中国人。

日本也谈"梦"。日语中的"夢"除了狭义的睡梦以外，广义都是指满满正能量的、期待将来能够实现的愿望。

日本从 1951 年开始，每年的新年前夜，即 12 月 31 日的晚上，NHK（日本广播放送协会）都要举办"红白歌会"，也就是日本的"春节晚会"，这个歌唱晚会代表了日本的最高水准。参赛者都是从当年日本歌坛中选拔出来的最有实力、人气旺、人品好并受到广大歌迷喜爱的歌手。2016 年，日本 NHK 曾对"红白歌会"演出的 3000 多首歌曲中的关键词进行统计，结果如下：

"夢"925 首；"心"799 首；"涙"749 首；"恋"729 首；"愛"675 首。"夢"排在了第一位。新年，人们期盼的、祝愿的都是美好的愿望。

时任日本首相安倍晋三在 2019 年 3 月 28 日，也就是日本即将迎来改换新年号的 5 月 1 日前夕，对记者讲了如下的话①：

あと1カ月と少しで新しい時代が来る。今日咲き誇る桜のように、皆さんの夢や希望が咲き誇る時代にしたい。

（再有一个月，我们将迎来新的时代。就像今天盛开的樱花一样，新的时代将是大家成就理想、充满希望的时代。）

美国也用"dream（梦）"来激发向上精神。

美国黑人民权运动领袖马丁·路德·金在 1963 年 8 月 28 日发表了著名的演讲《我有一个梦想》（I Have a Dream），他把自己对前途的看法用充满激情的语言演讲给云集的听众，进一步推动了黑人自由平等运动。

加利福尼亚州州长施瓦辛格 2005 年在清华大学发表了以"坚持你的梦想"为主题的演讲：

Keep your dreams. No matter what, keep your dreams. Don't give up on them, even when you are temporarily defeated or denied. Keep your dreams.

（要坚持自己的梦想。无论如何，坚守梦想！即使暂时被打倒或被人否定，也不要放弃你们的梦想。坚持梦想！）

---

① "首相「夢が咲き誇る時代に」公明代表と桜観賞"，『日本経済新聞』，2019 年 3 月 28 日，https://www.nikkei.com/article/DGXMZ043013520Y9A320C1000000/。

奥巴马 2008 年在奥兰多佛罗里达的演讲《人人都能拥有美国梦》说：

We know that the American dream isn't something that happens to you—it's something you strive for and work for and seize with your own two hands. And we've got a responsibility as a nation to keep that dream alive for all of our people.

（我们知道美国梦不会碰巧就发生在你们身上，它是需要大家去争取、去努力，并用自己的双手去抓住的。作为一个国家，我们有责任让所有人都能够拥有这样的美国梦。）

由此可见，"梦"这个概念隐喻，已具有明显的时代的政治特色。

还有一些隐喻。如"你们是早晨八九点钟的太阳""实现民主""吻合""积极向上""思想建设过程""正面""严重违纪""腐败分子""根除腐败""在当前腐败思想还不能完全得到净化、制度还不健全的'大气候'下……"都有隐喻的政治功能。

此外，在一些建筑上，隐喻的认知左右或影响着人们的政治意识。

始建于 1975 年，落成于 1977 年的长沙火车站主楼上矗立着一把巨大的火炬，该工程的设计者提出："象征着革命前辈点燃的火炬，在湖南，特别毛泽东的故乡，它的含义更深，它象征着'星星之火，可以燎原'，革命的火炬引导着广大人民群众革命的方向，它是火炬，同时也是一种号召和指引人们前进的力量。"主题明确，具有积极意义。

从审美角度考虑，火炬的火焰应当具有动态的飘逸感，但长沙火车站这把火炬却与众不同，笔直朝天。为什么呢？

其原因是设计者在考虑朝向时遇到了难题：火车站坐东朝西，面对繁华的市区。如果把火炬的火焰飘向右边，怕有右倾主义的嫌疑；如果朝左边飘动，又有左倾机会主义的顾忌；如果火焰往东，担心被误解为西风压倒东风；如果往西，又担心被误解为向往西方（沈亮、任咪娜，2011）。就这样，本来是方位词的左、右、西、东，在这里却反映着政治意义，于是，人们对隐喻的认知影响着建筑物的设计结构，反映着社会的政治意识。这同样说明，隐喻不仅仅是语言层面的修饰和装点，它是人们认知和思维意识的映现。

第 5 节　小结

隐喻表现是人们的思考方式与思维意识的映现，人们通过语言层面传递出超越词语本身含义的概念附加，是语义激活过程，通过一种新奇的思维方式与意识特征表达着概念的动态意义。

隐喻之所以能以语言形式表达出来，正是因为人的大部分概念系统，包括人的活动，都是通过隐喻的方式被构建的。人类的思维过程在很大程度上是隐喻性的。隐喻是人类认知事物的一种方式和手段。

本章的分析，从一个侧面反映出隐喻意义的延续与思维意识的传承具有一致性，隐喻的表现形式和意义的不同以及新隐喻的出现，反映出时代的发展以及地域文化、民族意识的差异性。所以，从宏观的思维意识、时代变化、文化背景等认知关联因素的角度，进行系统化、体系化的语言对比研究是有必要的。

语言的历时纵向考察，可以看出人们对事物认知模式的延续、演变以及明显的时代特性；语言共时的横向对比，反映出人们认知模式的相似性、一致性以及地域文化、民族意识的差异性。

第三编

语言形式：语义概念的框架

第九章　概念框架与语义接受

  《红楼梦》结诗社中有这样的一个场面：黛玉提出给每个人起个"别号"。探春给黛玉起名时说："当日娥皇女英洒泪竹上成斑，古今斑竹又名湘妃竹，如今他住潇湘馆，又爱哭，所以叫他'潇湘妃子'就完了。"一向爱挑剔别人语病的黛玉欣然默认了。

——《红楼梦》第三十七回场景

  贾府请戏班子唱戏，贾母很喜欢两个小演员，凤姐笑嘻嘻地说小旦的扮相活像一个人，众人不语。心直口快的湘云脱口而出，"我知道，像林姐姐的模样"，结果黛玉非常恼怒。导致了宝玉与湘云、黛玉与宝玉和湘云、宝玉与袭人出现了矛盾。

——《红楼梦》第二十二回场景

  上面两个场景，为什么会出现黛玉欣然接受和黛玉非常恼怒的两种不同结果呢？就是因为不同的语言形式形成了不同的概念框架，框定了不同的语义范畴，产生了不同的体验效果。

  萨特（2018：458）说过，"语言不追求使人认识，而追求使人体验"。维特根斯坦在《语言哲学》中认为：语言只是一个复杂的语词系列，就好像棋子一样，只是被语言使用者用来获得所希望的效果而已。有些使用是为了表达情感反应，有些是为了表达行为反应，有些是为了传递信息，还有一些是为了把听者的注意力引向特定的目标或引导他们去思考某个新的思想。既然词语的意义在于其作用，内有一个始终一致的意义，因此也就不可能始终一致地指向外部世界的对象，那么，用这样的词语所谈论的心灵世界即思维也只能是多样的、高度变化的（阳小华，2008：225）。

  萨丕尔指出，人并非孤立地生活在客观世界，多半要受语言支配，"真实世界"在很大程度上建立在人群的语言习惯上。沃尔夫认为，思维的范畴和类型由语言来组织。不同语言强调世界的不同方面，语言影响人们的认知。

认知语言学认为：语言的表达以及所采取的语言形式，是人们认知对客观世界反映的结果，可以表述为"客观世界—认知—语言"的原则。同时，这一原则也适用于人们语义的接受与理解过程，即"语言—认知—客观世界"，语言形式影响着人们的认知，认知影响着人们对客观世界的把握（或语义接受）。框架语言学认为语言形式形成了概念框架。

本章开头的第一个场景，黛玉之所以默认并且接受"潇湘妃子"这个"别号"，是因为这句话中的"娥皇、女英"框定了黛玉所愿意接受的价值观念。其原因之一是娥皇、女英所拥有的身份，另一个原因是他们所拥有的品德。传说娥皇、女英是帝尧的两个女儿，后嫁于舜，大舜南巡死于九嶷山，她们赶到那里，哭尽血泪而死。后世在《列女传》里将两位列入"母仪传"第一，称"二妃德纯而行笃"，对二人给予了极大的赞赏。这一价值观，是当时时代所推崇女性的德行标准，同样也符合黛玉的价值观。娥皇、女英是值得赞美的，所以她接受这一称号。

第二个场景是将贵族小姐的黛玉说成和"戏子"小旦相似，形成了贵族小姐像"戏子"这样的概念框架。古代的"戏子"不同于今天的"明星"，那个时代也并不崇尚"追星"。所以，在《红楼梦》成书的清代，这种类比自然是孤傲自尊的黛玉所不能接受的。

如何更好地进行语义传达和人际沟通，才能够达到最佳的话语效果，概念框架语义学的研究具有实际应用价值。

第 1 节　框架语义学的理论启示

"框架"这一概念并非首先产生于认知语言学，而是源自认知心理学，指人的记忆中由各种信息和经验组织而成的认知结构。

自人类学家 Bateson（1955：39—51）首次提出"框架"概念以来，框架理论的研究至今已有六十余年，呈现出多领域、跨学科的发展趋势。心理学家们也从知识表征和信息处理的角度提出了框架、参照框架、框定效应的概念及理论。

在框架理论的基础上，形成了框架语义学。框架语义学是一种理解语义的模式。框架语义学是综合考虑语境、原型、感知、个体经验与认知的跨学科理论。

该理论首先是由美国语言学家 Fillmore（1975）在 20 世纪 70 年代提出来的。此后，在 1982 年出版的《框架语义学》（*Frame Semantics*）一书中，他把框架看作是一种认知结构方式，是一种知识和观念，这种知识和观念与某些经常重复发生的情景密切相关。他认为这是纯语言知识和概念知识之间的一个接面（interface）。Fillmore 将框架作为理论工具引入到语言研究中。

在框架语义学中，框架是指与某个具体概念相关的背景知识或连接相关联的某个已知语言形式的多个认知域的知识网络，也可以将它理解为一种基于具体场景的认知模型或经验图式。从词与概念传递的角度来看，框架成分、概念与词彼此呈现对应关系。这是一个彼此关联的概念系统，框架对人们理解某个事件或情景具有重要的作用。Fillmore（1982：117）认为，作为一种认知结构，框架的特点是：一方面，当概念系统中的某个概念被引入话语时，系统中的其他概念就处于自动激活状态；另一方面，人们理解一个具体概念时，需要以对其所属概念系统的整体结构了解为基础。框架与句子结构同样具有密不可分的联系。

框架语义理论，就是指通过知识框架来研究语义的理论。框架是指个体、团体和社会如何组织、如何识别或传递现实世界的一系列概念或理论视角。该视角是个体选择、识别并赋予词语或短语意义的必经过程。特定的背景知识、百科知识、语言知识联系紧密，可为词语附着相应的积极或消极意义的标签。语言使用者在操作过程中直接提取该标签即可激活头脑中对应的框架，形成对词汇意义的基本价值判断。

框架语义学把语言意义和百科知识联系起来，该研究方法的一个基本观点就是一个词可以激活、突显与具体概念相连的语义框架。一个语义框架就是语言事实的集合。这些语言事实详细指明了一个指称对象的特征、属性、功能以及必然或经常与它联系在一起的事物之间的关系，框架基于反复出现的经验累积所形成的（梅德明，2017：285）。

框架语义学（Frame Semantics）是认知语言学研究范式的一部分，认为语言在交际活动中，仅用抽象的词典语义是无法完成言语理解的，受话人必须通过语言形式自身的语义框架（semantic frame）来理解言语、接收语义（Fillmore，1982：134；1985：233）。框架语义学在认知语言学研究中占有重要的地位。

认知语言学认为语言反映人的认知。作为认知结构，框架对语言的理解和运用具有重要的制约作用。就语言的理解而言，脱离与某些词汇所表征的概念相关的框架，我们就难以正确理解话语表达的意义。语言结构是说话人所要表达意义与意图驱动的结果，一个具体事件的框架通常涉及注意力的分配问题。

第 2 节　语言现象分析

我们首先分析下面的例句：

> 他学习很努力，但是成绩不太理想。
> 他学习很努力，成绩不太理想。
> 他学习很努力，虽然成绩不太理想。

这三个句子，尽管语义基本相同，但每句话却将某些不同的注意点置于较为突显的位置。第一句话会让我们更多地关注"成绩不太理想"这一问题，而忽略"他学习很努力"的现实；第二句话是同等叙述"学习很努力"和"成绩不太理想"两个事实；第三句话则会特别提示人们注意前一阐述"他学习很努力"，而把"成绩不太理想"置于背景中。

再看下面的日语表述：

> 会議室の使用は4時までです。それ以降は使えません。
> 会議室の使用は4時までになっております。どうぞごゆっくりお使いください。

这两个句子，在语法层面不存在任何问题。两句话所传递的都是"会议室使用到4点为止"，第一句话突出特别强调了"4点以后不能用"，而第二句话则突出表达了"4点之前可以尽情使用"。尽管两者陈述的都是同一内容，但是，第二句话的表达形式符合构筑和谐人际关系的需要，契合日语委婉含蓄的表现特征。所以，这一话语表达远胜于第一句的否定禁止式的表达。

> 社長はただいま外出中で、3時までお目にかかれません。
> 社長はただいま外出中でございます。3時以降でしたらお目にかかれると思います。

两句话都是向客人传递了"社长外出，3点前回不来"的意思，第一句话用否定的形式强调了"3点前，不能与您见面"，而第二句话用肯定的形式表达了"3点以后能和您见面"的意思，第二句话的表达形式，更能体现出对客人的尊重，更符合日语的思维习惯。

不同的语言形式表达不同的语义，不同的表现形式传递出话语人所强调、突显的观测视点的不同。正如莱考夫（2013：10—11）所说，"语言确立了框架"，"框架就是让语言吻合你的世界观。它不仅仅是语言，首要的是观念，语言则承载、唤起这些观念"。语言形式所形成的概念框架制限着人们对语义的理解。

那么，概念框架是怎样唤起人们的观念，给人们不同的体验，从而引领人们的思维意识的呢？

第 3 节　框架引领注意、影响解释

下面是日本政府公布的一个规定，我们试分析其语言框架对事实解释所起到的作用。

2019 年 1 月 7 日起，日本政府开始实施对离境旅客每人征收 1000 日元的"国際観光旅客税"。可是，在设立这个税目的最初讨论阶段，日本政府自民党"观光立国"调查委员会于 2017 年 11 月 14 日通过决议，确定用"观光促进税"来称呼这个新税目①。

在 2018 年 1 月 22 日召开的第 196 次国会上，日本内阁总理安倍晋三在施政方针演说中也是使用"观光促进税"。原文是"観光促進税を活用し、瞬時に顔を認証して入管審査を通過できるゲートを整備するなど、観光先進国にふさわしい快適な旅行環境の整備を行います"②。

可是，在即将征税实施之前，2018 年 12 月 21 日，由"観光立国推進閣僚会議"颁布了『国際観光旅客税の使途に関する基本方針等について』，修改稿中，开始使用"国際観光旅客税"③。

"国際観光旅客税"也好，"观光促进税"也好，其实就是"出境税"，或者说是离境之前留下的"买路钱"④。在最初的讨论阶段，用"观光促进

---

① "出国税千円、通称「観光促進税」に 政府・与党方針"，『朝日新聞』，https://www.asa-hi.com/articles/ASKCF6568KCFUTFK01L.html。

② "第百九十六回国会における 安倍内閣総理大臣施政方針演説"。日本首相官邸，http://www.kantei.go.jp/jp/98_ abe/statement2/20180122siseihousin.html。

③ "国際観光旅客税の使途に関する基本方針等について"，日本国土交通省観光庁，https://www.mlit.go.jp/kankocho/news01_ 000266.html。

④ "离境之前留下买路钱？日本拟收'观光促进税'"，http://news.eastday.com/w/20171116/u1ai11000786.html。

税"这一名称，突显这个税目是"促进旅游""有益于旅游"的大好事。可是，事实上对从日本离境、被征收费用的人来说，的确不是一个好消息。

尽管规定该费用征收的对象既包括离境的外国游客，也包括出国的日本人，但事实上离境的日本人仅占四成。按日本政府的目标，2020 年访日外国人数将达到 4000 万人，一旦征收"出境税"，日本预计将新增不止 400 亿日元的税收，因为这个统计数字尚未将日本人的出境人数统计在内。用"观光促进税"这个名称，框定了这是一个高大上的"缴费"行为，舒缓了人们对突然提出的增加缴费项目的抵触情绪，从而美化了新征的税目。

下面是一则幽默小故事：

员工："老板，我能不能不戴工牌？"

老板："为什么？"

员工："你们的工牌上都写着总经理、总监，我的工牌上写个清洁工，多难看。"

老板："要不给你写成优化大师？"

（《读者》2020 年 19 期 36 页）

将"清洁工"这一名词换成"优化大师"，将一个具体的工作岗位框架为工作内容模糊的大师，意在传递工作内容的高端、上档次。一个词语的更换，影响了别人对这份工作职务的理解，满足了个人的虚荣。

莱考夫分析认为，框架是塑造我们看待世界方式的心理结构。框架是看不到的东西，它属于"认知无意识的环节（cognitive unconscious）"（2013：1—3），是我们大脑里无意识的活动，只能根据其结果来认识的结构。人们通过语言来认识框架，所有字词的定义都与概念框架相关联，当听到一个词时，它的框架（或框架集合）就在你大脑里激活了（莱考夫，2013：11）。所以，语言形式框定了人们对语义的理解。弗洛伊德认为，语言是人类意识的基本工具，因而具有特别的力量。他曾经写道：话语通过潜在的框架，可以给别人带来极度的喜悦或最深的绝望；通过话语，老师将知识传授给学生；通过话语，演说家卷裹着听众与他同在，甚至主宰听众的判断和决定。话语唤起情绪，也常常是我们影响同伴的方式（迪尔茨，2016：2）。

第 4 节　语义概念的框架形成

正如上述分析，"框架"在言语双方的互动中，影响着话语接受一方的思维意识，全面指导着听话人的行为，甚至起到了关注点和方向性的引导作用。从这个意义上讲，框架与特定事件以及体验中所认知的情境有关，框架像它的字面含义那样，建立了环绕互动关系的边界和约束。

下面从词汇语义、语气、接续、小句等方面，探讨在对具体事件的体验、解释和回应方式上，语言框架的"标记"与指引作用。

一、词汇语义的框架

日语的"いま""もう""た"是表示现在、已经和动作结束的语义功能，可是，在日常会话中，又出现了如下的使用形式，我们分析一下。

> いま勉強中。
> いま帰ってきた。
> いま行く。

"いま勉強中"的"いま"是正在进行的状态，这是通常的用法。可是，"いま帰ってきた"中的动作已经结束，这里的"いま"是刚刚，是指主观上传递这个动作结束时间很近，就在刚刚。"いま行く"指还没有去，将要去，这里的"いま"是主观的心理准备。

> もう行った。
> もう行く。

"もう行った"是已经去了，这里的"もう"与过去是相呼应，是通常的用法。可是，"もう行く"是还没有去，却用了"もう"，这是主观上的意识先行的特征表现。

> よし、買った。（買い手が売り手に対して）
> 退いた！退いた！
> 探していた傘、こんなところにあった。
> お名前は何とおっしゃいましたっけ……

"た"的本意是过去、完了。当买方对卖方说"よし、買った"时，买的动作尚未发生，之所以用了"た"，是表明自己已经下了决心，做好要买的准备了。"退いた！退いた！"动作尚未进行时的一种催促，督促对方尽

快离开；安藤清志（1986：194）认为，这是自己的明确表示以及感情的传达。

"探していた傘、こんなところにあった"中的"た"，是找到伞后，对伞的状态做出的判断。"お名前は何とおっしゃいましたっけ"中的"た"是要再一次确认对方名字的提示（庵功雄，2001：72—73）。

这些表达，都是说话人在事态之中根据具体体验做出的对时间、场景状态的主观性的心理意识的传递。

再看下面的例子。

日本原地方创生大臣三本幸三在 2017 年 11 月 23 日举办的"三原朝彦自民党政经论坛"上致辞，就三原朝彦多年来一直从事与非洲的交流，说了一句"何であんな黒いのが好きなんだ"（不知为什么，竟那么喜欢黑东西）之后，引起了媒体极大关注。后来，三本幸三通过事务所向采访的《读卖新闻》解释说"人種差別の意図は全くない"（我完全没有人种差别的意识）[①]。

之所以导致这种情况，就是因为他的话语中使用了"黒い"这个词，"黒いの"（黑东西）带有明显的歧视情绪，所以才引起外界关注。就黑人这个词的表达，有"黒人""ネグロイド""ニグロイド"等，现在多用"アフリカ系"。

词义包括概念、事物及意义，在句子中不一定仅仅表现出客观意义，有时还嵌入一定的主观意义。于是，词义从指涉事物本质转为表达说话人在语境中对所言谈事物持有的观点或态度（Traugott，1989；Traugott and Dasher，2002）。

日语中"コソアド"的使用，一般来说是与话语双方的位置密切相关的。我们会认为距离说话人近的地方，用"コ"系，如"ここ""これ""この"，听话人附近的用"ソ"系，如"そこ""それ""その"等。分析下面这组对话：

患者：痛いですね、背中が痛い……
医生：（患者の背中を押さえながら）ここですか。
患者：そこ、そこ。

---

① "社説［政治家の差別的発言］人権意識の欠如あらわ"，『毎日新聞』，https://mainichi.jp/senkyo/articles/20190522/k00/00m/010/211000c。

疼痛的后背是患者身上的部位，医生却使用了"ここ"，患者自己用了"そこ"，其原因是后背不在患者自己的视野范围之内，是医生视野或控制的领域内。所以，这里的"ここ""そこ"所框定出的语义是会话双方视野领域内与外的区别。

> 甲のほうが乙よりもましだ。
> 甲のほうが乙よりもいい。

两个句子都表达了甲在某些方面优于乙。其中"ましだ"所框定的是"甲和乙都不理想，只是相对于乙来说，甲还凑合，稍好些"，"少しでもあれば、ないよりましだ（哪怕只有一点点儿，总比没有要好）"；而"いい"则没有这样的预设框架，只是单纯的甲和乙的比较，"比起乙来，甲还可以"。

> 新聞記者がマンションから出て来た女優を写真に取った。
> 新聞記者が女優がマンションから出て来たところを写真に取った。

这是两个拍摄场面，区别在于，第一个句子拍摄的对象是"女優"，而第二个句子拍摄的是女演员从公寓里走出来的状况"ところ"，两个不同的词语，传递出说话人所关注的不同的焦点。

> 子供が流れてきた浮き草をすくい上げた。
> 子供が浮き草が流れてきたところをすくい上げた。

这两个句子同样框定出不同的语义概念，一个是孩子们捞出了漂过来的浮萍，另一个是孩子们在浮萍漂过来的瞬间捞了起来，两句话映现出话语人观测问题的视点和关注点的不同。

> 銀行ローンの返済が40％済んでいる。
> 銀行ローンの返済が60％残っている。

如果仅从这两个句子表面来分析，"银行贷款已还了40％"和"银行贷款还剩60％"，其实际意义应该是一样的。可是，作为说话人，第一句将银行的贷款未还的部分作为背景，而将已还的部分作为突显的"图形"或前景化。而第二句将银行的贷款已还的部分作为背景，而将未还的部分作为突显的"图形"或前景化。第一句突显的是已还的贷款，第二句突显的是未还的贷款，这是发话人概念化的过程在概念上的体现（张继文，2016）。

　　所以，我们认为，如果我们只是孤立地分析一个句子，有时候是不能够或不完全能够得出语句的真正含义的。认知语言学认为"意义并不与外部世界'直接相联'，大部分情况下，它是主观的、情态的、动态的""语义是概念化的，它依赖于心理过程的模式与内容"（束定芳，2008：25）。

二、语法构式与概念框架

　　Talmy（2017：3）认为"语法决定语言这个认知系统中的概念结构"，"句中语法成分构建框架"，而且"语法概念为认知语言系统中的概念组织提供了基本图式"。关于构式，在认知语言学界被认为是一种"语法形式与意义的结合体"（pairings of grammatical form and the corresponding meaning）（Croft，2001）或是一种"形式与功能的结合体"（pairing of form and functions）（Kay and Fillmore，1999）。

　　下面，我们就"AをBとする"和"AをBにする"这两个句式结构进行分析。这两个句式，分别可以理解为"把……作为……"和"把……变成……"。通过例句，我们来分析其具体应用。

　　人生をゲームだと思っている人がいる一方で、人生を戦いとしている人間もいる。
　　これは大阪を舞台にして書き上げられた小説である。

　　"AをBとする"句式，所框定概念是将本来不是B（"戦い"）的A（"人生"）暂时作为B（"人生"）来用。因此，它表示暂时的、表面的变化。而"AをBにする"句式，与"AをBとする"句式不同，它表示把A（"大阪"）改造成B（"舞台"），因此它所表示的是永久的、本质的变化。

　　同样，框架模式可以用来理解下面的句子。

　　その部屋を物置とした。
　　その部屋を物置にした。
　　図書館を教室として一週間勉強した。
　　教室が足りないので、図書館をも教室にした。

第一句与第二句表达的都是"把那间房屋当作仓库"。第一句是临时性的储物，房间使用的性质没有改变；第二句是将那间房子的使用性质从根本上改变为库房；第三句把图书馆当作教室，这种使用性质是临时性的；而第四句则是把图书馆改造成教室，房间使用性质发生了根本改变。

日语中诸如"になる"与"となる"，以及"なる"与"する"等表达形式很多。"になる""となる"虽然二者译为汉语都是"成为"，区别却在句式表现形式的语义框定上，"に"激活的是"对象、结果"这一概念，突出演变后的结果；"となる"激活的是"内容、过程"这一概念，突出强调的是演变的过程。"なる"和"する"都表示变化，事物从某一情况变化为另外一种情况，两者的根本区别在于"なる"是自动词，发生变化的主体为主语或主题，并着重于其自然的变化，是一种客观事态的描述；"する"是他动词，发生变化的是宾语，并强调由于主语或主体的意向或动作使之发生了变化，是一种主观行为的结果。

池上嘉彦（1988：249—256）曾论述了"する"特性的动词和"なる"特性的动词，即日语的他动词、自动词。汉语显然有及物动词和不及物动词之分，但却没有自动词和他动词的分类，可是，我们从日语句子的表面结构，能够理解到已经限制的语义，同时，自动词和他动词的句子分别体现出说话人所关注的变化焦点之所在。

如果作为变化的个体失去其独立性的话，那么，这个变化的个体就会被埋没在整体之中，人们所关注的方向将转向个体在整体事件中的变化状态。如果作为变化的个体拥有其明确的独立性的话，我们的注意力将转向个体的具体、详细的变化状态。为此，"する"特性的动词即他动词对应着以个体为中心的语义表达，"なる"特性的动词即自动词对应着以整体为中心的语义陈述。如：

りんごが赤くなった。
りんごを食べた。

用"なる"特性的动词时，说话者并不在乎动作主体的意向如何，句子的重点在于描写事物"りんご"（苹果）的变化；而用"する"特性的动词时，句子的重点在于动作主体或其动作"食べた"，并加入了动作主体的意向。

我们汉语里常说"比兄弟还兄弟""比女人还女人"这种"比 N 还 N"的构式，它们在日语中也大量的存在着，例如：

　　神木隆之介、女性より女らしい？ 『君の名は。』 の演技に
感服①。
　　日本人の酒造職人より匠の精神に満ちた酒造職人②。

　　这两个句子可以翻译为"神木隆之介比女人还女人，《你的名字》之演技令人佩服""比日本酿酒师还具有匠人精神的酿酒师"。这个构式的概念信息已超出普通"比较"句式形式表面所承载的信息量。沈家煊（2001）认为它"增加了语法结构以外的新信息，表明说话人的评价色彩，表示的是元语增量，增强信息度"。前后两个 N 同形，但所属范畴不同，这是同一认知模型中的一个范畴被用来代替另一个范畴。用一个范畴去激活、替换另一个范畴，这样后者就得到了突出。不同认知域中，一个突显事物代替另一事物。一个概念、一件事物有很多属性，人的认知注意更多的是其最突出的、最容易记忆和理解的属性，即突显性（赵艳芳，2001：115—116）。这种"比 N 还 N"的构式，将 N 的特性更加突显出米。

三、句子语序的变化与语义框定

　　语序的位置调整、肯定与否定、正向与反向、积极与消极的词语变化，同样框定着不同的概念语义的传递。

　　田中さんの言葉づかいは丁寧だけれど、声が小さいですね。
　　田中さんの声は小さいけれど、言葉づかいが丁寧ですね。

　　在第一句里，将"丁寧"放在前，将"声が小さい"放在后，引起人们对其声音小的重视，忽略了田中话语礼貌客气的长处；而第二句正好相反，忽略其声音小的不足，突显出其话语礼貌客气的长处。

　　この部屋は明るいけれど、ちょっと狭いですね。
　　この部屋はちょっと狭いけれど、明るくていいですね。

---

　　① "神木隆之介、女性より女らしい？（上白石萌音、性別を超えた演技に感服）"，https://www. cinematoday. jp/news/N0084357。
　　② "日本人職人より職人らしい中国人酒造職人"，人民網日本語版，http://j. people. com. cn/n3/2017/0627/c94473－9233786. html。

第一句话将明亮作为背景，而"狭い"则是突显的图形；第二句话则是将"狭い"作为背景，将明亮置于突显的位置。

今度の旅行、目的地はよかったけれど強行で疲れましたね。

今度の旅行、少々疲れましたが、よい所へ行けてよかったですね。

在肯定与否定、正向与反向、积极与消极等词语相对比表现时，位置位于后面的词语的语义被彰显，而前面的词语则容易被背景化。

从日语与汉语的对比来看，汉语主要是由词与词之间的顺序来体现其语法关系，语序较为固定，而日语则是通过格助词来体现其语法关系，语序比较自由，允许一些成分的位置移动。

四、主体性的语义框架

日本语言哲学家松永澄夫（2008：2—39）说过：语言是意义的世界，语言承载着意义，意义的世界是一个价值的世界，没有携带价值与评价的语言是不存在的。这种价值与评价就是人们的主体意识性的反映，是人们对客观事物的认识通过语言形式的体现。受话人通过语言形式进而形成对客观事物的认识。所以，语言形式在传递意义的同时，也框定了语义。

下面以形容词为例进行分析。

"良い""悪い""上手""下手""美味しい""粗悪"这些形容词，可以被视为评价语，因为是好是坏，是出色还是笨拙，是好吃还是不好的，这些评价都与发话人个体有关。再如，介绍街道的"繁華街""裏通り"这些词语也是如此。一般来说，语言表达中的词语并不是固定的，常伴有某种评价。与"价值"相呼应的是"事实"，词语的本身承载着意义，指向事实的同时，也传递着某种评价。

北原保雄（2010：50—88）讨论了形容词的客观性问题，认为形容词是从主观认识出发，对独立存在的外界事物的性质、状态进行描述。形容词的主观性体现在既能表现主体，也能表现客体。其中，主体的主观性是主观的直接表现，客体的主观表现既表现了主体的主观，又表现了主体以外的动作发出人（第二、第三人称动作人）的主观。日语的形容词与汉语的形容词比较对照的结果显示，日语容易感情移入，而汉语则是相对比较客观、冷静。日语是以体验式的语言表现形式为特征（徐一平，2009：214—233）。

尽管形容词不是评价语，但形容词多带有评价的倾向，映现了人们所注目的状态、关注的时机以及关注点。

"暑い""蒸し暑い""暑苦しい"都表达了令人不舒服的热，而"暑い"就是一般的热；"蒸し暑い"是不仅温度高，湿度也高；"暑苦しい"是温度高，又被热气包围着。

再如"素晴らしい""上等""かなり良い""みすぼらしい"都是对事物状态或性质的描述，映现了说话人的主体意识性，构筑了微妙的语义框架，框定了人们对客观事物的认知。

很多形容词具有正反成对的表现。如"大きい"与"小さい"、"固い"与"軟らかい"、"明るい"与"暗い"、"広い"与"狭い"、"早い"与"遅い"、"速い"与"遅い"、"高い"与"低い"，形容词的语义对立性与人们的体验相关联，在具体场合转化为正反评价。"赤い""青い""黄色い"等是鲜艳、引人注目的颜色，又与淡雅、温和的颜色形成对比。

正反对立语义的形容词，是在描述客观事物状态的同时，与评价相连接的，词语的评价并不是固定和一成不变的。就"大きい"来讲，既有褒义又有贬义。我们应该确认的是，用词语所表达的语义，并不仅停留在对客观事物的描写上，同时也表明对描写对象做出评价。形容词不是评价语，但在具体的场面，词语的使用自然地附带上了评价功能。

名词也具有评价倾向，如"麗人""上質紙"，汉语中的"金领""白领""灰领"等也是如此。

副词同样映现出发话人的主体性，形成语义框架。如"あっさり""淡泊""さっぱり"三个词，其共同之处在于指味道清淡而不腻，如：

あっさりした料理が食べたい。
白身の魚は淡泊な味のものが多い。
夏はさっぱりした味のものが好まれる。

"あっさり"是副词，指味道清淡的；"淡泊"是形容动词，指味道、颜色和感觉都很平淡，"淡泊"也可指人的性格、态度，如"先生はお金や地位に淡泊だ"；"さっぱり"是副词，指清爽、不油腻。

词语构筑语义框架，可以引起人们注意，对句子、语段乃至文章整体意义予以引导，并对事物起评价作用。于是，听话人在发话人的框架之内，发出了"素晴らしいです""そうだ""そうかな"等话语，在语义理解之际，不知不觉中接收了评价的意义框定。

日常生活中有"よく寝たな""私、まだ眠い"，其中，"よく"是评价，"まだ"表示不充分；若称"寝たりないわ""寝不足だ"，则评价更明确。

表量构式也是如此。表量构式的首要功能是表量，即表示一定的数量单位，如一本书、一群羊等。此外，表量构式还蕴含着一定的情感，如"一尊佛像"与"一座佛像"、"一窝土匪"与"一群土匪"在情感上就有着明显的区别。我们可以说"一位英雄"，但不会说"一位土匪"。实际上，特定的表量构式可以直接参与人类情感的表达，对人类情感事件进行临摹或概念化，成为人类情感的标志和象征。

我们还可以通过"一丝爱意""一团和气""一线生机""一片希望""一份爱心"等来传递无形的情感，如深厚、大小、浓淡、温柔、憎恶等，将本来看不见的情感通过可视的物化，即"丝""团""线""片""份"等的形式体现出来。量词的使用与选择在体现话语人的主体性的同时，作为表达这一概念的隐喻过程，也是发话人的主体意识性的体现。

语言在表达情感的同时，也能诱发、唤起人们的情感。"枯藤老树昏鸦""古道西风瘦马"，这是刻画人在天涯的秋愁，抒发了"断肠人在天涯"的情感，作为读者，能够引发共情，同时，又能激发各自不同的情感。不一定都是秋天的旅途，可能是生意、事业的受阻、情感的不如意，或漂泊或艰辛。

五、体谅、顾忌的语义框架

日语中的"配慮表現"，是一种顾及对方内心思考，避免给对方造成困惑、压力以及避免给对方带来不愉快感觉的语言表现形式。这种表现形式，是发话人主体意识性的表现，在汉语以及其他语言中都是存在的。这种顾忌与体谅镶嵌在语言形式里，形成语义传达过程中的概念框架。

山冈政纪（2010：140）认为话语中一般会顾及对方体验，有意识地使对方负担最小化，尽可能使对方的利益最大化。他对于"配慮表現"给出了定义："配慮表現とは対人コミュニケーションにおいて、相手との対人関係をなるべく良好に保つことに配慮して用いられる言語表現。"（山冈政纪，2010：143）

日语中的"待遇表現"，在《广辞苑》（第五版）被定义为："話題の人物に対する話し手の尊敬・親愛・軽侮などの態度意を表す言語表現。"敬语表现，也是对人际关系以及顾及对方感受的一种主体意识的概念框定。日语的敬语分为"尊敬語（尊敬语）""謙讓語Ⅰ（自谦语Ⅰ）""謙讓語Ⅱ/丁重語（自谦语Ⅱ/郑重语）""丁寧語（礼貌语）""美化語（美化语）"五种形式。"尊敬語"是对主体人物的尊敬，并使之处于优势之位；"謙讓語Ⅰ"所体现的是话语中的动作客体要比动作的主体处于受尊敬的优势之位；"謙讓語Ⅱ"所体现的是听者比说话人处于优势，受到郑重对待；"丁寧語"表达听者比说话的人处于优势地位；"美化語"表示对说话的对方或文章的读者表示礼貌。关于日语敬语将在第十二章具体论述。日语的敬语，不仅是为了表达话语人之间的尊卑、亲疏人际关系，而且还是为了顾忌对方的感受和体验的不失礼貌的客气表达。

　　不仅是敬语表现如此，山岡政紀（2004：17—39）还曾就如下的顾忌表现进行了分析：

　　　　部長にはちょっと分からないと思いますが…
　　　　いい話かもしれないけど、納得できないね。
　　　　先生、明日は、休ませていただきたいと思います。
　　　　お返事いただければ幸いでございます。

　　第一句为了不伤及对方的自尊，缓和摩擦，使用了"ちょっと"。第二句用了"かもしれない"，这里是为了不损伤对方情面而做出的缓解，尽管不接受对方的主张，但是承认对方的见解、主张是很不错的，也是顾及对方的语言表达。第三句用了"と思う"，表明是"我"个人的想法，即"拥有审批权限的是老师，请假仅是我个人的想法而已"。第四句是委托依赖的条件句式表达，避开直接请求，而通过"我"自己希望获利的表现缓解给予对方的压力，尽管您（对方）不做出回复，也不至于产生负担。

　　　　明日のシンポジウムに参加させていただいてよろしいでしょうか。
　　　　ええ、ぜひご参加ください。

　　答应对方请求，同意其参加会议。这对自己不仅不是负担，反而是一种对自己有利的事，让对方安心。

　　　　しかし、これは絶対口外されると困るのです。
　　　　しかし、これは絶対口外していただいては困るのです。

　　这两个句子，都是担心对方说漏嘴。第一个句子是指如果说漏嘴，

（你）会给（我）带来麻烦；第二个句子，通过使用授受补助动词"いただく"，将你的"口外す"这一动作转换为"我"的获利表现，虽然是获利，但是这会让"我"为难。这更是日语所喜好的表现方式。

> 部長には、中国の名勝へ案内してあげます。
> 部長には、中国の名勝へご案内いたします。
> 部長には、中国の名勝へご案内させていただきます。

这三个句子表达的都是给部长做导游介绍中国名胜场所。第一句所表达的语义框架是"我特意给对方益处"。这样的表达，对接受方来说，反而成为了负担，这不是日语语境中所喜好的表现形式。第二句是"我为对方服务，对方处于受尊敬的优势"；第三句是自己受益的使役表现，"给你服务，我自己获益更大，对于所受到的这种恩惠，我是要报答的，至少要表示感谢的"，这句表达向对方传递了这样的意思。

> 宴会に行きますか。
> 行けないのです。

在表达拒绝参加宴会时，用了"行けないのです"而不是"行かない"，将不能参加宴会的责任转嫁到客观状况上，而非自己的原因。

> つまらないものですが、ご笑納ください。
> お忙しい中、わざわざお越しいただき、ありがとうございます。
> どうぞ、ご遠慮なくおっしゃってください。
> 勝手のお願いですが…

第一句，在给别人礼物时，告诉对方，这是"つまらないもの"，对自己来说没有任何负担，所以请对方不用在意，避免造成对方的负担。第二句话，来宾百忙中专程前来，给予了极大的重视，也付出了辛苦，所以，发话方表达的是对受益的感谢。第三句告诉对方可以随意轻松地讲出想要表达的内容。第四句寻求别人帮助时，既提出了自己的希望，又避免了给对方带来负担，所以用了"勝手"来缓解给对方造成的压力，包含"你完全可以不用答应我过分的请求"之意。

第 5 节 小结

在认知语言学中,意义被视为与语言表达相关的概念化(Langacker,2016:4)。语言是人们对客观世界认识的反映。但语言意义与现实世界未必存在着一一对应的关系。语言表达、语言结构的选择,是现实世界或现实事件经过人们的认知,在语言世界里折射的结果,是人们对世界认知、语义概念化的结果,映现了人们的思维意识对客观世界的把握的主观性(张继文,2016:1—7)。

认知语言学认为,语义结构是概念结构的语言形式,是人们赋予语言的表达意义(李福印,2008:79)。不同的语言结构对应着不同的语义表达,不同的语义必然用不同的语法结构来表达,语法结构以及语言形式与现实世界同样未必存在着一一对应的关系(石毓智,2017:75)。

框架语义学认为词语、语法、结构、句子乃全篇章激活人们头脑中的概念系统、经验空间或认知结构,形成一种框架概念结构,成为人们语义理解的概念背景或基础。这种框架或概念结构引领人们的注意,影响着人们对事件的解释,框定了话语接收人的思维意识,全面指引着听话人的行为。语言形式传递意义的同时,也形成了语义框定。框架语义学对于汉日对比分析、日语语言分析具有积极意义,它有助于从词语、语法、结构等角度出发,透过语言形式的表面,把握这种关联形式所激活概念结构的深层内涵,进而达到对日语语义的深入理解。

第十章 概念框定、换框与语义传达

黛玉到了贾府，贾母问黛玉念何书，黛玉回答"只刚念了'四书'"，黛玉又问"姊妹们读何书？"，贾母不屑地说："读的是什么书，不过是认得两个字，不是睁眼的瞎子罢了。"

宝玉进来后，走向黛玉身旁坐下，问"妹妹可曾读书"，黛玉道："不曾读，只上了一年学，些须认得几个字。"

——《红楼梦》第三回

刘姥姥第二次进大观园，一改贾府上下"老祖宗""老太太""老佛爷"等对贾母的称呼，称呼贾母为"老寿星"。刘姥姥与老太太交流甚欢，深受贾母喜爱。

——《红楼梦》第三十九回场景

概念框架是人们接收到某些信息，特别是语言信息时，人们理解或解读这些信息时的某些框定与架构。这些框定是一种概念系统，来自经验空间或认知结构，表达个人或言语社团总结出来的经验，并集中体现在具体的语言表达式上（Fillmore, 1975）。Fillmore（1982）把框架看作一种认知结构方式，认为它是一种与某些经常重复发生的情景相关的知识和观念，是纯语言知识和概念知识之间的一个接面（interface）。

莱考夫（2013：112）认为，人们会从框架的角度去思考，框架即概念性结构，或者说，框架是语义理解的概念背景。框架用来表述语言和经验、语言和知识结构之间的关系。一个语词的知识结构（框架）就是理解该语词时激发（evoke）的概念知识（程琪龙，2006）。和其他认知语言学的理论模式一样，它重视使用中的语言，重视语义、语形、语言符号的关系，重视涉身经验与概念语义的关系。

框架语义是一种理解语义，认为语言交际中，仅用抽象的词典语义无法完成言语的理解，受话者必须通过语义框架来理解言语。理解话语的语义框架就是一组丰富的百科知识（Fillmore, 1982：134；1985：233）。一个词语的框架语义，是人们在对该词语所指对象的典型特征基础上产生自然联想而构建的，是词语概念意义的外围意义。例如，"母亲"的框架语义包括善良、慈祥、慈爱、伟大、可亲、无私奉献、关爱子女等。

程琪龙（2006：92）认为概念框架具有整体性，其核心表现为信息的输入会激活整个概念框架。莱考夫（2013：112）认为，框架或说概念性结构通过语言形式及相关信息制约着语义的传递、接受与理解，概念结构与语义是不可分割的部分。

框架既与语言表现形式密切相关，又与话语意义密切相关。词语、句子结构都对概念起着框定作用。在具体的话语场景下，运用某一词语就会激活一个相应的框架，选定不同的句式结构，就会激活影响事件概念的不同的概念框架。

在实际语言运用中，框架不是恒定不变的。它会随着场景的变化、话语的展开、不同词语的使用相应地发生变化。这就是所谓的框架转换（frame shifting）。朱永生将名词"（re）frame"译为"（重构）框架"，而把动词"（re）frame"译为"（重新）框定"（朱永生，2005）。框定（framing）就是运用符合自身思维意识或经过概念化过程所形成的语言，进行会话交流或对事态进行描述。重新框定（reframing）就是通过包括词语、句法结构在内的语言形式的变换，改变对方或他人看待世界的方式。莱考夫通过分析美国总选举时的政治话语，提出重新确立框架，应该利用自己真心相信的、传达自己真实道德价值观的框架来进行沟通。它重视使用中的语言，重视语义与语言形式的关系（莱考夫，2013：155）。

为了理解话语中的词、句的意义，概念结构就如同舞美的灯光设计师，控制着光线的明暗，调整着色彩的浓淡。概念结构通过词语的使用、语序的变更，在语言、言语的使用中提供了背景和动因，限制着人们对语义的理解。认知语言学视角下的框架是指在概念层面表征的程式化经验模式。语言使用者在操作过程中直接提取词语、短语所附带的积极或消极的意义标签，激活头脑中所对应的框架，形成对词汇意义的基本价值判断（梅德明，2017：285）。框架语义学贯穿词汇、句法、语法、语篇等方方面面，与构词式、语法选择、句子结构密切相关。

回到本章开头《红楼梦》中的两个事例。当贾母问黛玉念何书时，黛玉回答"只刚念了'四书'"，黛玉又问"姊妹们读何书？"，贾母不屑地说："读的是什么书，不过识得两个字，不是睁眼的瞎子罢了。"黛玉发现自己的回答与贾母的观点相左，于是马上进行了如下框架调整。

宝玉走向黛玉身旁坐下，问"妹妹可曾读书"，黛玉回答说，"不曾读，只上了一年学，些须认得几个字"。黛玉到了一个陌生的环境，通过概念框架的调整，将自己与姐妹的读书的水平拉齐，甚至自己还低于姐妹们，这样，为自己在贾府创造了较为理想的人际环境。

再如，《红楼梦》第三十九回，描写了刘姥姥第二次进大观园。一是为了感谢第一次的资助，二是为了寻求更大的资助，脱贫致富。她是一位来自乡下农村的贫困老婆婆，虽然没见过世面，但是刘姥姥谙于世故，知道用语言、幽默去讨好贾府的人们，让人们开心，特别是要赢得贾母的欢心。这次，终于见到了贾母，她一改贾府上下"老祖宗""老太太""老佛爷"等对贾母的称呼，亲切地称呼贾母"老寿星"，一下子切合了贾母的心思，贾母高兴地还了刘姥姥"老亲家"的称呼。

这也是一个概念重新框定的过程。贾府，皇亲国戚，富可敌国。贾母，在贾府是至高无上的统治者。"老祖宗""老太太""老佛爷"突显的是贾母的辈分、地位以及亲情关系。刘姥姥揣摩贾母不愁吃穿，最大的心愿应该就是希望自己长命百岁了，"寿星"本为星名，为福、禄、寿三星之一，即南极星，后来"寿星"演变成仙人名称，鹤发童颜，面目慈祥，所以将长寿的老人称之为"老寿星"。这一概念的重新框定，一下子切合了贾母的心思，贾母高兴地还刘姥姥"老亲家"的称呼。就是一个称呼，便建立起了刘姥姥所期盼的亲戚关系。一高兴，贾母就领着刘姥姥畅游大观园，给了刘姥姥一车的好东西和 108 两银子，刘姥姥满载而归。从此，刘姥姥一家过上了小康人家的生活。

可见，概念框架与重新框定是调整话语交流、人际交际效果的重要语言策略与手段。从语义框定与重新框定的视角出发，通过日语语言形式的调整与改变，探讨语言的框架体验以及概念结构的认知特征，深层把握语言形式背后的主观性，进而形成的人际语义交流与语言形式的契合，达到语义传递与语义接收的高度一致性，这是本章接下来研究的目的之所在。

第 1 节　语言的框架体验

根据梅德明（2017：285）在《语言学与应用语言学百科全书》中给出的定义，认知语言学视角下的语义框架是指在概念层面表征的程式化经验，是语言使用者在操作过程中直接提取词语、短语所附带的积极或消极的意义标签，它能让语言使用者激活头脑中所对应的框架，形成对词汇意义的基本价值判断。Fillmore 和 Charles（1976：20—32）认为可以通过描述语言使用者的认知框架与互动框架，理解个体如何认识环境、处理信息、理解他人信息以及构造内在语言机制等问题。"框架使词语意义结构化,而词语则唤醒框架"(Fillmore,1982:111—137)。框架语义学贯穿词汇、句法、语法、语篇等方方面面,与构词式、语法选择、句子结构密切相关。

我们分析下面的例句:

> 今天天气晴朗,但是明天会下雨。
> 今天天气晴朗,明天会下雨。
> 今天天气晴朗,尽管明天会下雨。

(罗伯特,2016:013)

三个例句都描述了一个基本事实,不同的是:第一句话会让我们更多地关注明天会下雨,而忽略今天天气晴朗的事实;第二句同等强调两个事件;第三句会让我们注意前一阐述——今天天气晴朗,而把后一陈述放到背景中。

再看下面的例句。

> 收到定金2万元。
> 收到订金2万元。

在日常生活所签订的买卖合同中,经常会遇到这一情况,"定金"与"订金"到底有什么区别?

"定金"的背景体验是合同的"确定"和"保障",也可以说定金是签订合同的一方预先付给对方的保证金。而"订金"是订立合同价款的一部分,或者叫预付款。在采用"定金"的情况下,按照《中华人民共和国民法典》第五百八十七条规定,如果合同正常履行了,定金是可以收回或者抵为价款的。但是如果交付定金一方违约,定金是无权要求返还的。反之,如果收受定金一方违约,那么,交付定金的一方则可以要求返还双倍的定金。在采用"订金"的情况下,如果正常履行了合同,订金会作为价款的一部分;但是如果合同不能正常履行的话,不管是出于哪一方的原因,订金都是要原数返回的。

"定金"与"订金"一字之差,为不同的概念设立了框架,产生了不同的法律后果。不同的语义框架,描述着完全不同的身体体验和产生着完全不同的语义效果。

上面这两组例句在描绘和表达我们体验的同时,也为话语接收者的体验设立了框架，并引导人们将关注的视点或领略的体验置于某个显著的位置，将其他留在背景中，以此来形成概念的框架结构。

最早的框架语义学是一种关于认知词汇语义学的研究方法。其基本观点是，一个词可以激活与其具体概念相连的语义知识框架（梅德明，2017：285）。就词语来看，动词、名词、形容词都能激活不同的框架体验。

一、动词激活的框架体验

动词不仅可以将句子的核心成分组合起来，而且在很大程度上决定了句子的意思。一个动词不仅仅是一个用于指称动作或状态的词，它同时又是该句子的基础，它为该句子，也为其他的句子成分提供了一个基本框架。

我们看下面动词的句子：

空気を読む。
腹を読む。

这两个句子中的"読む"，与汉语歌词"读你千遍也不厌倦"中的"读"是完全相同的。第一句是具体场景下的情况把握、察言观色；第二句是揣测对方的心理。通过"読む"这个动词，无论是汉语还是日语，都激活了"空气""腹""你"等阅读对象是"书"或文字读物这一概念。

心を奪われる。
心を移す。
心に浮かぶ。
心にかける。
心に留める。
心が躍る。
心が弾む。

"心"除生理学或解剖学意义上的具体含义外，多指人们的思想、感情和心理活动。"心"是抽象的、模糊不清的概念。通过上述系列动词，激活了"心"是有形之物这一概念框架。"心を奪われる""心を移す"表明"心"是有形之物，是可以夺取、可以移动的；"心に浮かぶ""心にかける""心に留める"中的"浮かぶ""かける""留める"表明"心"是一个空间，可以"在心里浮现""挂记在心""牢记在心"；"心が躍る""心が弾む"中的

"躍る""弾む"，表明"心"是一个有弹性的、跳动的物体。

> 声を呑む。
> 恨みを呑む。

本来"声"只可以听到，但不能看到，在这里通过"呑む"框定出了"声"是一个可以喝下去、吞下去的东西，这个东西是个物体，能看到，喻指感动、吃惊、无言以表。"恨み"同样是看不到的、无形的，但是，在这里通过动词，框定出"恨み"是可见的、能吞下去的东西。

通过动词，可以激活概念结构，将无形的物体可视化，这是建立在认知层面的框架激活与意义表述（张继文，2010：10—14）。

汉语动词没有词尾变化，而日语动词词尾变化丰富。动词的词尾变化在形成和表述新的语义的同时，同样能激活概念框架体验。

我们分析下面的句子：

> 前よりも太った。
> 前よりも太っている。
> 前よりも太っていた。
> 前よりも太ってきた。①

这几个句子，都可译成汉语"比以前胖了"，"太った""太っている""太ってきた""太っていた"这一类动词词尾变化，是在汉语中难以理解的地方。"太った"突显"发胖"这一结果的变化完结，"太っている"表现的是"发胖"这一变化状态的持续，"太っていた"强调"发胖"这一变化结果的形成过程，"太ってきた"表明到现在"发胖"这一变化倾向的持续。

二、名词的框架体验

分析下面几首短歌：

> 時雨つつ もみづるよりも 言の葉の 心の秋に あふぞわびしき
> 　　　　　　　　　（『古今和歌集』820 読人知らず）

---

① 最常见的十大日语错误表达方式，https://jp.hjenglish.com/new/p1088669/。

物思へば 心の春も しらぬ身に なにうぐひすの 告げにきつらむ
（『玉葉集』1842 右京大夫）

風吹けば 室の八島の 夕煙 心の空に 立ちにけるかな
（新『古今和歌集』1010 藤原惟成）

第一首的意思是：比起看到深秋雨后的褪色枫叶，我更感受到你话语中流露出的是秋天的凉意，让我伤心、让我痛苦。"心の秋"，心是萧瑟的秋，名词"秋"激活了"凄凉""萧瑟"的概念结构。第二首的意思是：痛苦中，我的内心早已不再是春季，报春的黄莺啊，你来干什么？其中的"心の春"激活的是"春天的希望、莺歌燕舞、绚丽心情"。第三首的意思是：对你热切地思恋，是晚风吹拂的室八岛上的夕烟，升腾在我心间。"心の空"中的"空"喻指"心"，将"心"框定为天空，喻指思绪起伏、心情不定（张继文，2010：10—14）。

再如，日语中的"血の涙""心の月""心の池""心の闇""心の水""心の錠"等表述，都是名词起语义框定的作用。

三、形容词的框定体验

形容词的客观性表现是从主观认识出发，对独立存在的外界事物的性质、状态进行描述。北原保雄（2010：50—88）认为，形容词的主观性既能表现主体也能表现客体。其中，主观的主体性表现只能表现主体的主观，主体性表现是主观的直接表现；主观的客体性表现既表现了主体的主观，又表现了主体以外的动作发出人如第二、第三人称动作人的主观。

今日は暑いですね。
今日は蒸し暑いですね。
今日は暑苦しいですね。

"暑い""蒸し暑い""暑苦しい"三个词，都表达了令人不舒服的天气，这个概念框定了人们对天气状况的判断。"暑い"就是一般的热；"蒸し暑い"是不仅温度高，湿度也高；"暑苦しい"是温度高，又被热气包围着。在同一天气状况下，不同的人由于各自感受不同，采用的语言形式和表达的语义也不相同。例如：

涼しいですね。
寒いですね。
暖かいですね。
暑いですね。

"涼しい""寒い""暖かい""暑い"框定了人们对天气状况的判断，在同一天气状况下，不同的人由于各自感受不同，采用的语言形式和表达的语义也不相同。

有一年的 1 月份，莫斯科一位会说日语的朋友来到了深圳。他穿着一件半袖，说"暖かいですね""快適ですね"；到了中午，他又说"暑いですね"。可是，那几天深圳气温很低，对于深圳人来说是"寒い"的天气了。对于在深圳居住的人，是把这几天与全年的气温进行对比以及结合这几天的身体的感受，形成了"寒い"的感觉；而俄罗斯朋友是把深圳的气温与莫斯科的气温相对比，自然是"暖かい""快適"的感觉了。所以，感受是因人而异的。如果离开现实世界，作为受话人，当听到"暖かいですね""快適ですね""涼しいですね""暑いですね"时，语言形式映现了话语接受者对现实世界的身体体验，语言形式自然框定了话语接受者对现实世界的认知结构。

再如"素晴らしい""上等""かなり良し""みすぼらしい"这些词都是对事物状态或性质的描述，不同的词语对事物好的状态做出了不同程度的判定。"口が軽い"（嘴不严）、"口が堅い"（嘴严）、"心細い"（心细）、"心高し"（心高）、"心強し"（意志坚强）、"弱々しい心"（柔弱之心）等表现，是通过触觉来体验感受心的特点，语言形式已经形成主观性的概念框架，进而对人的性格、特点做出了判断。

徐一平（2009：214—233）比较分析了日语与汉语中的形容词，认为日语容易感情移入，而汉语则是相对比较客观、冷静。日语以体验式的语言表现形式为特征，形容词同样传递出发话人的评价，如"心丈夫"（心强、心里有底）、"和やかな心"（柔和之心）中的"丈夫""和やか"；副词"すこし""わずか""とても""かなり""大勢""たくさん"都是发话人的主观性价值导向。说话人会在说出一段话的同时，表明自己的立场、态度和情感，从而在话语中留下自我的标记。李宇明（2000：111）指出："人们在对量进行表述时，往往会带有对量的主观评价，或认为这个量是'大量'，或认为这个量是'小量'。"这些都映现了说话人的主体意识性，附带有评价，构筑了微妙的语义框架，框定了人们对客观事实的认知。

一般来说，语言表达中的词语并不是固定的，常伴有某种评价，与"价值"相呼应的是"事实"在语言世界里的折射。词语本身承载着意义，指向事实的同时，也传递着某种评价。尽管形容词、形容动词、副词不是评价语，但都带有评价的倾向，映现了人们关注的状态、关注的时机和关注点。

四、副词的框定体验

副词是修饰、限制动词或形容词，表程度、范围的词语，用来表示对时间、范围、语气、否定、程度、情势、频率、方式、顺序、完成等的修饰和限定。副词同样起到了概念框定的作用。比如，仅仅、唯独、一定、必定、必然、都、全、再三、屡次、很、更、越、也、还、不、竟然、居然、刚、恰好、几乎、逐渐等，它们所映现的都是发话人的主观性概念框架。

> 出国旅行，我去过日本。
> 出国旅行，我只去过日本。

这两句话，都表达了"去过日本"这一客观事实，但是，第一句没有副词，只是客观陈述，而第二句加上了副词"只"，表达了对自己出国旅行的不满意，为还希望去更多的国家设置了概念框架。

> 到会场的听众有 50 人。
> 到会场的听众仅有 50 人。
> 到会场的听众竟有 50 人。

这三句话同样都陈述了"会场里有 50 人"这一客观现实。第一句没有副词出现，只是客观叙述；第二句加上了副词"仅"，"仅"传递了说话人对到会人数未达心理预期的不满；第三句加上了副词"竟"，"竟"带出参会人数超出说话人预期的语义。虽然副词的作用是修饰或限制性的，但是，副词依然能建立起了概念框架。

日语的副词很多，如：あまり/たいして/それほど、いっさい、一向に、必ずしも、ちっとも/少しも、全然、さっぱり、決して、べつに、なかなか、とても、絶対に、めったに、とうてい、まさか、ついに、まだ、よく、本当に等。日语的副词同样对语义起着主体性的概念框架功能。

お越しいただきまして、誠にありがとうございます。

わざわざお越しいただきまして、ありがとうございます。

せっかくお越しいただきましたのに留守をして申し訳ございません。

　　这三个句子，虽然语义有所区别，但是每个句子中的副词都为语义传达设定了不同的概念框架。第一个句子的"誠に"是发话人修饰对"光临"的感谢，表达了发话人的"由衷"和"真诚"；第二个句子的"わざわざ"和第三个句子的"せっかく"，这两个不同的副词都是对来宾"光临"的修饰，虽然这两个副词所表达的意义相近，有时可以替换使用，但是，其区别体现在说话人对这个事态的主观性的判断上，"わざわざ"是单独为了这件事特别做出的行为，是"故意、特意"的意思；"せっかく"是"好不容易、难得"的意思。不同的副词，突显了不同的语义框架。

　　下面以"ちょっと"为例，再进行分析。

ちょっと待ってください。

この辞書は一万ちょっとで買える。

　　在这两个句子中，"ちょっと"表示的是时间很短或数量、金额的一点点儿的意思。这是"ちょっと"的词语原意。山冈政纪（2010：165）认为，在语用场景下，有些时候"ちょっと"表达的并非词语的本意。分析下面的句子。

ちょっと面白い小説です。

「どこへ行くのですか。」「ちょっとそこまで」

「帰りに一杯飲みに行きませんか。」「今日は、ちょっと…」

　　第一个句子的"ちょっと"表示是"相当""颇"，表达程度。这里是对小说"有意思"的肯定，但不同于"かなり""とても"，含有自己对所做出判断的一些保留；第二句话是自己对所去目的地的含混处理；第三句话是表示拒绝时的委婉表达，从而达到顾及邀请人感受的目的。

ちょっと、お願いできますでしょうか。

いま、ちょっとよろしいでしょうか。

这两句话都是向别人求助、请别人帮忙时的委婉表达，委婉中包含歉意与感激。冈本佐贺子（2004：69—70）提出了关于"ちょっと"的六项语用功能：①依頼や希求、支持行為の負担を和らげる；②否定的内容の前置き；③断りを受けやすくする；④呼びかけ；⑤とがめ；⑥間つなぎ。"ちょっと"作为副词的语用功能，在具体语境、具体句子中就是一个框架。无论是舒缓给予对方的负担、压力，还是否定时的前置、拒绝的柔性化，或者是唤起注意、责备、语气衔接，其作用都不可小觑。

五、语法现象的框架体验

首先分析下面的例句：

> 彼はリンゴを二つ食べた。
> 彼はリンゴを二つも食べた。
> 彼はリンゴを二つしか食べなかった。

第一个句子描述的一个客观事实是"他吃了两个苹果"；第二个句子意为"他竟然吃了两个苹果"；第三个句子意为"他只吃了两个苹果"。"二つ食べた"是客观量的表现，与此相对应，又出现了"二つも食べた"和"二つしか食べなかった"两个主观量的表现形式。所谓主观量的表现，就是表示现实世界中量存在的同时，加入了主观的评价表现。往往主观量有形式标记，如句中的"も""しか～ない"，客观量没有形式标记，去掉主观量的语言标记后，一般便可表现为客观量。对于这种主观量的表现，彭广陆（2015：251—252）认为是取其大数量表现，还是取其小数量表现，完全取决于话语者所设定的参照值（前提）和现实值（现实）之间的关系。这种主观量的大与小就是一个概念框架。

再看下面的句子：

> 人生をゲームだと思っている人がいる一方で、人生を戦いとしている人間もいる。
> これは大阪を舞台にして書き上げられた小説である。

这两个句子是"AをBとする"和"AをBにする"句式的具体应用，可以分别理解为"把……作为……"和"把……变成……"。"AをBとする"所框定的概念是将本来不是B（"戦い"）的A（"人生"）暂时作为B（"戦い”）来用。因此，它表示暂时的、表面的变化；而"AをBにする"句式，与"AをBとする"句式不同，它表示把 A（"大阪"）改造成 B（"舞台"），所表示的是永久的、本质的变化。

　　会議がいま始まるところです。
　　いま、新聞を読んでいるところです。
　　ご飯を食べたところです。

　　三个句子中的"ところ"分别接续在动词原型、正在进行时"ている"、动词过去时"た"之后，分别形成了不同的框架，即"刚要""正在""刚结束"。三个句子语义因此发生了改变，分别可以理解为"会议现在马上就要开始""现在正在读报纸""刚刚吃过饭"。
　　再看下面的句子：

　　ご飯は食べたところです。
　　戦争は二年前に終わったばかりです。　　　　（目黑真实，2010：45）

　　这两个句子中的"たところ""たばかり"都是表示"刚刚"的意思，尽管如此，这两个词语同时也为两者的语义区别进行了概念框定。"たところ"表示动作结束后的场面；而"たばかり"虽然也表示"刚刚"，它表示前一个动作结束之后，没有经过多长时间，或已经相隔了很长一段时间，但说话人也可把这种情况认为是"刚刚"。第一个句子"刚吃完饭"，目黑真实（2010：45）解释为"通常是在饭桌前或餐厅前"，还在那个刚刚结束的现场；第二个句子"战争两年前刚刚结束"，说话人把已经经过两年的时间，认为是短暂的"刚刚"，所以用"たばかり"。

　　たとえ雨が降っても、行きます。
　　いくら辞書を引いても、分かりませんでした。

　　我们通过这两个句子来分析"たとえ～ても～"和"いくら～ても～"的语义区别。第一个句子"即使下雨，也去"，第二个句子"无论怎么查字典，还是不明白"。两者的区别在于"たとえ～ても～"是以未发生的事情为假定条件的逆接，而"いくら～ても～"是以已发生的事情为假定条件的逆接。这样来理解，两者的框架意义就清晰了。

框架语义学现在已由一开始的词位研究，逐步扩展到构式语法以及词法、句法和篇章不同层面的研究。

第 2 节　概念结构的框架转换

语言表达与话语交流，传递着发话人的体验与感受，同时，也为话语接收人设立了体验的概念框架，将不同的问题点置于显著位置。框架塑造着人们看待世界方式的心理结构。迪尔茨（2016：13）认为，无论表达什么内容，这种在语言里设置的框架和换框都会发生。

话语的框架会随着话语的展开而相应地进行调整，框架的这种变化，就是框架转换（frame shifting），或称换框。换框将体验更换成新的、不同的框架，将概念结构置于与之前所感知的不同的背景框架或情境中。

下面就是一则概念框架转换的例子。

<blockquote>

《法制日报》今起更名为《法治日报》①

法制日报 8 月 1 日消息，2020 年 8 月 1 日，在《法制日报》40 岁生日之际，经中央政法委员会、司法部同意，并报国家新闻出版署批准，《法制日报》更名为《法治日报》。

…………

2018 年 3 月 11 日，十三届全国人大一次会议表决通过宪法修正案，将宪法序言第七自然段中"健全社会主义法制"修改为"健全社会主义法治"。为使报名更加准确体现中央精神，鲜明体现宣传社会主义法治的特色和优势，在创刊 40 周年之际，《法制日报》更名为《法治日报》。

</blockquote>

从"法制"到"法治"的改变，这是一个发展的历程。我们知道，法制指一个国家的法律及其法令准则，属于制度的范畴；而法治却侧重一个国家处于依法治理的一种状况，是在法、法律制度及司法系统健全情况下的治国理论、治国原则和方法。法制是法治的基础和前提条件，法治是法制的立足点和归宿。我国现在建立健全的是现代意义上的依法治国的法治国家。一个词语的改变，不仅仅是词语表面形式的变化，而且是对概念的重新框定，

---

① 《〈法制日报〉今起更名为〈法治日报〉》，2020，搜狐网，https://www.sohu.com/a/410874697_260616。

改变了其所表达的意义。

莱考夫（2013：112）认为，框定（framing）是运用符合自身世界观的语言；重新框定（reframing）的目的是改变公众看待世界的方式。

重新框定体现在以下三个方面。

一、改变框架大小与视点

图 10-1 中，第一幅图并没有太多的含义，它只是一条"鱼"；当框架扩展出第二幅图，我们看到了不同的情景，第一条鱼是将要被大鱼吞掉的小鱼，这是第一幅图所没有反映出的危险意识；第三幅画是将视角再进行延展，图画中第二条鱼也将被跟后面更大的鱼吞掉，可谓是"螳螂捕蝉，黄雀在后"。三幅图展现了我们的视野逐渐拓展的过程。

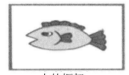  

小的框架　　　　　　　　较大的框架　　　　　　　　更大的框架

图 10-1　不同框架的鱼

（罗伯特 2016：24-26）

通过三幅画所描述的情景，我们可以看出，不同的框架反映人们不同的视角，所反映的客观现实也不完全相同。改变框架的大小与发话人的视野宽度、广度有关，同样反应了概念的主观性。

> 木々の間から鳥のさえずりが聞こえる。
> 森の中から鳥のさえずりが聞こえる。　　　（籾山洋介，2010：32）

"木々""森"都表示是相当数量的树木的集合，但是，"木々"所着眼表达的是树木的多个个体，突出框架个体的多样性，而"森"所要表达的是框架出树木集合的总体，忽略了个体的差异性。

> 春夏秋冬を通してさまざまな花が楽しめる。
> この公園は、四季を通してさまざまな花が楽しめる。
> 一年を通してさまざまな花が楽しめる。　　　（籾山洋介，2010：32）

从"春夏秋冬""四季""一年"三个构成一年的不同要素着眼，突显不同视角下的关注点。这种不同的表述方式，由话语人概念框架的大小决定（籾山洋介，2010：32—33）。

公園で散歩する。
公園を散歩する。

川で泳ぐ。
川を泳ぐ。

由格助词"で"换成了格助词"を"，实现了动作"散步""泳ぐ"所进行的范围向"散步""泳ぐ"所通过的场所转换。"で"表示在公园、小河这个范围内散步、游泳，强调的是动作进行的范围；"を"表示在公园某处，河的两岸走来走去、游来游去，或者从公园的入口到里面，小河的上游到下游走来、游去，强调的是动作通过的场所。

山に登る。
山を登る。

格助词"に"和格助词"を"，表达两种不同的概念框架。"に"强调的是到达了山顶，突显的是地点；"を"强调的是沿着山道登山，突显的是动作"登る"的过程。

再如："簡単に言えば""一言で言えば""具体的に言えば""総合的に言えば""結論から言えば""全体的に言えば"等表现形式，体现了说话人是聚焦还是将焦点放大，表达了概念框架的大与小，以及关注角度、视点的变化。

二、状态框架与结果框架的转换

日语中有自动词、他动词的区分，这种自动词和他动词的不同使用，就是状态框架与结果框架转换的结果。

樹が倒れました。
樹を倒しました。
お茶が入りました。

お茶を入れました。　　　　　　　　　　　　（姚艳玲，2014：88）

　　自动词注重主体、受事的状态或内在性变化，而他动词强调的是行为人或施事主体对受事对象产生的动作或行为。"樹が倒れました"（树倒了）和"樹を倒しました"（砍倒了树），再与"お茶が入りました"（茶来了）和"お茶を入れました"（沏上了茶）对照来看，姚艳玲（2014：88）认为，他动词的动作主体自身具有能引起事件变化的充分力量或能量，动作结果发生了某种变化，西村义树（1998：125）认为他动词框定的是动作主体及其动作过程，这一主体能自主地发挥和行使自身的能量，使动作对象发生变化；而自动词表示的是人、自然现象、动物植物以及物体的自然变化。自动词、他动词在句子中框定了不同的概念结构，从这一视角出发，对自动词、他动词进行解释分析，也是具有一定说服力的。

　　与上面语法层面的框架互换不同，下面是一组具体事件语用场景下的概念框架互换的例子：

　　　社員A：　部長、ユーザーへの返事はどのように書きますか。
　　　社員B：　部長、ユーザーへの返事はこのように書いてよろしいでしょうか。

　　在语用层面上，状态框架强调的是"该怎样做""出了什么问题""如何应对"等，聚焦于寻找问题的原因和寻找解决问题的办法：职员A的发话便是问题框架模式（"部长，该怎样给客户回复？"），寻求的是如何解决方案。而结果框架聚焦于结果和效果，聚焦于问题的解决：职员B的发话"部长，我这样给客户回复可以吗？"便是结果框架，其导向是积极的，展现了职员B的工作能动性。

　　这个问题固然是与具体工作、具体场景和具体员工等问题密切相关，并非一律采用结果框架就是正确的，但是，从会话交流、人际沟通层面来讲，合理把握概念结构，学会调整和采用合适的语言形式是非常关键的。

　　我们常常收到来自学生的关于写论文的问题。以"我不知该写什么""日语授受动词的认知分析，可以吗"等问题为例。就这两个发话来看，第一句的框架是"我没有思路，没有进展"，寻求的是"老师，你告诉我"；第二句话的框架是"我有了思考，有了目标"，寻求的是"是否可行，如何展开"。由此可见，不同的语言形式，导致的人际沟通、交流的效果是不相同的。

三、主观框架与客观框架的转换

人们的思维意识体现在语言表达上，映现出话语主体的主体意识性。日语属于主观识解的认知模式，汉语属于客观识解的认知模式，由此导致汉语中"我认为""我觉得""肯定是""无疑是"等表现形式大量存在，而日语则习惯于将说话人的自我意识隐匿起来。日语多为"なる型"语言模式，而汉语多为"する型"语言模式，两种语言形式的区别在于：是否依赖于人的意志行为而存在的事物，或者是否被人的意识所支配的事物。

两种语言在转换过程中，可以通过框架的转换，达到语言形式与语义传达的和谐；在同一语言内部，根据具体场景以及认知习惯的不同，也可以实现框架转换，从而达到语义和谐的语用效果。

> 事故があったから、電車が遅れました。
> 事故があったので、電車が遅れました。　　　（目黑真实，2010：79）

第一个句子中的"から"所表示的是主观原因，强调是交通事故或交通故障的问题，才导致我乘坐的电车晚点，迟到不是我的责任；第二句话中的"ので"所表达的是客观原因，强调的是客观上因为交通事故，导致了我乘坐的电车晚点这一结果。第一句话突显了自我的意识，强调理由；第二句话就是客观说明。

第一句话不是日本人所喜好的表达形式，所以有必要将框架调换到第二个句子的表现形式上来。目黑真实（2010：77）解释说，"から"所描述的是"意思・情念の世界"，"ので"所描述的是"理性・論理の世界"。

> 危ないから触らないでください。
> 時間がないから急いでください。　　　　　（目黑真实，2010：80）

这两个句子中的"から"是不可以换成"ので"的。究其原因，就是"から"是主观理由的表达方式，"ので"是客观理由的表达方式，"危险，请不要触摸"中的"危险"是主观上的判断，"没有时间了（时间很紧张），快点儿"中的"没有时间了"或"时间很紧"也是主观判断，所以，这两个句子是不能将"から"框架更换为表达客观原因"ので"框架的。

> 社長はすぐ戻ってまいりますので、少々お待ちいただけませ

んか。

　　急ぎなので、何卒宜しくお願い致します。

　　这两个句子用了"ので"，是非常很合适的。为什么？虽然"ので"不适合表达说话人个人的判断、感情、意志等主观内容，但是在表示请求或愿望时，是可以使用的，这时的"ので"所表达的是谦让、礼貌之意（目黑真实，2010：80）。这就达到了非常好的语义传递效果。

　　所以，不仅是汉日之间的话语转换，就是在日语语言内部，根据具体场景需要，进行主观、客观表述的框架转换也是很有必要的。

四、意义、价值观框架的转换

　　再回到本章开头的两个例子上来。黛玉在与贾母交流过程中，了解到贾母对几个孩子读书的不屑，黛玉发现后，及时进行了从"四书"的学习到认识几个字的话语框架的调整，将自己的学习水平框定到与"姊妹们"的水平一致上来。黛玉为自己在贾府创造了较为理想的人际环境。

　　刘姥姥进大观园确实带来了好多笑点。由于生活在农村，没见过世面，所以，她第一次在大观园的交往活动不是很成功。但是，刘姥姥的确是一位公关能手，第二次取得了重大成功。她话语策略的调整，赢得了贾母的欢心。

　　刘姥姥对贾母的称呼，重新框架了语义：由原来的"老祖宗""老太太""老佛爷"等突显贾母的至尊地位的语义概念，调整为"老寿星"。"老寿星"突显的是长寿。在富可敌国、多为皇亲国戚的贾府里，对于拥有至高无上权威的、上了年纪的贾母来说，什么最重要？当然是健康、是长寿！所以，对于"老佛爷"这一称呼的概念结构的重新框定，起到了非常好的人际沟通效果。

　　2016 年 6 月，美国国务院宣布悬赏 700 万美元、500 万美元、300 万美元等不同的金额，征集几名索马里青年党高层人员藏身地的信息。[①]

　　对此，索马里青年党高层声明说："如果有人能为武装人员提供奥巴马……希拉里·克林顿的下落，我将给予奖励。"该声明把提供奥巴马下落的赏金设定为 10 头骆驼，把提供希拉里下落的赏金定为 2 头骆驼。

　　美国国务院根据组织成员的重要程度，设立了分级的巨额悬赏，而索马里青年党则以 10 头骆驼、2 头骆驼分别悬赏提供奥巴马、希拉里下落的人

---

① 　http://news.sohu.com/20120611/n345250104.shtml。

员。根据索马里的一所大学的研究人员估测，当地每头骆驼的价格大约为700 美元。

索马里青年党的悬赏是在美国悬赏的几天后提出来的，我想这是对美国悬赏的概念框架转换。有三种可能：一是悬赏物改为能让当地的民众看得到实物的"骆驼"，增加诱惑力；二是回击美国，表明"你们的总统、国务卿不如我们的高层人员值钱"；三是预设"你们的总统、国务卿没有什么了不起，也就等于几头骆驼罢了"。

再有，对有身体伤疾的人员，中文有"残废人""独眼龙""瞎子""聋子""傻子""呆子""弱智""老年痴呆"等称呼。新华社在 2015 年 11 月《新闻阅评动态》第 315 期发表的《新华社在新闻报道中的禁用词（第一批）》中规定，今后将使用"残疾人""盲人""聋人""智力障碍者""智障者"等词语，这与日本 1998 年法律规定的"障碍者""视觉障害者""听觉障害者""知的障害者""認知症"等词语的使用是一致的。不同的语义，框架出对人格尊重与否的概念结构。修改后的词语体现了人文关怀和人格尊重的人道主义精神。

前几年，中国致力于脱贫攻坚，就是要脱掉"贫困户""困难户"的帽子，共同走向小康社会。就"贫困户""困难户"的词语来讲，人们似乎没有觉得有什么不好，因为这是政府关爱、扶助的对象。可是，如果横向对比来看，就会发现一些问题。比如，我们把这个词直接翻译成日语的话，应该是"貧者""貧しい人""貧乏人"，而在日语中却回避这些表述，通常表述为"余裕のない世带""生活に困る人""低所得者"。在台湾地区则表述为"待富者"（张继文，2016：97—99）。不同的表述，框架出不同的语义。日本回避"贫""穷"这种称呼所带来的伤害，而是从"不宽裕""低收入"的角度着眼。台湾地区是用"待富者"来称呼这些家庭或人们，充满了鼓励，更能给人以积极的动力。ICU 在内地各大医院统称为"重症监护室"，其传递的概念结构是"病情严重"，给病人以及亲友造成很大的心理压力；而在香港等地则翻译为"深切治疗部"，传递的概念结构是"进一步治疗"，这与"重症监护室"的称呼相对比，缓解了给病人、家人、朋友心理所带来的压力。

第 3 节　小结

"每一话语里都包含着一种独特的世界观"，这是著名的语言学家洪堡特的一个语言理论观点。语言形式与语义密切相关，不同的语言形式框定着不同的语义概念。石毓智认为，不同的语言结构对应着不同的语义表达，不同的语义必然用不同的语法结构来表达（石毓智，2017：15）。语义框架在互动中全面指引着思想和行为，并建立了环绕互动关系的边界和约束。弗洛伊德认为，语言是人类意识的基本工具，具有特别的力量。我们同样有理由认为，这种力量就是超越词语表面的深邃的概念结构。话语能给别人带来异常的喜悦，也能带来极度的绝望；话语能激发人们的激情，也能挫败人们的斗志，甚至影响别人思考，改变听众的判断和决定。

语言的框定与重新框定是我们在为自己的体验创立模型，我们运用语言形式的表象传递出我们的概念结构，表达我们对事物的认知。同时，我们的观点也被我们自己所设立的框架或模型左右。要想准确地传递自己真实的意图，达到最佳效果，同时，让自己所发出的话语意图、效果也能完全地被对方所接收，就需要通过调整话语概念框架以及重新框定来实现。

第十一章　概念框架与世界塑造

"是"的四种意义：

A. 这是图书馆。

B. 他的太太是西施。

C. 太阳是恒星。

D. 太阳是明亮的。

——陈嘉映《简明语言哲学》

爱德华·萨丕尔（2018：127）说过："人类并不仅仅生活在客观世界中，也不仅仅像一般人所理解的那样生活在社会活动中，而是更大程度地生活在特定的语言之中，语言已经成为人类社会的表达媒介。……我们看到、听到以及以其他方式获得的体验，大都基于我们社会的语言习惯中预置的某种解释。"就开头这几个句子来看，A 是存在，B 是等同，C 是类属，D 是本体属性关系，它们都是人们用经验世界的概念方式来塑造和体验现实的。

我们再来看下面的几个句子。这几个句子都是对教师这一职业的绝好赞美，但是，在赞美的同时，预置了其他的框架。

教师是春蚕，默默无闻，无私奉献，春蚕到死丝方尽。

教师是蜡烛，燃烧自己的青春照亮别人，蜡炬成灰泪始干。

教师是园丁，辛勤培育着祖国的花朵。

教师也是鲜花，竞相绽放在百花园中。

教师是发光体，发光的同时，也在积蓄着无尽的能量，光彩鲜艳。

…………

我们知道："师者，所以传道受业解惑也。"这是韩愈《师说》中对教师职业内涵的界定。千百年来，教师受到人们的尊敬，对教师的赞美之词很多。上面的这些句子描述表现了两种不同的语义内涵。

第一种："教师是春蚕，默默无闻，无私奉献，春蚕到死丝方尽""教师是蜡烛，燃烧自己的青春照亮别人，蜡炬成灰泪始干""教师是园丁，培育着祖国的花朵"，这些都是描写教师甘于奉献，辛苦付出，每天都在燃烧自己，直到"丝方尽""泪始干"的终结。我们在感受教师付出的伟大与情操的高尚的同时，也为教师感到些许的凄凉……

第二种：教师不仅仅是园丁，"教师也是鲜花""竞相绽放"，所以教师并不是单向辛苦付出；教师不是蜡烛，并不是燃烧着自己照亮别人；教师在成就别人的同时，也在书写着自己的成就；教师是发光体，发光的同时，也在积蓄着无尽的能量，使教师的光彩更鲜艳。这些表述让我们感受到教师职业的魅力与吸引，甚至作为教师，我们自己也感觉到，在传道授业、教书育人的同时，我们也在实现着自己的理想、书写着自己的成就、实现着自己的人生价值，做教师是幸福的……

同样是赞美的两种表述，话语主体根据不同的语言表现形式设定了不同的概念框架，产生了不同的语义效果，传递着说话人不同的话语预期。一种赞美教师奉献与付出的品格，但是，突显了过程的"辛苦"和结局的"凄惨"；另一种表达，在赞美教师在奉献与付出的同时，点明教师也成就了自己，突显了教师在教学实践过程的"美好"，结局的"双赢"。

不同的表现形式产生着不同的语义效果。语言形式框定了人们的体验，改变了人们对客观事物的认识，所以，从这个意义上可以说，语言塑造着世界。

第 1 节　语言形式概念框架

以"框架"这一概念为核心的语义分析方法是 Fillmore（1977，1982，1985）提出来的。他认为不同的词语可以唤起语言表达中的不同框架，以框架为背景才能理解语言表达的意义。他把框架看作一种认知结构方式，是一种与某些经常重复发生的情景相关的知识和观念，是纯语言知识和概念知识之间的一个接面（interface）（Fillmore，1982）。坦南（1993：21）就与框架有关的所有概念做了一个详细的回顾和评述，他指出："框架可以理解为是基于以往经验的预期结构，这些预期结构也会过滤和塑造人们的感知。"

明斯基（1980：16）区分了四个级别的框架：①表层句法框架；②表层语义框架；③主题框架；④叙述框架。其中表层语义框架就是指唤起人们头脑中的某种想象。

在回顾框架语义学的发展历程时，Fillmore（Andor，2010：158）区分了两种不同的框架，即认知框架（cognitive frames）和语言框架（linguistic frames）。认知框架指理解周边发生的事态时需要援引的背景知识；语言框架指具体由词语或其他语言形式"唤起"的知识。

经由语言的表达形式，我们可以通达概念世界的特定区域。兰艾克（2016：100）在讨论如何选取概念内容用于语言表达时，提出了"前景"与"背景"、"图形"与"背景"的概念，认为这是"聚焦"的识解维度。对于特定的目的，设置特定的结构维度以及语言的特定的组织层次。

莱考夫（2013：112）认为人们会从框架的角度去思考，框架即概念性结构。与框架有关的两种认知过程是框架唤起（frame evocation）和框架援引（frame invocation）。语言形式如单个词的每一个义项都与语义框架相关联，都可以唤起相应的框架知识；而解读者会援引自己框架库的知识存储帮助解读话语。在语篇创作过程中，语篇作者会调用认知框架知识，呈现自己精心设计的新语篇情境。在这样的情境中，词语有两方面功能：一方面唤起认知框架知识引导读者理解新语篇；另一方面，构建语篇内部的新认知框架，为后面的语篇发展积累知识储备，引导读者构建自己对语篇的理解（高彦梅，2015：35）。

在实际交流过程中，说话人所使用的语言形式，如词、短语、句子等，是一种框架引导并与特定的框架相结合，可以唤起、激活认知框架。例如：对同一人物既可以用"吝啬的"来评价，也可以用"节俭的"来评价，只是这两个词所唤起的概念框架不同。

认知语言学视角下的语义框架是指在概念层面表征的程式化经验，是语言使用者在操作过程中直接提取词语、短语所附带的积极或消极的意义标签；语言使用者激活头脑中所对应的框架，形成对词汇意义的基本价值判断（梅德明，2017：285）。描述语言使用者的认知框架与互动框架，可以帮助理解个体如何认识环境、处理信息、理解他人信息以及构造内在语言机制等问题（Fillmore and Charles，1976：20—32）。"框架使词语意义结构化，而词语则唤醒框架。"（Fillmore and Charles，1982：111—137）。

语言形式形成了概念框架，框定了语义传达。那么，词语以及不同的语言形式是怎样唤醒或激活概念框架的呢？下面进行进一步分析。

第 2 节　认知框架的唤起与激活

语义是一种基于体验的认知现象，是身体与心智相结合的产物，是人类与外界互动的结果，语义描写不仅基于客观真值，而且也必须考虑人的认知方式（王寅，2006：8）。语义来自对事物的认知过程，是人们关于世界经验和对事物的认知反映。

　　人们对事物的认知反映以及人们的体验是通过语言形式描绘出来的，语言形式也常常为体验设立了框架。话语将体验的某些方面置于显著位置，将其他方面留在背景中，以此来架构体验。特定的话语为体验设立了框架，将不同的方面置于显著位置（罗伯特，2016：13）。

　　说教师是"蜡烛""春蚕"，激活的是"蜡炬成灰""春蚕到死"的悲凉；说教师是"鲜花""发光体"，激活的是"绽放美丽""能量无限"的美好。都是赞美教师，都是积极评价，却呈现出不同的语义效果，因为不同的词语框定了不同的概念框架。

　　人们从自己的情感、态度、立场、视点、身份，以及所属语言群体的情感和价值观出发，对客观事件、客观现实进行认知加工，通过话语形式表达出来。这种话语形式所蕴含的概念框架，影响着话语双方的态度。

　　词语可以激活框架。日语中"吃"这个动词的原形为"食べる"，可以有如下表示：

　　　　食べている、食べた、食べていた、食べました(时态的框定)
　　　　召し上げる、召し上がっている(是向对方行为表示尊敬的框定)
　　　　いただく(是对自己行为谦逊的框定)

　　同样，在汉语中，"令尊""府上"是向对方表达对其父亲、住宅的敬意；"老朽""小生""寒舍"是对自己、自己的住所的谦指；"莅临""捧场""赐教""惠存"是对对方行为的恭敬；"恭候""聆听""奉陪"是对自己行为的谦指。

　　"请示""批示""指示"同样预置了不同的框架。请示是下级机关向上级机关的行文，自己无权做出决定，向上级请求批准；批示是指对下级的书面报告批注的意见；指示是领导机关对下级机关布置工作安排、命令或吩咐。

　　"汇报""报告"也是如此。汇报是向上级机关报告工作、反映情况、提出意见或者建议，答复上级机关的询问；报告是按照上级部署或工作计划，反映工作中的基本情况、工作中取得的经验教训、存在的问题以及今后的工作设想等。

　　可见，不同的词语可以激活不同的概念框架。关于句子的框架分析，下面将从情感框架、价值标准框架、话语主体立场框架、事件序列框架、视点框架、话语人际关系框架等不同的角度进行进一步的分析。

一、情感框架

在对事件进行客观叙述的同时，也传递出说话人情感的主观反应。这些情感反应既有令人愉快的、积极的方面，也有不好的、消极的情感传递。在表达方式上，有直接的语义框定，也有间接或隐含的语义框架设定。

就拿"雨""风"为例。"雨""风"本来就是一种客观现实，无论是古典诗歌还是现代诗歌，描写"雨""风"的很多，但是，多与情感相伴。《诗经》中有"昔我往矣，杨柳依依，今我来思，雨雪霏霏"（《小雅·采薇》）。意为：外出的时候，杨柳依依摇曳；回来的时候，却是雨雪交加。这个"雨雪"饱含沧桑与凄凉。

对于同样的雨，傅道彬在《晚唐钟声》中，对中国诗坛上吟诵雨的诗句总结分类为喜雨、苦雨、情雨三种情感模式。

（一）喜雨

水是生命之源，而生命之水主要是靠雨水提供的，因此，雨水也就成了天水。久旱的大地，萌发出盎然的生机，是对雨润万物的吟唱，道出了对生命复苏的期盼和对丰收希望的寄托，框架了诗人喜悦的心情。

> 好雨知时节，当春乃发生。　　　　　　　　　（杜甫《春夜喜雨》）

> 天街小雨润如酥，草色遥看近却无。
> 最是一年春好处，绝胜烟柳满皇都。
> 　　　　　　　　　　　　　（韩愈《早春呈水部十八员外二首》）

> 西北油然云势浓，须臾霡沛雨飘空。
> 顿疏万物焦枯意，定看秋郊稼穑丰。　　　（白居易《喜雨》）

（二）苦雨

"雨"是客观事件，"苦"是主观感受，不同的主、客体的组合，就构成了不同的意象，通过语言形式表现出来，就传达出愁苦心境、理想破灭、仕途坎坷、绝望与幻灭。

> 今霪雨太多，五谷不和，敬进肥牲清酒，以请社灵，幸为止雨。
> 　　　　　　　　　　　　　　（董仲舒《春秋繁露·止雨》）

凄凄苦雨暗铜驼，袅袅凉风起漕河。

（白居易《久雨闲闷对酒偶吟》）

舟沉岛没无所逃，顷刻性命如鸿毛。　　（李东阳《风雨叹》）

城上高楼接大荒，海天愁思正茫茫。
惊风乱飐芙蓉水，密雨斜侵薜荔墙。

（柳宗元《登柳州城楼寄漳汀封连四州刺史》）

（三）情雨

钱钟书在《管锥编》中说"天下雨而人落泪，两者见成连类"，所以，乡愁、离别之愁、思念之愁均可赋予雨中。

伤心枕上三更雨，点滴霖霪，点滴霖霪，愁损北人，不惯起来听。

（李清照《添字采桑子》）

梧桐更兼细雨，到黄昏，点点滴滴，这次第，怎一个愁字了得。

（李清照《声声慢》）

乡愁渐生灯影外，客愁多在雨声中。　　（汪元量《邳州》）

无端一夜空阶雨，滴破思乡万里心。　　（张咏《雨夜》）

寒雨连江夜入吴，平明送客楚山孤。

（王昌龄《芙蓉楼送辛渐》）

万叶秋风孤馆梦，一灯夜雨故乡心。

（汪元量《秋日酬王昭仪》）

自在飞花轻似梦，无边丝雨细如愁。　　（秦观《浣溪沙》）

（四）风

风是由空气流动引起的一种自然现象。春风和煦，秋风瑟瑟；春风能开二月花，秋风解落三秋叶。风，凭借其风势，借助于他物而彰显。微风习习，可以吹皱一池春水；狂风肆虐，可以摧枯拉朽。风，同样也可以被赋予主观情感概念。

> 长风破浪会有时，直挂云帆济沧海。　　　（李白《行路难》）

> 好风凭借力，送我上青云。　　　（曹雪芹《临江仙·柳絮》）

> 风萧萧兮易水寒，壮士一去兮不复还。　　　（荆轲《易水歌》）

> 帘卷西风，人比黄花瘦。　　　（李清照《醉花阴》）

> 春风得意马蹄疾，一日看尽长安花。　　　（孟郊《登科后》）

> 不知细叶谁裁出，二月春风似剪刀。　　　（贺知章《咏柳》）

> 秋风起兮白云飞，草木黄落兮雁南飞。　　　（刘彻《秋风辞》）

与风组合在一起的词语很多，如："风险""风波"等表示纠纷或乱子；"风雨如磐"是指环境的黑暗或境地的艰难；"风花雪月"指诗文堆砌辞藻、内容贫乏；"风靡一时""风驰电掣"是指速度如风；"风骨"是指刚强的气概，"风采"是好的礼仪举止，"风骚"则是指轻佻的举止。

二、价值标准框架

在发话人的概念化过程中，内心世界首先已存在一个基本的立场、评价标准、价值取向。从不同的立场、不同的价值观出发，话语者对客观事物的描述也就产生了不同的框架。发话人可以运用语言连接体现不同的价值观念。

价值观的审视与界定是通过话语形式展现出来的。话语提示以及相关词语起到了概念框定作用，这种框定充分体现了把价值观转化为行动所需要的信念支持系统。

我们看下面的事例。

2006 年之后，全国多家媒体就某一冠军的事情进行过报道，诸如"昔日的举重冠军，现今沦为搓澡工"①。这里的"沦"字所激活的意义是"沉沦、没落、沦落"。难道搓澡工就低级？如果是公务员的话，难道还会说"沦为"？这是话语人对分工歧视的体现，个人的价值观影响着话语的表现形式。

同样，个人的视野、世界观也影响着话语的表现形式。例如，围绕"上个季度利润下降"这样的信息，出现了三种不同的声音："去年经营出现了大幅亏损，公司完了！""去年出现了亏损，我们经历了一段很困难的时期，接下来，我们该怎么做？""面对去年的亏损，今年我们做出了经营策略的调整，相信情况会有好转的。"对待同一问题，不同的格局、视野、价值标准，传递出不同的语义概念。有悲观消极的，有积极务实的，有着眼未来的。

再如，现在我们提倡快乐学习，可是"不完成作业，就不让你回家"这样的话语，让学生将作业与痛苦联系在一起。"十年寒窗苦"也是主观框定的一种艰辛。同样，也可以把学习框定为学习是快乐的生活，快乐是学习的开始。

三、话语主体立场框架

话语主体立场框架，是指说话人进行事件描写、叙述时所选取的角度或采取的站位，即立场表述（stance taking）。这种立场表述是指主体在特定的交际语境中，针对某一对象发表个人态度。Du Bois（2007：163）认为立场的表述是通过参与者之间的主体互动来完成的，交际中任何一方的立场确立都依赖于另一方的立场态度及所采用的语言方式。

我们曾经分析过"太阳从东边升起来了"以及"月亮西沉了"的例子。我们知道，人们是站在地球去看太阳和月亮，自然看到的是太阳从东边升起以及月亮从西边下落这一结果。而事实上，太阳、月亮并没有升落，是因为地球的自转，才出现了昼夜，进而让人们感觉到太阳、月亮的升落。如果置身在宇宙空间，客观地来观测天体运动的话，其结果自然就不一样了。

再如，"你知道我是谁吗？我是干媒体的""我爸是李刚"之类的话语，是话语主体身份以及所拥有的社会能量的象征，突显了话语主体自认为自己不同于一般民众的优越社会地位。

"做人民公仆，让人民满意"框定了党员干部为人民谋福利、全心全意为人民群众的服务意识和奉献精神。"让人民监督权力，让权力在阳光下运

---

① http://news.sina.com.cn/o/2006 - 03 - 25/13598527936s.shtml。

行"框定了作为执政党的中国共产党，受人民监督，权利行使公平、公正。

在对外宣传、交流中，中国正在构建中国特色的话语体系。中国特色的话语体系可以表述为：在特定语境中交际主体通过语言符号建立的多重认知关系，用以表达特定思想立场和价值观念，是对中国特色大国的理念、立场、战略、方针、政策、原则、路径等进行系统化、规范化、条理化的对外话语表达过程。[①]

"讲好中国故事"成为对外交流以及外语学习者的重要工作。如何框架、如何表达，这与说话人的主体意识性密切相关。既要讲好中国的大事、好事，又要强调中国故事体现人性美好、体现全人类共同价值的内容。讲好中国故事，需要突显个体意识，突显全社会成员的价值；需要挖掘中华传统文化，促进共同价值的传播；需要传播公共价值，形成"中国声音"。

四、事件序列框架

一个客观事物在被认知的过程中，将会分成优势和次优势、重点和次重点等不同的部分，也就是 Talmy 提出的焦点和背景。Talmy 首先将焦点与背景理论运用到认知语言学研究中，并把它们解释为：焦点是作为运动的或者是可动的物体被突显出来；背景是一个参照体，它本身在参照框架中是固定的，相对于这个参照体，焦点得到了特定化的描写（Talmy，1983：232）。桌子上放着一个茶杯，我们通常会把茶杯视为整幅画面中突出的角色，将其与作为背景的桌子分开。同样，当我们聆听一场音乐会时，我们会将钢琴的声音与乐队的伴奏分开，认为前者更为突显。

我们观察事物，可以从图形到背景，也可以从背景到图形。试分析下面的句子：

> 深圳中心书城在市民中心的后面。
> 在市民中心的后面是深圳中心书城。

在这两个句子中，"中心书城"和"市民中心的后面"均分别为图形和背景。不同的是，第一个句子从图形到背景，表达的是"中心书城位于什么地方"，认知主体把"中心书城"作为焦点，以它为出发点进行论述，话语人把事件信息按"中心书城——→市民中心的后面"这样一种认知顺序来

---

① 李志丹：《试谈外交话语体系建设》，《中国社会科学报》，2019，据中国网：http://www.china.com/cn/opinion/think/2019–06/28/content_ 74930684. html。

编码；第二个句子则是从背景到图形，表达的是"市民中心的后面有什么"，是将"市民中心的后面"作为焦点，"中心书城"作为背景，话语人按"市民中心的后面——→中心书城"这样的一种认知顺序来编码。第一句由图形引出背景，第二句由背景引出图形。

Langacker（2000：362）将人们的观察分为两种：总体扫描（summary scanning）和顺序扫描（sequential scanning）。总体扫描一般是指观察静止的情景时的认知过程，把一个事件当成一个整体来看待。顺序扫描是指一种基本的、有先后次序的心理活动，把一个事件看成不断展开并且发展变化的过程。当然，总体扫描中蕴含着顺序扫描。

> 横琴大桥连接着珠海和横琴。
> 虎门大桥是中国第一座悬浮大桥，从虎门威远伸向南沙。

第一句描述的是桥的状态，桥占据着两岸的空间，说话人把整个桥扫描的结果作为一个整体看待，描述的是"珠海"与"横琴"之间的"桥梁"，是一个总体扫描。第二个句子是从起点"虎门"向终点"南沙"延伸顺序的扫描，这是一个动态的、行进状态的次序扫描。

一般说来，焦点是包含在背景之中的成分，但又突显于背景中，在认知中占有优势，是最明显的部分。而背景的突显程度较低，往往作为认知的参照点而存在。

认知语言学认为，角色与背景的分离反映在语言结构上，如汉语的主—动—宾（SVO）结构，就可视为角色与背景的二分化这一普遍的认知原则在语言上的体现。具体来说，主语对应于角色，宾语对应于背景，动词的表达则是角色与背景之间的关系（Langacker，1990/1991）。

从人们的认知过程来看，视点的总体扫描或者是次序扫描产生了不同的语义概念。同时，动态的注意力产生了动态的概念化结果（李福印，2008：349）。不可否认，这种动态的注意力是主体意识参与的结果。

在同等条件下，人们总倾向于选择知觉范围中占优势的、突出的事件作为主语或主题，而不把不突出的事件选作主语或主题。焦点、背景的选择与人们对情景的识解角度密切相关。

五、视点框架

视点就是人的眼睛看物体的位置，即到底看到的是物体的哪个位置，或者对于一个动态的事物，观测点定位于哪里。即使描写同一事物，如果视点不同，也会影响语义的传达。

我们先分析下面的句子：

> 汽车飞驰前行。
> 车窗外的霓虹灯飞快地向后流淌。

这两个句子描写的是同一事实。但是，第一个句子将视点定位于"汽车"，直接描写了汽车的前行；另一个句子将视点定位于"霓虹灯"，通过车窗外的霓虹灯飞快地向后流淌，间接地描写了车在急速前行。

再如：

> 车窗外，路两旁的树木在向后流淌。

与上面的"霓虹灯"一样，这里其实并不是"树木"在流动，而是话语者的车在行驶，从而感觉到树木在向后流淌。Talmy（2000：99）将这类语言现象称为虚拟位移，采用这种方式的语言表达，是以人们的注意力移动为视点，而并非以移动的物体为视点。这种虚拟位移还表现为视觉放射、映像移动和注视点的移动。

> 手术后的生存率是90%。
> 手术后的死亡率是10%。

这两句话表达了同一语义，但是由于视点不同，框架了不同的语义效果。第一句话的视点是"生存率"，给人的希望很大；第二句话的视点是"死亡率"，令人恐惧。所以，两句话相比，第一句话能够让人获得心理安慰。

> 凉拌菜90%不含有脂肪。
> 凉拌菜10%含有脂肪。

同样说凉拌菜，"90%不含有脂肪"要比说"10%含有脂肪"更具吸引力。

从真值语义来看，上述每组句子都是等值的，但是，由于设定话语视点的不同，所形成的概念框架框定了不同的语义效果。

在《认知语法导论》中，兰艾克（2016：76）将"识解"（construal）一词解释为：表示我们明显具备以不同方式对同一情景加以构想与描写的能力。

图 11-1 中，一个杯子装了半杯水。根据不同的视点，可以出现不同的表达方式。

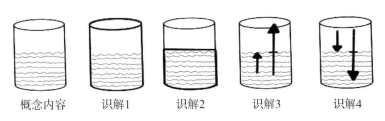

| 概念内容 | 识解1 | 识解2 | 识解3 | 识解4 |

图 11-1 不同视点的水杯

（兰艾克，2016：76）

识解 1 图示表达为"有水的玻璃杯（强调玻璃杯子）"，识解 2 图示表达为"水在玻璃杯里（强调杯子中的水）"，识解 3 图示表达为"玻璃杯的一半是空的（强调没水的部分）"，识解 4 图示表达为"玻璃杯里有半杯水（强调半杯水）"。同样的客观现实，同样的一个杯子和半杯水的概念内容，却出现了不同的语言形式，并且形成了不同的语义框架。

> 天空的飞机越来越小，渐渐地消失在视野之外。
> 车在草原上奔驰，故乡越来越近了。
> 一下车，一望无际的金黄麦浪展现在眼前。

第一句话中，并非天空的"飞机"变小了，而是因为投射出去的视线所聚焦的对象远去了。知觉者为移动的起点，视线投向远方，即主体的视觉放射。

第二句话中，"故乡"是一个地点，相对来说是固定不动的。在这里，"故乡"却成为移动的对象，向知觉者靠近，映入知觉者的视野。知觉者为移动的终点，由视觉对象先发送信息，信息从对象物向知觉者一方移动，即映像移动。

第三句话中，"麦浪"在视野中宽广无垠，这种宽广的视野随着人们注视点的推移而发生改变。所谓注视点的移动就是人们通过改变眼睛和头的方向来改变视线，从而改变视野中注视点的位置。

六、话语人际关系框架

人类不仅通过语言来认识和建构外部物理世界和内部心理世界，还借助语言来构筑并调节人与人之间的关系，可以说，语言是人们之间互动最为基本和普遍的形式。国内语言学界对人际关系的分析主要集中在系统功能语言学、语用学领域。

人际语用学研究人际关系构建、人际情态表达以及人际关系评价。会话人选择不同的语言形式与策略构建身份，引发交际双方对人际关系的评价。人际关系评价涉及交际双方或多方之间的关系，这影响交际人对彼此关系的理解与感受，进而影响交际者的行为。

> 刘姥姥心神方定，才又说道："今日我带了你侄儿来，也不为别的，只因他老子娘在家里，连吃的都没有。如今天又冷了，越想没个派头儿，只得带了你侄儿奔了你老来。"

（《红楼梦》第六回）

刘姥姥是用"你侄儿"向凤姐指称自己的外孙子"板儿"的。从使用称谓的角度看，用亲属称谓向他人指称家人，这种用法现代社会中也有，例如"你兄弟""你大妈""你大叔"等。从语言运用的技巧来说，采用这种用法显得比较亲切。

但是，采用时须顾及听话人与说话人的关系。刘姥姥是乡村贫穷的老妇，初次来到荣府，跟在荣府执掌家政大权的凤姐没有任何交往，况且，这次又有求于凤姐。在这种背景下用亲属称谓向对方指称家人显得很勉强，也有阿谀之嫌，对方也不乐于接受。

> 康熙御驾亲征，不幸染上重疾。留守太子在索相的怂恿下企图提前登基，后被康熙获悉。
> 太子：皇阿玛，我错了。
> 康熙：不要叫我皇阿玛，叫我皇上。
> 太子：皇上，儿臣错了，请皇上降罪。

这里，太子对父亲康熙使用显示父子关系的称呼方式，遭到康熙皇帝的拒绝，并被命令采用代表君臣关系的"皇帝"来称呼。

语言形式对语义框定的同时，也影响着人际关系的变化，如建构、维持、解构、恶化等。人际语用学、认知语言学等关注动态语境中的语义变化。近年来，随着认知语用研究的深入，人际交往的关系建构、关系处理、和谐管理等议题成为研究领域新的热点。

第 3 节　框架效应

框架或概念结构引领人们的注意，影响人们对事件的解释，成为人们语义理解的概念背景或基础。同一信息的不同表达方式常常会激发人们不同的情感。在表达方式上，有直接表达和隐含表达；在表达效果上，有积极情感传递和消极情感传递。

前文例子中"手术后存活率是90%"的说法要比"手术后死亡率是10%"更令人安心。同样，说凉拌菜"90%不含脂肪"要比说"10%含有脂肪"更具吸引力。

在这里，每组句子的语义真值或者实际含义都是相同的，只是表达方式不同而已，但是，却能产生不同的语义效应。

再看《表扬过一个好孩子》（2013 年 08 月 27 日《扬子晚报》）这篇报道：有个小学生在街上做了件好事。邮局门口的一排自行车倒在地上，于是也就上前去把它们一辆一辆地扶起来，立稳。

就在这时，有个人从邮局里出来，说"没关系！没关系！"邮局里走出来的第二个人忍不住埋怨了一句："小朋友，怎么搞的？下次当心点哦！"这时，从一旁走过来第三个人，笑着说："小朋友，谢谢你！你真好！"

对同一事件，三个人采用了不同的话语形式，产生了三种不同的情感框架。第一个人框定的是"自行车倒地是小孩的责任，但对小孩要包容"；第二个人框定的是"自行车倒地是小孩的责任，应对小孩加以指责"；第三个人框定的是"小孩在做好事，应予表扬"。

由于语言表达的主观性的存在，对同一事实产生了不同的认知，出现了不同的语言表现形式，不同的语言形式激活了上述三种不同的概念框架。

下面是四届运动会的主题歌词和宣传口号，我们分析一下。

我们亚洲，山是高昂的头；
我们亚洲，河像热血流……　　　　（1990 年第十一届亚运会）

我和你，心连心，永远一家人。　　　　（2008 年北京奥运会）

　　　　万水千山相隔多远，珠江弯弯伸手相牵。

　　　　隔山遥望跨海相约，绿茵赛场难说再见……

　　　　　　　　　　　　　　　　　　（2010 年第十六届亚运会）

　　纯洁的冰雪·激情的约会　　　（2022 年第二十四届冬奥会）

　　从 1990 年第十一届亚运会的"刚毅"到 2008 年北京奥运会变成了"一家人"，再到 2010 年的"伸手相牵"、依依惜别的场景，已经把赛事转换成了友情、亲情的聚会；而 2022 年的冬奥会宣传口号更是已变成了朋友的"约会"，把较量与对抗的"力度"转化成家人或朋友、情侣之间的温馨与柔情。

　　在现实生活中，我们还能听到一些情感勒索的语言表达（苏珊、唐娜，2018：16）。例如，"如果你离开我，就永远别想见到孩子""如果你不买房子，那咱们就不能结婚""如果你一切听我的，我就会更爱你"这些话，听起来是一个假定条件，但其实是一种威胁的框架，其意图一清二楚。

　　苏珊、唐娜（2018：16）提出：大部分情感勒索是很难察觉的，而且常出现在那些看似和谐、美好的关系中。我们知道对方最美好时刻的模样，以往的愉快记忆也掩盖了似乎有些不对劲的感觉。直到情感勒索的阴影渐渐浮出水面，悄悄地越过了原先的安全界线，之前尚能接受的相处模式逐渐改变。这些表现主要体现在语言形式上，语言形式所框架的是要求、是抵抗、是施压、是威胁、是屈服，也是情感的重启。情感勒索者利用对方的恐惧心理，建构起了从意识到潜意识层面的认知策略。

　　教训孩子时，常听到这样的一些话语："你看看邻居家的孩子，次次考满分，再看看你""你看看你弟弟干干净净，你看看你"。这些话虽然是表面的比较，其实框架了另外一些人的完美，与他们相对比，被批评者感到自己满是缺点和不足。这是一种消极的比较，致使被批评者陷入焦虑、自愧不如、自我谴责的心理状态之中。

　　我们还听到这样的一些句子："再哭，警察叔叔来带走你。"这句话所传递的语义效果是，警察叔叔是来对付不听话的孩子的。这就无助于在幼小的孩子心里激活或者形成危机时刻找警察的语义概念。

　　同样，"再不听话，就给你打针"这句话所激活的语义概念是，打针是惩罚的一种手段。这就偏离了"打针是为了治病，生病要主动接受治疗"这一真实的语义传达。所以，在家庭、社会中也要特别注意语言的使用，特别是对这样设立不当语义框架的语言表述要避免使用。

听一场演讲，可以让人兴奋，干劲十足。听一次批评，可以让人情绪低落，连续多次的批评、施压，甚至给人造成痛苦。

最近有个热词"职场PUA"。这里解释了一次定义PUA是英文Pick Up Artist的首字母缩写，最初指的是一群经过系统化学习、实践，不断提升情商的男性，后来泛指通过话术吸引异性，或者叫搭讪艺术家。"职场PUA"指的是职场的上级通过语言对下级进行打压、指责、贬损，打击员工的自信，同时，员工无论怎么做都会被批评、被打击，让员工自己怀疑自身价值，认同能进这公司都是福气，被开除就再无出路的思想。这种状态一直持续，让员工深受折磨，从而达到在精神上掌控员工的目的。有律师分析认为，"职场PUA"本质上是法律问题，或已构成侵犯员工的人格权。

我们对学生应采取赏识教育，而不应一味地批评。一味地批评会让学生失去自信；赏识学生的行为，尝试理解他们分析问题的方式、视角，可以激发他们的兴趣和动机。在赏识学生的亮点的同时，为他们指明发展的方向，适当加以提醒，增强他们的心理体验，纠正他们的不良行为。

《论语·学而》中的"巧言令色"指的是花言巧语。但是，从一个侧面我们也可以理解为，语言有多种表达。同时《论语·尧曰》中有"不知言，无以知人也"，让人们要善于分辨别人的话语，通过话语进而去认识人的本质，因为不同的语言形式设置了不同的语义框架，不同的语义框架体现了人们不同的价值观、判断标准、主观立场等。史蒂芬（2018：107）认为，语言是一扇通往人性的窗口，通过语言，人类思想情感的深层普遍特征将展现出来，但是，思想和情感并不等于语言本身。

山梨正明（2009：3—4）提出，日常语言的概念体系不是独立存在于语言主体之外的符号体系，它反映了认知主体的完形感知、记忆、信息处理等基于身体构造的认知能力和经验基础。认知语言学最具特色的语言观可以说是采取了经验主义认知观的立场，即认为由语言所表达的世界与它所描写的现实世界不可能完全等值。也就是说，日常语言概念体系中的大部分内容不是外部世界的客观反映，而是以语言主体的身体经验为背景，以主观性认知过程为中介构建起来的（姚艳玲，2014：9）。

说话人一方面要通过话语建构自我存在，包括自己的态度、立场、身份，以及所属语言群体的情感和价值观。另一方面，还要定位听话的对方，希望他们对自己的态度做出相应的回应（高彦梅，2015：134）。

现实的本来面目与它在人们头脑中的表征并不是一一对应的，思想的语言赋予了人们用不同或完全对立的方式"框架"同一情景的能力（史蒂芬，2018：6）。同时，不同的框架映现不同的语义效果。

Fillmore 也认为，框架语义学中的"框架"并非在现实中的实体，而是一个概念意识上的原型，它可以充分解释真实情景与词语使用之间相互适应的复杂性，并且受到特定语境的影响。人们在理解词汇、理解句子的过程中，或在理解一个概念时，必须以理解它所适应的整个结构为基础，框架是人们在大脑中形成的一种相对抽象的概念结构。这种抽象的结构影响着大脑对客观现实的反映。

特伦斯·霍克斯（1987：8）指出，"事物的真正本质不在于事物本身，而在于我们把握各种事物之间的构造，然后又在它们之间感觉到的相互关系"。我们是"通过语言的范畴来体验世界，这些范畴又形成我们的经验基础"（杨玉成，2002：2）。世界不是语言创造的，但是，我们所面对的世界（主观世界、客观世界、社会世界）是通过语言向我们展示其面貌的。世界具有我们所体验的形式，世界成为我们所体验的对象，这些体验通过所构筑的语言范畴和语言形式展现出来。语言在反映现实的同时也在建构着现实。

第4节 小结

维特根斯坦（2002：13）提出过"生活形式"的概念，认为生活形式是语言乃至实在意义的来源，语言的真正意义只能呈现于丰富多彩的生活形式中，使用语言就是采用一种生活，即"想象语言就是想象一种生活形式"。生活世界的内涵不是原始的自然世界，而是人参与其中的世界；不是主客体分离的世界，而是两者相统一的世界；不是本土化了的符号世界，而是生动鲜活的意义整体（阳小华，2008：16—17）。人的认知使客观世界转换为生活世界。

客观现实被我们所体验、所认知，产生的概念具有明显的主体意识性、概念化动态性。生活形式是多种多样的，因而产生的语言形式也是多种多样的，不同的语言形式框定不同的语义内涵，展现出不同的生活世界。因此，我们可以说，语言影响着生活世界的同时，也在塑造着现实世界。

第十二章 语言形式与话语和谐

场景1

男："一会儿吃包子，行吗？"

女："就知道吃包子，吃包子，你不能换个花样吗？"

男："那你说吃什么，每次都让我说，说了你还不同意。"

女："你是我老公，连我爱吃什么都不知道，我还有什么可说的？"

……

场景2

男："一会儿吃包子吧，好不好？"

女："好啊。"

男："吃肉的还是素的？"

女："肉的吧，肉的好吃。"

男："那就要两个肉的，素的想吃吗？"

女："也有点想吃，你想吗？"

男："我也想，一会儿我先去占座，你去买包子。"

——摘自新华网①

　　罗素（2017：242）认为语言服务于指示事实、表达说话者的状态、改变听者的状态三种目的。人们在通过思维意识来认知客观世界的同时，也在通过语言来建构外部世界。人们在建构外部世界的过程中，展现着自己的内心世界。在社会生活、人际交往中，人们借助语言构筑并调节着人与人之间的关系。诸多的语言学理论、语言学流派就具体场景下的会话、话语交流有过深入研究。

　　1967年，格赖斯（1975：41—58）在哈佛大学的三次演讲中阐释了语用学的重要概念——合作原则。合作原则是指根据会话目的或交流意向，提

---

① http://www.xinhuanet.com/politics/2015-09/25/c_128263815.htm。

供交际所需的话语或信息。该原则包括四条准则：量准则（提供的信息应是交际所需的）、质准则（提供的信息应是真实的）、关系准则（提供的信息要关联或相关）、方式准则（提供信息时要清楚明白）。人们违反合作原则的四条准则，就会产生会话含意，也就是我们说的言外之意了。Leech（1983）提出了礼貌原则，并参照格赖斯的合作原则提出了六项准则。这些准则的核心是发话人要满足听话人的心理需求，创造并维持交际的和谐。

关联理论（Relevance theory）是由 Sperber 和 Wilson 在 1986 年合著的《关联性：交际与认知》一书中提出来的，是关于交际和话语解释的语用学理论（Sperber and Wilson，2001）。该理论认为，关联信息就是那些值得听话者注意的信息，人类认知是以关联为基础的，每一个明示的交际行为一开始就要求对方加以注意，在正常的情况下听话者只会注意那些关联信息，即那些不需要付出太多努力就会丰富自己语境假设的信息（何自然，2002：241）。隐含是听话人根据语境通过推理所获得的语用含义，关联理论的核心要点是，话语的语用解释是演绎的推理机制，其推理完全是由"关联原则"这一原理所支配（赵刚、贾琦，2013：341—342）。

会话分析结合语言学、语用学、社会语言学、跨文化交际等研究，从话轮转换、会话结构、话语策略、会话管理等角度出发寻找分析范畴和语言特征（赵刚、贾琦，2013：i）。在这些研究的基础之上，学者们又专门从语言与和谐关系的视点出发，产生了人际语用学、系统功能语言和生态语言学等研究。

人际语用学是社会语用学的一个分支，研究社会交际场合下，人们如何使用语言来建立和处理人际关系，认为变化称谓、转换语码、语用移情、人际交往中的自贬应酬等能促进人际关系的顺畅（何自然，2018：1—6）。其宗旨是改善人际交际的语用功能，达到和谐的目的。

系统功能语言学把语言解释为三个元功能，即概念功能、人际功能和谋篇功能（Cafferel，2004：xii）。就人际功能来讲，语言在维系人们的社会交往中起着不可或缺的重要作用，它可以表达说话人的态度并调节说话人和听话人之间的商讨性。语言的这一作用被功能语言学家称为人际意义，对人际意义的研究有助于通过语言来构建一个和谐的人际关系（杨才英，2016：25）。

从生态语言学视角，黄国文（2016：12）提出的"和谐话语分析"认为"生态"不仅仅是指生命有机体与其生存环境之间的关系，也不仅仅是生命有机体之间的相互关系和相互作用所形成的结构和功能的关系，还被用来表示"和谐"，包括人与自然的和谐、人与人之间的和谐。其目的在于促进入与人之间、人与其他物种之间、人与自然之间以及语言与生态之间的和谐关系（黄国文，2018：42）。

本章将从认知语言学的主观性视点出发，通过语言影响思维意识进而影响人们对事件的把握这一主线，对主观性话语概念框架与和谐语境的营造、语言形式修正展开进一步的探讨与分析。

第 1 节　主体意向性与和谐话语

认知语言学认为，意向性是人的意识或心智对某一世界对象的意图所展示的心理活动，指人们自我意识的关心和指向的所在，是自我意识与对象意识的统一（徐盛桓，2013：15—25）。语言主体的意向性包括两个维度：意向内容和意向态度。意向内容是主体在语言表达生成过程中所注意到的内容，意向态度是指主体当下的情感和态度。所谓"统一"，是指人能够主观地意识到自己意识的指向，并使该"指向"指向对象，根据所意识到的对象的情况使"指向"落到实处。

Brown 和 Yule（2000）从语言功能的角度出发，把语言总结为用于表达内容的事务性（transactional）功能和用于表示社会关系和个人态度的交际性（interactional）功能。任何一个交际事件，虽然各有侧重，但都应兼有这两种功能。

话语是发话人经过自己的感知获得并传达对客观事件的认识，受话人通过自己的感知，在接收发话人话语的同时形成了对客观事件的认识。不同的话语形式，框定了不同的语义概念，映现了不同的主观情感和思维意识。通过主观意向的施加，直接或间接地影响着交际者追求的交际目的。

成功的交际者会根据交际语境不断变换语言形式、交际策略及话语内容以达到交际和谐，从而实现交际过程中的语言的和谐顺应。

再回到本章开头的场景会话上来。这是同一早餐场景中同一话题下的不同两组会话人的交流。不同的语言形式，产生了完全不同的语义效果。场景 1 产生了争吵与纠纷，场景 2 传递出了和谐与温馨。

场景 1
男："一会儿吃包子，行吗？"
女："就知道吃包子，吃包子，你不能换个花样吗？"
男："那你说吃什么，每次都让我说，说了你还不同意。"
女："你是我老公，连我爱吃什么都不知道，我还有什么可说的？"

…………

　　这个场景里的女方首先发起的是谴责和进攻。她采取这个话语形式，有两种原因：其一是对男方不满，女方借这个机会泄愤；其二是已经习惯运用这种话语方式。第一种借机泄愤的表达，是故意。为了达到这样的目的，说话人框定一个不满、责怨的话语形式，这不是本节所讨论的范畴。本节所讨论的是主观上期待并想要追求最佳交际语境，应该通过怎样的话语形式来营造的问题，或者有些话语人已经习惯了自己的表达方式，经常导致别人不满，通过本节来反思自己，思考话语形式的调整以及概念框架的预设问题。

　　场景2
　　男："一会儿吃包子吧，好不好？"
　　女："好啊。"
　　男："吃肉的还是素的？"
　　女："肉的吧，肉的好吃。"
　　男："那就要两个肉的，素的想吃吗？"
　　女："也有点想吃，你想吗？"
　　男："我也想，一会儿我先去占座，你去买包子。"

　　这种交流是愉悦和谐的。有时是双方客气、谦让营造出的气氛，有时是双方已经形成了这样一种交流方式，是情感的流露。
　　下面是一个家庭的会话场景：

　　妻子：我用一下你的电脑开一个视频会议。
　　丈夫：好，我给你接上大显示屏。
　　（在连接过程，信号突然消失）
　　妻子：你的东西，我向来是用不成的……

　　这个场景下的会话与上面的场景2形成了明显的对比，其语义效果正好相反。它与场景1相类似，这又是一个挑起争端的前兆。
　　我们所探讨的和谐语境，不是单方向地屈从对方、讨好对方，而是在和谐的语境氛围下进行话语沟通和信息交流。因为主体意向性的话语形式、所设定的概念框架与人际关系相处，包括朋友相处、家庭关系、师生课堂互动、医患关系、与客户互动等和谐氛围的营造密切相关。

《水浒传》中戴宗在酒馆里与宋江喝酒，李逵第一次由戴宗引荐给宋江。戴宗向宋江介绍李逵时的口气十分谦恭。

> 宋江见了那人，便问戴宗道："院长，这大哥是谁？"戴宗道："这个是小弟身边牢里一个小牢子，姓李名逵。"
> 李逵看着宋江，问戴宗道："哥哥，这黑汉子是谁？"戴宗对宋江笑道："押司，你看这厮怎么粗卤，全不识些体面！"李逵便道："我问大哥，怎地是粗卤？"戴宗道："兄弟，你便请问'这位官人是谁'便好，你倒却说'这黑汉子是谁'。这不是粗卤，却是甚么？"
>
> （《水浒传》第三十八回）

从"这大哥是谁""这黑汉子是谁""这位官人是谁"这三句不同的问话来看，体现了不同的主体意识性。"大哥"将陌生的关系一下拉近，变成兄弟；"黑汉子"是对陌生人的不屑一顾，甚至是蔑视；"官人"这一称呼是对有一定地位的男子的敬称。宋江对戴宗、李逵的谦让，戴宗对宋江的恭敬，李逵对戴宗的遵从和对宋江的蔑视，三种不同的语言表达方式，将宋江的低调与警觉、戴宗的精明与圆滑、李逵的鲁莽与直率等不同的性格特点表现得淋漓尽致。

在和谐语境营造上，我们要充分考虑到对事件认知的主观构建性，正确处理好谁在说、谁在听以及话语效应问题。

一、谁在说

我们要考虑说话人与对方的相互关系以及所在的语言社团。日语中通过敬语的五种形式来调节处理内与外、上司与部下、说话人与对方、说话人与听众的关系。在表达内容上，由于所属的立场不同，事件叙述、表达形式也是有区别的。汉语中同样如此。

下面是一家生产企业和采购企业之间的一则对话：

> 采购企业：你们的残次品怎么处理？
> 生产企业：我们的瑕疵产品，可以降价8%销售……

在这里"残次品"是指不合格产品，而"瑕疵品"是指本来是合格的或者是可以合格的，就存在一点点儿问题或仅有那么一点点儿不足。所以，站在不同的立场上，不同的用词框定了不同的概念。

《西游记》中有这样的片段：当孙悟空举棒要打变成漂亮姑娘的白骨精的时候，以慈悲为怀的唐僧马上阻止。孙悟空是这样对师傅说的：

> 师傅，我知道你了，你见她那等容貌，必然动了凡心。若果有此意，叫八戒伐几棵树来，沙僧寻些草来，我做木匠，就在这里打个窝铺，你与她圆房成事，我们大家散了，却不是件事业？何必又跋涉，取甚经去？

西天取经的一路，孙悟空劳苦功高。但是，团队领导唐僧人妖莫辨，不仅不采纳悟空的建议，反而惩戒悟空，看到此处，大家都会同情悟空。但是，悟空的这段气话的语义概念是在讥讽领导。这里已不是对错的争论，而是说领导"动了凡心"。这样的话语，对于一个一心向佛、执着取经的团队领导来说，不是误解，而是一种很大的打击。尽管一切为唐僧着想的都是悟空，但是作为团队成员，不当的话语表达，导致了孙悟空在团队中被边缘化和不受重用。

二、谁在听

说话时考虑听话的对象，树立清醒的"听话人意识"，会收到很好的话语效果。同一个幽默玩笑，不适合讲给所有人，同一份演讲稿不能应对所有的场面，同一份求职书也不适合投寄给所有的招聘公司。

ICU 的英文全称是 Intensive Care Unit，中文名称是"重症监护室""重症监护病房"等。患者进入重症监护病房，将使患者、家属乃至朋友产生极度的担心和恐惧。在香港地区，ICU 多被称为"深切治疗部"，这样的说法能在一定程度上舒缓患者乃至家人紧张的心情。

"贫困户"是指收入低、生活困难的家庭。台湾地区用"待富者"一词来指代穷困者，宣称每个人都能成为富人，只不过有些人还没到时候。这就在语言的层面给予贫困者鼓励、安慰以及未来可期的希望。

2010 年，公安部将"卖淫妇女"的称呼改称为"失足妇女"，提出不得歧视羞辱妇女，并严格做好信息保密工作。从"卖淫"到"失足"，通过词语的改换，消除了对妇女的歧视之意。

关于非自愿的性行为，轻者称呼为"猥亵、侮辱妇女罪"，重者则称呼为"强奸罪""奸淫幼女罪"等。"猥亵"这类词语用在被害人身上太过残忍，语言暴力会压得人抬不起头来，使受害者形成巨大心理阴影。把"猥亵、侮辱"换作"性骚扰"，把"强奸"改称"性侵犯"，当能够减轻被害者的心灵折磨（顾海兵，2013）。

有则民间故事说，朱元璋称帝以后，从前的两个穷朋友分别去找他叙旧，因为话语方式不一样，两人受到了不同的待遇。

> 朋友A：当年微臣随驾扫荡芦洲府，打破罐州城，汤元帅在逃，拿住豆将军，红孩儿当关，多亏菜将军。
> 朋友B：有一天我们在芦花荡里，把偷来的豆子放在瓦罐里煮着。还没等煮熟，大家就抢着吃，罐子都打破了，撒了地的豆子汤都泼在泥地里，你只顾从地上满把地抓豆子吃，不小心连红草叶子也送进嘴里，叶子梗在喉咙口，苦得你哭笑不得。还是我出的主意，叫你赶紧用青菜叶子，放在手上一拍吞下去，这才把红草叶子带下肚子里去了。
> （《民间文学作品选·朱元璋的故事》）

且不论这个故事的真假，仅按民间流传来分析，就同一件事的叙述，因话语形式不同，产生了截然相反的效果。一个使得"龙颜大悦"，被重用为"御林军总管"，另一个被拉出去砍了。就是因为受话人的身份发生了变化，发话人A根据对方地位的改变，调整了话语策略；发话人B还是按以前的朋友关系直来直去，弄得听话人觉得没有颜面。虽然事件是同一事件，受话人是同一人，但是，受话人的地位发生了变化，那么说话方式也应相应变化。

三、话语效应

发话人的话语与听话人的内心期望相一致时，听话人会感受到一种舒畅、愉快的情感体验，从而对话语做出积极、及时的反应；当话语与听话人的内心期盼不一致或相反时，就会引发听话人不愉快的听话体验，引发其对话语以及对说话人的反感甚至是不满。如果不愉快的情感或者体验较强烈，则会导致冲突或者更大的纠纷。话语效应将会直接影响人际关系的构建，影响到交际的结果，所以，我们应该重视语言形式。

如今，很多城市的公共汽车里都设立了"老幼病残孕专座"，深圳地铁出现了"爱心座椅"。"老幼病残孕专座"是指专门为特定的人群（老人、幼儿、病人、残疾人、孕妇）准备的座位。"爱心座椅"的意义就完全不同了，那个座位谁能坐，没有严格界定，但是那是一个奉献爱心的座位。只要我不坐那个座，我就奉献了"爱心"。这句话也包含着对奉献了爱心的乘客的一种褒奖。从功能上看，交通工具上特别标示的座位，都是为了照顾需要帮助的人，但是，语言形式的改变，使得语义效果大相径庭。

再看教师和医生。由于教师、医生的工作特点，其话语曾被作为强势话语来分析。在课堂授课的过程中，教师拥有主导发话权，通过教学内容设置、教学活动实施、课堂提问、作业或项目完成、成果评价来组织课堂教学，课堂会话成为会话分析所关注的焦点之一。如何从认知的特点出发，最大限度地调动学生的热情，激发学生的参与度，平等、公平地对待每一位同学，并且能公平、客观地对每一位的回答、作业、作品进行评价，得当的语言行为成为关键。

曾经有一个班级，同学们积极参与课堂教学活动。可是，在一门课上，却没有同学主动回答问题。据同学们反映，回答不对或不完全对，老师就会严厉批评，并且在平时成绩册上记负分。由此导致了这门课程的教学活动进入一个无法互动的状态。

暴力语言、讥讽、伤害学生自尊心的语言更是不能对学生使用，因为这种语言对学生的打击很大，不仅不能起到激发学生努力的作用，反而容易导致学生丧失信心。

我们在课堂上，应鼓励学生积极参与教学活动，积极发言，积极展示亮点、暴露自己的缺点和不足。有些错误是大部分同学共存的问题，作为教师，在正面评价亮点的同时，也要发现学生的错误，并帮助学生修正，从而进入一个积极互动的课堂教学活动氛围。

医生的职业特点，也同样决定了医生的话语具有强势性。医生的一句话、一句问候，乃至一个动作，都会对患者的心理产生影响。在医患会话交流中，一句话可以给患者带来信心，一句话也可能让患者情绪低落。下面这个真实的会话发生在一所大学附属医院医生给一位七十多岁的患者诊治风湿腿痛时的对话：

> 患者：医生，你说，我这病能治好不？
> 医生：你不看看你多大年龄了……

这句话可以解读为不仅这病医治不好，你的年龄也已经相当大了……这句话让患者失去了希望。如果是换成"先缓解痛，以后逐渐恢复"之类的话语不是更好？我们不是拒绝真实，但是，当真实与善意相冲突时，从善意的角度出发，适当做些回避，给人以生存的希望难道不是更好？！

2020年，我国进行了"第七次全国人口普查"。为实现"家喻户晓，人人支持"，国务院第七次全国人口普查领导小组面向全社会开展公开征集口号标语活动。经过评审，选出三十条优秀作品。其中，排在第四位的下面这句话最后被用在宣传海报上。

大国点名，没你不行。

（2020年第七次全国人口普查宣传标语）

"大国点名，没你不行"突显了"大国"的集体荣誉意识，突显了"你"作为个体的重要性。中国已不仅仅是地大物博、人口众多，中国的成就更是让世界瞩目，中国的发展更是让世界刮目相看，在这样一个有荣誉感的集体里，想到了作为个体的"你"，你不能缺席！看到这样的口号，人们瞬间就产生"一定要马上参与普查，绝对不能耽搁也不能被落下"的想法。集体想到了我，我一定要站立在这个荣誉的大集体里。这个口号激奋人心、温暖人心，满满地重视每一位个体的集体意识感，效果很好。

就语言的和谐性，王希杰（1993：9，79）指出："一个句式的好坏，孤立地看有时说不出什么所以然来。只有放到它所隶属的那个整体中去，只有结合交际的目的、环境、对象等因素才能说好道坏。"

合理地运用和发挥主体意识性，通过适当的语言形式构建和谐语境、调解人际关系，达到更好的语义效果，对于社会和谐、团队合作、家庭关系、朋友相处、业务洽谈、课堂互动、医患关系等都是非常重要的。

第2节　中日语言转换与和谐顺应

在交际交往过程中，语言形式是人际关系最重要的载体。语义的传达根据具体语境的不同来调整语言形式，通过语言形式与概念框架的调整来实现语境顺应。中日语言表达形式与各自的语言认知特点密切相关。根据中日语言的不同认知特点，在中日语言转换过程中，实现中日语言形式与语义的和谐顺应，是有必要深入探讨的问题。

认知语言学的目的是寻求语言现象背后的理据性，通过人们的认识活动对语言现象进行合理的解释。赵艳芳（2001：11）曾指出，"认知语言学是解释语言学""语言是认知的一部分，受人们认识世界的方法和规律制约，要想做到描写的充分性，必须对语言现象做出解释，必须研究人的认知规律"。中日语言具有不同的认知特点，由于受母语认知特点的影响，以汉语、日语为母语的话语人在跨语言表达时，受到母语认知特点迁移影响的现象较为明显。

　　我们所探讨的中日语言形式的和谐顺应，是指既不要按中文的表达形式、思维特点去套日语的语言表达，也不用日语的语言形式来套中文。我们是要在符合中日语言思维特点的情况下，实现中日间的语义传达、信息传递。

　　要做到中日语言的和谐顺应，我们应考虑由于认知特点的差异所导致的中日语言形式非对应问题。下面，对中日语言表达中存在差异的九个问题展开进一步的思考。

一、主语标记的非对应性

　　在第五章第 3 节、第 4 节里，我们通过汉语的客观识解和日语的主观识解的认知特点对比，分析了中日语言表达形式上第一人称标记的非对应现象。

　　在这里再举一个真实的例子。

　　笔者曾在日本国际协力事业团中国某项目组工作了一段时间，日方的一位协调员汉语说得很好，曾有过在武汉大学、暨南大学长时间留学的经历，能够流畅地进行中文交流。但是，她跟中国人见面、交换名片时，一直都说"你好，大岛，多关照"，或者"你好，是大岛，请多关照"。

　　2015 年，我到早稻田大学日本语教育中心访学时，又见到了这位二十年前的同事。她问我的研究方向，又说能否举几个由于不同的认知特点导致中日语言表达形式不同的例子。

　　我说，比如中文语境中，自我介绍时，一般要说"我是——"，而日语语境中，两人面对面介绍时，一般不用"わたし"。她说："我完全没有意识到，这么说，这么多年，我一直说得不对。"我告诉她，不能说不对，意思都明白，只是在汉语表达中，这样说的话，略有一点儿突兀感。

　　在日语的日常会话和交流中，一般不需要特意标记出"わたし""あなた"。如：

　　　　その後、お体どう？ずっと気になってたのよ。
　　　　おかげさまで、すっかり良くなりました。ご心配かけました。
　　　　打那以后，你还好吧？我一直挂念着你。
　　　　托您的福，已经痊愈了，让您担心了。

　　　　　　　　　　　　　　　　　　　　（《日语口语词典》2020，第 169 页。）
　　　　いよいよ始まるわね。見て、満席よ。
　　　　今いちばん注目のピアニストだから、いやがうえにも期待は高まるね。

马上就要开始了。你看，人都坐满了。

这是当今最有人气的钢琴家呀，说得我越发期待了。

（《日语口语词典》2020，第 104 页。）

日语中的一般问候用语也是如此。"こんにちは""お元気ですか""よろしくお願いします""ただいま""お帰りなさい""いただきます"等问候都没有显示"わたし""あなた"等词语，可是把这些用语翻译成汉语，我们就要加上"你""我"，说成"你好""你身体好吗""请您多关照""我回来啦""你回来啦""我开始用餐"等。只有这样，感觉才会更好，更符合中文的习惯。

正是因为汉语的客观识解和日语的主观识解在认知上存在着差异，从而导致了汉语中面对面说话时，说话人是抽离于场景之外，站在客观的第三者的立场谈论"我"，所以"我（我们）""你（你们）"很少省略，话语的主语需要明示。而日语正好相反，说话人即使描述与自己无关的他人的行为，一般也要置身于场景之内，所以"我（我们）""你（你们）"一般要省略，话语的主语不需要明示。

我与父亲不相见已二年余了，我最不能忘记的是他的背影。

（朱自清《背影》）

这是朱自清的名篇——《背影》开头的第一句话。余光中曾认为"不稳妥"，"以父亲为主题，但开篇就先说'我'，至少在潜意识上有'夺主'之嫌"①。虽然说得有道理，可是，这就是中国人的思维习惯所致。

下面我们把东京大学校长 2019 年在大学毕业仪式上讲话开头、结尾的部分，与清华大学校长 2020 年在研究生毕业典礼上讲话的开头、结尾部分进行对比如下。

令和元年度　東京大学卒業式　総長告辞②

---

① 李春阳：《余光中对朱自清的批评》，2010，新浪博客，http://blog.sina.com.cn/s/blog_66f964810100ke19.html。

② 『令和元年度 東京大学学位記授与式　総長告辞』，2020，https://www.u-tokyo.ac.jp/ja/about/president/b_message01_11.html。

本日ここに学士の学位を取得し、卒業される皆さん、おめでとうございます。晴れてこの日を迎えられたことに、東京大学の教職員を代表して、心よりお祝い申し上げます。

　　……

最後に、ここに卒業の日を迎えられた皆さんが、大きな変革の時代におけるより良い社会の担い手として、健康で幸せな、希望に満ちた未来を築かれることを心より祈念して、お祝いの言葉とします。本日は誠におめでとうございます。

清华大学校长邱勇在 2020 年研究生毕业典礼上的讲话①
用一生去坚守不可放弃的职责

六月的水木清华，云影澹荡，荷叶田田。由于疫情影响，今天，我们举行清华历史上第一次"云上"毕业典礼。我相信，这场特殊时期的毕业典礼对所有同学都具有特殊的意义，一定会给你们留下终生难忘的记忆。我代表学校，向经受考验、顺利毕业的同学们表示热烈的祝贺！向关心支持你们的亲友们和付出辛勤汗水的老师们致以衷心的感谢！

　　…………

亲爱的同学们……我们也坚信，当下一次危机到来的时候，更加成熟自信的你们，一定会更好地担负起历史的重任，用你们卓越的表现，为社会、为休戚与共的人类命运共同体贡献力量！

同学们，今天是一个让人眷恋的日子。我希望你们记住，清华永远是你们温暖的家！

上面是相同情境下的两则讲话开头与结尾的对比，我们可以看到日语文稿的开头和结尾两个段落，没有一处"わたし（私たち）""あなた（あなたたち）"，没有一处明示的主语，只有一处"本日は"来表示提示。而在中文稿件的开头和结尾两个段落里，"我"用了 3 处，"我们"用了 2 处，"你们"用了 4 处，主语有 6 处。中日语言形式上的非对应特点略见一斑。

在 2016 年里约热内卢奥运会上，日本游泳获得了冠军，这是日本代表团在本届奥运会上的获得的第一枚金牌。为此，日本首相安倍晋三发去了贺

---

① 《清华大学校长邱勇在 2020 年研究生毕业典礼上的讲话》，2020，MBAChina 网，https://www.mbachina.com/html/zx/202006/240140.html。

电，全文如下：

　　　　金メダル第1号を祝しての内閣総理大臣メッセージ①
　萩野公介選手、そして日本選手団の皆さんへ。
　日本選手団第一号となる金メダル獲得、おめでとうございます。
　鍛錬を積み重ね、持てる力を思う存分に発揮し、見事な泳ぎで頂点
を極められたことに心から敬意を表します。
　世界中が注目する大きな舞台でのご活躍に、日本の競泳はまだまだ
強くなる、その可能性を感じずにはいられませんでした。このメダル
は、後に続く競泳選手団に勇気を与えるとともに、これから出番を迎
える全ての日本選手団全体に大きな勢いを与えてくれるはずです。
　引き続き、日本中に、そして世界中に夢と感動と勇気を与えてくれ
ることを期待し、日本選手団へ全国の国民の皆さんとともにエールを
送り続けたいと思います。
　がんばれニッポン！更なる躍進を期待しております。

　　在这份贺电里，我们没有看到"わたし""あなた（あなたたち）"之
类的词语，整个电文只是一处用"このメダルは"表示主题，其他再无主
语出现。我们可以想象，如果在中文的贺电里，一定会出现"我""你（你
们）"之类的词语，主语一定是不能缺少的。
　　我们来分析下面的中文句子该如何进行日语翻译处理。

　　我感谢你提醒了我。
　　你要多保重身体。
　　如果你想要，你就拿走。
　　冒昧地给您写信，请原谅我的唐突。
　　您身体很好，我非常高兴。

　　按着中文的表述，如果直接转换为日语形式的话，就是：

　　私は、あなたが私を注意したのに感謝します。

① 『金メダル第1号を祝しての内閣総理大臣メッセージ』，2016，https：//www. mext. go. jp/a_menu/sports/2016olympic/detail/1375551. htm。

あなたが大いに体に気をつけてください。

あなたがほしいなら、あなたが持って行ってください。

突然あなたに手紙を差し上げまして、私の失礼をお許しください。

あなたがお元気で、私は何よりです。

上面是直译，语法没有错误，可是，这样的表达似乎有些不太符合日语习惯。那么，按着日语的认知特点进行和谐顺应翻译的话，去掉"わたし""あなた"，就自然多了。可翻译为：

注意してくれて、ありがとう。

お体に気をつけてください。

ほしいなら、持って行ってください。

突然お手紙を差し上げまして、失礼をお許しください。

お元気で何よりです。

盛文中（2006：49）根据汉日认知模式的差异，也曾提出日语具有丰富的语法形态，有时通过助词、助动词、形容词及动词等就可以判定句子主语；而汉语缺少语法形态，不存在类似日语助词的语法成分，助动词、形容词和动词也不存在类似日语中的作用，即无法通过它们来判定主语。因此，汉语句子往往需要出现主语，否则有可能产生混淆。

二、情感形容词使用的非对应性

日语里的情感表现，在大多的场合里，都是说话人为了传递自身的情感而使用的。也就是说，表达情感表现的谓语部分，其主语都是"说话人"自己，所以，主语即使不出现、不说出，大家都明白。同时，日语表示情感色彩的形容词，如"楽しい""悲しい"等只能用于说话人自身。而汉语没有这个限制，"快乐""悲伤"不仅可以用作说话人自身，也可以用作其他第三人。

例如：

我很快乐。

我很悲伤。

他很快乐。

　　他很悲伤。

　　这些汉语的描写都是正确的。可是，日语则不然。

　　（私は）楽しいですよ。
　　（私は）とても悲しかった。
　　彼女はとても楽しいです。（×）
　　彼女はとても悲しいです。（×）

　　在这四个日语句子中，前两个不需要"私"这一主语的出现，因为
"楽しい""悲しい"就是说话人"私"的情感；而在描写"彼女"的情感
时是不能用"楽しい""悲しい"的，因为"彼女"的情感是客观观察的
结果，而不是自身经历的体验，既然表达的是观察的结果，所以必须改变形
式，加上"がる""ようだ""らしい""そうだ"等等。
　　上面的句子改变成如下的说法就可以了。

　　彼女はとても楽しそうです。
　　彼女はとても悲しいようです。

　　在表达"想""要"等情感、愿望的句子里，日语与汉语同样是有区
别的。

　　我想喝啤酒。
　　他想喝啤酒。

　　（私は）ビールが飲みたいです。
　　彼はビールが飲みたいです。（×）
　　彼はビールを飲みたがっています。

　　汉语中的"想""要"与人称没有关系，而日语中的"たい""ほし
い"等表示愿望的情感词语，都是说话人的情感表现，既然是说话人自己，
那主语也就没有必要明示出来。表达第三人称愿望时，要用"たがる""た
いようだ""たいらしい"等形式来表现。
　　下面是好恶表现的句子：

我喜欢生鱼片。

田中先生喜欢生鱼片。

田中先生不喜欢生鱼片。

（私は）刺身が好きです。

田中さんは刺身が好きらしい。

田中さんは刺身が好きじゃないようです。

日语中的"好き嫌い"等的好恶表现，原则上是说话人自身的感觉，主语同样没有必要明示出来，在表达其他人的好恶时，有必要转换成客观观察的表达形式，即要使用"ようだ""らしい"等形式。

日语在表达想法、传递思考内容的时候，说话人与其他人是有区别的，其原因与上面相同。在传递说话人自身的想法、思考内容时用"と思う"，表达其他人的想法时，是客观观察的表达形式，一般用"と思っているようだ""と思っているらしい"。但是，"と思うようだ""と思うらしい"的形式是不能使用的。

スーツを買おうと思います。

社長は増資の時期ではないと思っているようです。

田中さんは引退しようと思っているらしいです。

除此之外，表达思考内容的还有"するつもりだ""しようと思う"等。这些表达方式也都是主语是说话人自己时才被使用的，所以，只要不是为了特别强调"考えているのが自分である"时，主语是不用说的。日语里只要根据场景、语境、受话人能够明白的情况，句子的构成要素——特别是主语，都不用——罗列出来。

另外，日语动词有些表示受主观意志制约的动作、作用的动词，如"話す""聞く""帰る""行く""会う""考える""走る""見る""食べる"等，这些意志性动词的现在时具有表达说话人行为意志的主观性特性，一般表示说话人的主观上的行为。这种情况，一般也不需要将主语"わたし"标记出来。

今晩、映画を見に行きます。

家に帰ります。

お酒は買いません。

食べます。

这四句话译成汉语应该是"我今晚去看电影""我回家""我不买酒""我吃"，动词"行く""帰る""買う""食べる"的现在时，都表达了说话人的行为的主观性。

另外，还有一些表示生理现象的动语，如"生まれる""老いる""飢える""痩せる""痺れる""喉が渇く""お腹が空く"；表达心理活动的动词，如"困る""飽きる""驚く""興奮する""恥じる""がする""をする"，表示可能的动词，如"できる""見える""聞こえる""読める"等，虽然这些动词都不受主观意志制约，但这些动词所表达动作、行为的主体是说话人时，第一人称同样不需要特别标记出来。

お腹がすいています。
喉が渇いています。
寒気がしています。
困ります。

这些动作、行为不受主观意志所制约，动词现在时框定的语义概念同样为第一人称，所以"わたし"无须通过形式化标记出来。

三、判断语气主观性的非对应性

说话人在叙述或陈述一个事件时，说明某事物是什么，或不是什么，或者对事态进行描写，体现在语言形式上，既有客观的部分，也有主观的成分。描述客观事件时的主观态度，称为"语气"。贺阳（1992）将语气定义为"通过语法形式表达的说话人针对句中命题的主观意识"。

在日语里，使用的是"モダリティ"（modality）一词。一般说来，一个句子是由命题与语气（モダリティ）两部分组成。命题是对事件内容的叙述，具有客观性；语气是说话者依据说话时的内心态度、立场、意图等，是命题做出的主体意识性表达，具有主观性。

关于语气，仁田义雄曾做如下定义和说明：

モダリティとは、現実との関わりにおける、発話時の話し手の立場からした、言表事態に対する把握の仕方、および、それらについての話し手の発話・伝達的態度のあり方の表し分けに関わる文法的表現

である。　（仁田義雄，1991：18）

認識のモダリティとは、文の内容である事態を、話し手がどのような認識的な態度、あり方で捉えたのか、といったことを表したものである。言い換えれば、事態成立に対する話し手の認識的な捉え方の表示である。　（仁田義雄，2000：82）

可以看出，仁田义雄认为日语事态叙述是具有主观性的，人们在进行客观事态传递表达时，与说话人把握事态的方式、表达的态度密切相关，甚至认为"モダリティ"就是说话人主观意识的表达和认知方式的表现。

崔希亮（2020：58）同样认为语气词与言者态度的关系非常密切，我们可以通过它们来把握说话人的主观态度。这种态度包括言者立场、观点、判断和预设等。

关于中文、日语语气的分类，有多种观点。陈访泽（2003：176）将日语语气分为祈使语气、表抒语气、陈述语气、疑问语气、感叹语气五种，认为判定语气属于陈述语气，判定语气又分为断定、推量、或然、推论、传闻、征兆六类。齐沪扬（2002）在《语气词与语气系统》一书中，将汉语语气分为功能语气、意志语气两类。张岩红（2014：314）将可能语气归入意志语气内，又把可能语气分为或然语气和必然语气。

或然语气用以表示对事态判断的不确定性，其形式标志为助动词"可能"与语义副词"大概""也许"等；必然语气表示对事态判断的必然性，其形式标志是语气副词"一定""必然"等。

分析下面的句子：

昨夜、雨が降った。（必然语气）
昨夜、雨が降ったらしい。（或然语气）

尽管没有必然语气的形式标志词语，"昨夜、雨が降った"或者"明日、雨が降る"这类的句子，仍然是必然语气。而"昨夜、雨が降ったらしい"是一种推断，构成了或然语气。在日语句子中，如果"だろう""かもしれない""らしい""ようだ""そうだ"等没有被表达出来的话，就应归类在必然语气中。

本节仅以判断句式的必然语气与或然语气的中日非对应性进行简单的认知分析。

我们看下面的例子：

12 日は、高気圧緩やかに覆われますが、気圧の谷や湿った空気の影響を受けるため、曇りで夕方から夜のはじめごろは雨となる見込みです。また、昼過ぎから雷を伴うところがあるでしょう。①

（東京地方天気予報，2020 年 8 月 11 日）

从明天晚上到后天，青藏高原的东部还是有小到中雪，其中青海东部南部的局部地区有大雪……

（CCTV 天气预报，2020 年 5 月 19 日）

这是日本媒体和中国中央电视台分别发布的两则天气预报。日语里用了"见込み""でしょう"等表示对所发布内容的推测的语气，表明发布者对所预测的天气状态持有不确定的态度。在中文里，没有表现发布者主观态度的词语。这类词语在汉语中有"预计""或许""可能""大概""说不定"等表示不确定语气的，也有"必将""肯定""一定"等表示确定语气的词语。

汉语里，对于尚未发生或事实尚不明确的事态，说话人可以根据自己的思考、推断，做出明确性的终结判断，汉语突显了发话人主观性较强的特点；日语对于尚未发生、尚不能确认的事件一般要采用推量或想象的语气来处理。不仅如此，对于已经发生的事实，甚至对发话人已经掌握了可靠信息的事态进行描述时，日语也多采用"推量、据说、好像"之类的语气来处理，尽量回避发话人个人的主观观点。在这一点上，充分体现了汉日事态判断的主观态度的非对应性。

比如：

明天要下雨。
他说过要来，一定会来。
他考上大学了。

根据上面分析的特点，这两句话在形式上要做如下语气调整，才符合日语语言的认知特点。

---

① https://weather.yahoo.co.jp/weather/jp/13/?day = 1.

明日は雨が降るでしょう。

彼は来ると言ったからきっと来るでしょう。

彼は大学に合格したそうです。

汉语里，对于"明天下雨""他会来"等还没有发生的事件都可以进行必然判断，而日语多采用推量、断定保留的或然判断。"他考上了大学"应该是已成事实，尽管如此，为了保留对自我信息是否可靠的回旋空间，日语通常会用表示信息出处的传闻助动词"そうです"。

仁田义雄（1991）强调日语的判断语气分为四类：①表示说话人对事态的把握和推测作用类，包括无标形式的断定和表示推测的"だろう"；②表示推测的确信程度类，以"にちがいない"和"かもしれない"为代表；③根据既存事实和征兆所做出的推测类，其形式为"らしい""（し）そうだ""ようだ"和"みたいだ"；④样态推测类，主要为"（し）そうだ"。

"だろう"表示不特定的判断，甚至是表示委婉的推测性判断。"にちがいない"是经过想象、思考和推论这一过程之后确定出某一事件的成立或存在，在主观上认为确信度很高的语气判断，属于必然性判断，但是，日常中多见"にちがいない"用在推量句中。"かもしれない"明确传递出事态并非如此的可能性，应该是或然性判断。"（し）そうだ"表示发话人基于自身对事物情况的观察，根据眼前状况对事态做出推测。"ようだ""みたいだ"都是说话人凭借自己对事物的感觉和想象而做出的判断，主观因素性高。而"らしい"表示根据其他的信息来源而做出的推断，客观因素性强。所以，（し）そうだ""ようだ""みたいだ""らしい"都是根据证据、迹象做出或然性判断。

彼がもう北京に行ったでしょう。

今晩、台風が来るかもしれません。

少し寒気がします。風邪をひいたようです。

道は濡れているから、昨夜雨が降っていたらしい。

この仕事は今日中に終わりそうです。

天気予報によると、明日も雨が降るそうです。

另外，汉语常用"肯定是""一定是""无疑是"等主观性较强的必然性词语，日语多采取回避直接明确肯定的态度，采用推测的或然语气表达。

下面汉语句子的必然语气，转换成日语时，变成或然语气更符合日语的认知这一特点。

　　敲门也不回答，他肯定是睡了。
　　他两三天没有露面了，一定有什么事了。

译文：

　　ノックをしても返事がないので、彼はもう寝てしまったかもしれません。
　　彼はもう2、3日顔を出さなかった。何があっただろう。

　　汉日语言不同的认知特点，导致了汉语的必然语气不一定与日语的必然语气相对应，有时，将必然语气转换成或然语气可能更符合日语的思维习惯。同样，日语的或然语气未必完全与汉语的或然语气相对应，有时调整为汉语的必然语气或许更符合汉语的思维特点。

四、人际关系语言化的非对应性

　　话语是话语主体的交际行为。话语主体是指交际中的发话人和受话人。交际过程往往涉及话语主体对双方的关系以及对话语中涉及的第三人在具体场景下该如何把握、如何认识的问题。
　　日语表达的一个明显特点就是通过语言形式化，把具体场景下的相互关系清晰、明确地突显出来。

（一）人际关系界定与语言化

　　日语中的人际关系界定被称为"待遇表现"，是指为了交流的顺畅进行，双方在充分认识具体场景下的内外、上下、远近、亲疏关系的基础上，选择与其相符的语言形式进行话语表达。
　　蒲谷宏、坂本惠（1991：26）解释为：待遇表现就是话语主体在充分考虑要表达的意图，考虑自己、对方、话题中的人物之间的关系，考虑具体场景的状况、气氛、表现形式，采取相适应的表现题材、表现内容、表现方法的语言行为。
　　日本文化审议会在2007年2月2日向日本文部科学省提交了《敬語の指針》的书面报告，将原来的敬语三分法重新分类，确立了敬语的五分法："尊敬語"（尊敬语）、"謙譲語Ⅰ"（自谦语Ⅰ）、"謙譲語Ⅱ/丁重語"（自谦语Ⅱ/郑重语）、"丁寧語"（礼貌语）、"美化語"（美化语）（赵华敏、坂本惠，2022：1—2）。

1. 尊敬语

对对方或第三人的行为、事件、状态进行描述时，表达敬意的语言形式，称为"尊敬語"。"尊敬語"所体现的是话语中的主体人物要比说话人处于受尊敬的优势之位。

先生は来週海外へいらっしゃるんですね。

先生はお忙しいようですね。

这两个句子，通过"いらっしゃる""お忙しい"等词语的使用，直接表达对"先生"的敬意。可以通过对行为动词的形式改变，达到敬意的表达，如"おっしゃる""なさる""召し上がる""お使いになる""ご利用になる""読まれる""始められる""お導き""ご出席"等，也可以通过事物名称的词语形式改变表达敬意，如"お名前""ご住所"等。

2. 自谦语 I

对自己（或自己一方）面向对方或第三人发出的行为、事态进行描述时，表达敬意的语言形式，称为"謙譲語 I"。"謙譲語 I"所体现的是话语中的动作客体要比动作的主体处于受尊敬的优势之位。

先生にお届けする。

先生を御案内する。

这两个句子通过"お届けする""御案内する"的词语形式变化，表达自己或者自己一方的谦逊，从而表达对于对方或第三人的敬意。相关的一些词语变化形式有"伺う""申し上げる""お目にかかる""差し上げる""お届けする""ご案内する"等。

3. 自谦语 II/郑重语

对自己（或自己一方）的行为、事态进行描述时，为向对方或文章的读者表示郑重态度的语言形式，称为"謙譲語 II（丁重語）"。"謙譲語 II（丁重語）"所体现的是听者比说话人处于优势，受到郑重对待。

私は明日から海外に参ります。

息子は明日から海外に参ります。

把自己或自己一方"行く"的行为，通过"参ります"的形式转换，表示郑重，传递出对听者的敬意。这类词还有"参る""申す""いたす""おる""拙著""小社"等。

4．礼貌语

为表示对说话的对方或文章的读者表示礼貌，采用"です""ます""ございます"句尾形式，表达听者比说话的人处于优势地位，称为"丁寧語"（礼貌语）。

> わたしは学生です。
> 6時に起きます。
> 部長はただ今、会議中でございます。

5．美化语

美化语用于美化所描写、表达的事物，如"お酒""お料理"等文雅表现形式，即为美化语。

在汉语里，同样可以根据双方之间的关系界定，来选用词语的表现形式。例如，对于别人的动作或行为，有"莅临""指教""赏光""垂询""惠顾""惠存""捧场""过奖"等说法，对于对方、对方的家庭以及相关事物，有"大人""高就""高寿""令尊""令堂""令爱""大作""高见"等表述，这是汉语的敬语。

对于自己的动作、行为，有"献丑""敢问""奉陪""奉还"等说法，对于自己、自己的家庭、相关事物，有"老朽""小生""家父""家兄""舍弟""小店""拙作""愚见"等说法，这是汉语的谦辞。

随着时代的变化，汉语中的这些词语，有些已不是常用词。在日常交流中，汉语并不是都能将顾及对方感受、体现谦让礼敬的关系通过语言形式呈现出来。汉语动词本身不存在简体、敬语体之分，除非换成其他词语，才能表示尊敬、谦敬的语义，但是，并不是所有的动词都能转换成其他词语的，汉语的人际关系语言形式化不普遍。而在日语表达中，根据人际关系需要，随时可以将每句话的动词转换为尊敬语或自谦语，日语人际关系表达的语言形式化非常明显。

（二）日语赠与关系的方向性、立场性

在日语里，授受关系或赠与关系的表达具有明显的方向性。也就是说，相互之间的给予、与第三人之间的给予表达，是要考虑相互的上下地位、亲疏远近关系以及说话人与第三人之间的位置关系而决定。因关系的不同，所使用的动词也是不相同的。不同词语的使用，又框定了双方之间的关系以及说话人与第三人之间的位置关系，框定了给予与接受的恩惠性。

这种方向性是建立在话语主体认知基础之上的具有主观性的语言活动。随场景的变化，相互之间的位置关系也会发生变化，由此带来的表现形式也会发生改变，因此，这种关系表达又是动态的。

首先，我们分析"我"给别人和别人给"我"的语言表现形式。

我给小刘一本书。
小刘给我一本书。
我给校长一本书。
校长给我一本书。

劉さんに本を一冊上げました。
劉さんは本を一冊くれました。
学長に本を一冊差し上げました。
学長は本を一冊くださいました。

由这组句子我们可以看出，在日语中，"我"给别人和别人给"我"是不同的。"我给小刘"用了"あげる"，小刘给我用了"くれる"；"我给校长一本书"用了"差し上げる"，"校长给我一本书"用了"くださる"。这里可以看出以下两点：

其一，关系界定。"我给小刘一本书"用了"あげる"，"小刘给我一本书"用了"くれる"，所框定的是"我"与"小刘"关系较为随和，或者他比我小等语义内涵；"差し上げる""くださる"框定了"我"对"校长"的敬意以及两者之间关系的不对等。

其二，授受关系的方向性。同样是平等关系的"我"与"小刘"，因为给与的方向不同，我给他用"あげる"，他给我用"くれる"；同样，对于关系不平等的"我"与"校长"之间，我给校长用"差し上げる"，校长给我用"くださる"。动作的方向性影响着词语的使用。

接下来，我们分析他人之间的给予的语言表现形式。

校长给了我们班小刘一本书。
我们班小刘给了校长一本书。

学長はウチのクラスの劉君に本を一冊くださいました。
ウチのクラスの劉君は学長に本を一冊差し上げました。

　　这两个句子中的给予与"我"没有直接关系，但是，尽管如此，"校长给小刘一本书"用了"くださる"，显示了"我"作为事态识解的自主站位，即"我"与"小刘"站在同一层面，而"校长"是我们尊敬的对象；"我们班小刘给了校长一本书"用了"差し上げる"，同样表达了"我"和"小刘"是属于同一个关系群体，共同面对的是尊敬的"校长"。尽管"我"与"事件"没有直接关系，但是，在描述过程中，话语主体"我"也进入到事态中。前面我们分析过日语的主观识解特征，授受关系表现就是这种特征下的语言表现形式。同时，这也显示了日语赠与关系具有立场性。
　　最后，我们分析"我（我方）得到"的语言表现形式。

　　　我从校长那里得到了一本书。
　　　我跟小刘要了一本书。

学長から本を一冊いただきました。
劉さんから本を一冊もらいました。

　　"我从校长那里得到"用了"いただく"，"我从小刘处得到"用了"もらう"。"いただく"是"我"与"校长"之间位置关系不平等的表达，"もらう"所框定的是"我"与"小刘"之间位置关系平等或"小刘"比我小的语义概念。同样，"小刘从校长那里得到了一本书"，对应的词语应该是"いただく"，因为"我"与"小刘"是属于同一个关系层面，或者同一立场。
　　结合上面的探讨，我们分析下面句子所框定的田中与铃木的关系问题。

　　a. 田中さんは鈴木さんにお土産を上げました。
　　b. 田中さんは鈴木さんにお土産を差し上げました。
　　c. 田中さんは鈴木さんからお土産をいただきました。
　　d. 田中さんは鈴木さんからお土産をもらいました。

　　这四个句子里虽然没有出现"我"，但是"我"的立场都是站在"田中さん"的角度进行事态描述的。a句的田中与铃木的关系是同一关系层面或田中的年龄地位要高于铃木；b 句的田中位置关系或年龄要低于铃木，铃木处于受尊敬的位置；c 句的田中位置关系或年龄要低于铃木，铃木处于受尊敬的位置，与 b 相同；d 句的田中与铃木的关系是同一关系层面或田中的年龄地位要高于铃木，与 a 相同。

下面这五个句子框定了发话人与受话人之间怎样的关系呢？

a. 駅に着いたら電話しろよ、迎えに行ってやるから。
b. 駅に着いたら電話してね、迎えに行ってあげるから。
c. 駅に着いたら電話ください、迎えに行きますから。
d. 駅にお着きになったら、お電話いただけますか。
e. 駅にお着きになりましたら、お電話いただけませんか。

（池上嘉彦、守屋三千代，2009：165）

这五个句子，翻译成汉语都是"到车站后给我电话，我去接你"，都反映了一个概念，但却采用了不同的语言表现形式。这种语言形式的变化，框定了发话人的发话背景以及发话人、受话人双方的相互关系的差异（池上嘉彦、守屋三千代，2009：165）。a 句的说话人是一位男性，因为使用了「しろよ」这样提醒的语气，可以判断出，对方是自己的好朋友或自己的弟弟、妹妹等；b 句的说话人是一位女性，因为用了"ね"，还可以判断出对方或是她的女儿，或是年龄小且关系亲近的同事，表现为较亲近的关系；c 句因为使用了"です""ます"，可以判断出发话人与受话人之间保持着一定的社会距离（蒲谷宏，2013：14），说话人与对方年龄相仿，或对方年龄较小；d 句中使用了尊敬语和自谦语，可以看出说话人将对方作为一个外部关系来处理，对方是年长者或者是其上司；e 句是将对方置于更高、更尊贵的位置。不同的表达，体现发话人对相互关系的动态的把握。

如果将汉语"到车站后给我电话，我去接你（您）"简单地翻译成日语，没有得当的"配慮表现"，没有对现实场景、相互关系充分进行把控分析，并采取相应的表现形式的话，在相互间的交流上就会出现不愉快。因为在实际的日语会话过程中，发话人与受话人之间，根据具体的场合、相互的关系做出判断，从而产生上面不同的语言表现形式，这反映着语言的主体意识性以及概念过程的动态性（张继文，2016：2）。

通过上面的分析，我们了解到日语的授受关系或者赠与关系具有主观性、方向性、恩惠性、立场性、动态性。汉语的"给"是不能与日语中的给予表现简单地对应的。尽管汉语中也有"赐予""恩赐"表示地位高或受尊敬的人给予地位低的人、"呈上""敬呈"表示地位低的人给予地位高或受尊敬的人的用法，但是，这类词语在日常的使用并不普遍。

五、动词时、体的非对应性

时和体都是与动词相关的语法范畴，表示事件的时间关系和过程状态。时（tense）表示事件时间、参照时间、说话时间之间的时序关系，一般分过去时、现在时和将来时。体（aspect）表示事件的各种阶段和状态，一般有完成体、一般体、进行体等。汉语通过助词"着（正在）、了（过）、起来、下去"等也可表示时和体，但汉语动词本身不具有词尾变化。

日语动词词尾变化丰富，时和体的关系非常密切，互相配合，甚至融为一体。以"食べる"为例，有"食べる""食べた""食べている""食べていた""食べます""食べました""食べています""食べていました"等形式。

铃木重幸（1972）、高桥太郎（1985）对过去时、非过去时、完成体和继续体进行了分类研究。工藤真由美（1995）将日语的时体进行了重新分类。体（aspect）分为四种，即完成体、继续体、完了体和反复体；时（tense）分为三种，即未来、现在和过去。

从认知视角出发，我们结合中日时、体的语言形式上的非对应性，进行如下分析。

（一）"着"与"ている"

汉语动词后续"着"表示动作的继续、状态的持续，事件的非完成状态。"着"后续在动词或形容词后面，有时还表示其他的语气。

> 他看着电视。
> 他等着学校的通知。
> 你听着。
> 手可要轻着点儿。

"他看着电视"是动作正在进行中，而"他等着学校的通知"是"通知"尚未到达，事件处于非完成状态。"你听着""轻着点儿"是用在动词和表示程度的形容词后，表示命令、嘱咐语气，这种用法，不是本节所涉猎的内容。

日语"ている"也表示动作、状态的持续和事件的非完成状，以及表示习惯性的行为、以前的经历等。但它同时具有"着"所不具备的完了功能（野添健太，2012）。

> 日本語を勉強しています。
> 犬が死んでいます。
> もっと勉強して、成績がよくなっているでしょう。

第一个句子表示学习状态的现在持续；第二个句子是动作已经过去，但是动作变化的结果影响至今，可以看作是影响到现在的持续；第三个句子的"よくなっている"状态尚未实现或者未来实现，是未来持续的状态。

下面这些句子，是"ている"表示完了状态的情况。

> 続けて頑張らなければ、自信を無くしているでしょう。
> 私はもう会社に入っているのよ。
> 去年、結婚しています。
> 毎週、出張をしています。

第一句"不继续努力，将会失去信心"，"ている"是未来完了体；第二、第三个句子中的进入公司、结婚这些动作虽然已经完成，但是，进入公司、结婚的效力影响到现在，"ている"表示的是现在完了体；第四个句子是动作重复进行，"ている"是现在时的反复进行体。

> 来年の今頃は進学中になっているかもしれません。

这个句子是动词未来的继续，即明年现在的时候，所以这种时态是未来时的继续体。

在表示完了的语义功能上，日语"ている"与汉语"着"是非完全对应性的。因为"ている"具有表示未来完了和现在完了的语义功能，而汉语"着"不具有此功能，为此，在汉日语言转换时，语言形式是非对等的。日语的句子翻译成汉语时，日语"ている"不应与"着"相对应。应做如下处理：

> 続けて頑張らなければ、自信を無くしているでしょう。
> 　不继续努力的话，将会失去信心。
> 去年、結婚しています。

去年，结婚了。

日语"ている"具有反复性用法，而汉语"着"不具有此功能，语义对应时，不应将"ている"与"着"相对应。

每週、出張をしています。
每周都出差。

通过上面的对比，我们分析出，汉语"着"与日语"ている"在表示动作、状态的持续和事件的非完成状态时是一致的，但是，日语"ている"具有表示未来的完了、现在的完了和反复作用等功能，而汉语"着"是不具有这些时体功能的。

（二）"了"与"た"

汉语动词"了"后续在动词或形容词后面，表示动作、变化已经完成。

水位降低了两米。
明年，我大学毕业了就去工作。
昨晚，我去看电影了。

"水位降低了"表示实际已经发生的动作或变化，是现在完了时体；"大学毕业了"用于预期明年或其他假设的动作，是未来完了时体；"昨晚，我去看电影了"是过去完了时体。

"了"用在句子的末尾或句中停顿的地方，表示变化或出现新的情况。

春天了，樱花都开了。
天快黑了，今天去不成了。
你早来一天就见到他了。
本想出国留学，后来还是工作了。
明白了，明白了，不要再说了。

"春天了，樱花都开了"表示已经出现的情况；"天快黑了，今天去不成了"表示将要出现的某种情况；"你早来一天就见到他了"表示在某种条件之下出现某种情况；"本想出国留学，后来还是工作了"表示认识、想法、主张、行动等出现了变化；"明白了，明白了，不要再说了"表示催促、劝止。

日语"た"表示动作或状态的完成或完了、动作结果的存续等。

論文を書きました。
ご飯を食べました。
彼女は、もう落ち着きました。
大学入試に合格しました。

"書きました""食べました"表示写论文或吃饭这一过程已经完成；"落ち着きました"中的安静下来也好，"合格しました"考上大学也好，瞬间动作虽然结束，但是其效力一直影响到现在，这是现在完了体。

昨日、北京に着いた。
高校時代はよく授業をさぼりました。

这两句话中的昨天、高中时期都是过去时。"昨日、北京に着いた"是过去完成时，而"よく授業をさぼりました"是过去反复体。

日语的"ていた"可以表达过去持续性的动作、动作结果状态的持续、状态已经实现等。在"ていた"表示过去发生的持续状态上，与汉语"了"存在非对应性。"了"具有未来完了、过去完了的语义功能，而"た"则不具有此功能。汉日翻译时，不应将汉语"了"与日语"た"相对应，应做如下调整：

明天，我可不在家，出差了。（未来完了）
明日、家にいませんよ、出張に出かけています。
昨天，我出去买东西了。（过去完了）
昨日、買い物に出ていました。

"明天，我可不在家，出差了"是未来完了，日语"た"不具备此功能，语言形式换成"ている"。"昨天，我出去买东西了"这是过去完了，日语"た"不具备此功能，换成"ていた"。

日语"た"具有过去反复时体功能，而汉语"了"则不具有此功能。在语义转换上，应做如下非对应处理：

高校時代はよく授業をさぼりました。（过去反复）

高中时候，时常旷课。

通过上面的对比，我们可以看出，"了"与"た"都具有表示一个事件的结束、动态性的事态变化的功能，都表示过去已经发生，两者都具有"现在完了"的时体功能。但是，汉语"了"具有"过去完了"的时体功能，而日语"た"则不具有此功能；日语"た"可以表示过去非连续的反复事件，而汉语"了"不具有此功能。

另外，汉语"了"具有"未来完了"的时体功能。吕叔湘的《现代汉语八百词》（1999 年，商务印书馆），对"了"做了这样的解释："了"既可以表示事态已经发生变化，如"外边下雨了（已经开始下，现在还在下）"，也可以表示事态将要发生变化，如"吃饭了（还没有开始吃，现在马上吃）"。2021 年春节联欢晚会有一个语言类小品《阳台》，就是利用"了"的这两个功能，达到了话语交流中的戏剧效果。

《阳台》讲了这样一个情节：小夫妻两人炖排骨，先生出门时向房间里的太太喊道："排骨放盐了。"吃饭时先生回来一看，排骨成了咸菜，因为太太又加了两勺盐。两人为这件事互相指责，男士说："我明明告诉你已经放盐啦，你干嘛再放盐？"女士委屈地说："你明明告诉我要放盐啦，怎么会是我的错？"

这个误会，就是因为"了"除了具有表示动作完了功能之外，还具有表示将要发生变化的提示注意功能。这个小品就是巧妙地运用"了"的两种语法功能，在语言交际上产生混淆，从而达到戏剧效果。

当然，该如何判断，这需要在具体语境下，结合语音、语调来确定。

六、方位词语概念的非对应性

（一）汉语的"上"与日语的"上"

除了前面讲过的隐喻语义扩张功能外，汉语的"上"与日语的"上で"在表示方位时，存在着非对等现象。

分析下面的例子：

在车上睡觉。

電車の上で眠っています。（✕）

電車で眠っています。

在飞机上看电影。
飛行機の上で映画を見ています。 （×）
飛行機で映画を見ています。

在汉日转换过程中，汉语思维意识的日语学习者容易错误地翻译为"電車の上で""飛行機の上で"，这两句话的含义实际上是指汽车、飞机的上方，而不在车、舱内。而汉语的"上"是指汽车、飞机的行进线路的上面或认为汽车、飞机里面是一个平面，表示人在线路上或平面上。

日语的"上に"是真正表示在一物体的上面，为此，下面的句子是正确的。

桌子上放着书。
机の上に本があります。

再看下面的句子：

黑板上写着字。
黒板の上に字が書いてあります。 （×）
黒板に字が書いてあります。

墙上挂着地图。
壁の上に地図が掛けてあります。 （×）
壁に地図が掛けてあります。

将军的左胸上挂着勋章。
将軍の左胸の上に勲章をつけています。 （×）
将軍の左胸に勲章をつけています。

按着汉语思维，这几句话容易错译为"黒板の上に""壁の上に""左胸の上に"。汉语的"上"有"表面"的语义功能，而日语的"上に"不具有这一语义功能。

房间的棚顶上有一只蚊子。
天井の上に蚊がいますよ。 （×）

部屋の天井に蚊がいますよ。

这座山上立着一个塔。
この嶺の上にタワーが立っています。

中文里讲"房间的棚顶上",是以说话人的头顶上面为参照点,转换成日语,则不能说"天井の上に";而日语"天井の上に"是指棚顶上面我们在室内看不到的部分,所以,此处应该用"天井に"。"山峰上立着一个塔"是塔真正耸立在山峰的上面,所以日语译为"嶺の上に"是正确的。

另外,"上"还具有积极、正向的隐喻功能,如:

他考上大学了。
彼は大学の入学試験に合格した。

会议还没开始大家就议论上了。
会議開始前に皆はすでに討論し始めました。

这里的"上大学"具有好的、事情向积极方面发展的隐喻意义。另外,"上"的隐喻意义还有上层、社会高层、尊长、好的品质,以及指事情向某方面发展的程度等隐喻语义。在范畴化一章里我们进行过分析,这里不再探讨。

以上我们仅将表示方位语义的汉语"上"抽取出来,通过概念对比,我们看出在进行语言转换时,中文的"上"与日语的"上"的语义功能是不完全对应的。

（二）汉语的"里"与日语的"中"

当汉语的"里"作为方位词使用时,语义为"内部",与汉语"外"相对。日语"中"也有内部、中间以及在外表看不到部分等语义。汉语方位词"里"与日语的"中"并不能对应转换处理,这同样是汉日翻译中容易出错之处。

父亲在房间里。
父は部屋の中にいます。　(×)
父は部屋にいます。
妈妈在厨房里做菜。

　　母はキッチンの中で料理をしています。　（×）
　　母はキッチンで料理をしています。

　　在中译日过程中，上面这两组句子容易误译为"部屋の中"和"キッチンの中"，即将汉语的"里"对译为日语的"中"。因为中日语言思维特征不同，中日语言转换时，形式并不能完全对应。

　　前面我们分析过，汉语是客观识解，说话人处在所说事态之外，以旁观者的身份对事态进行描述。当叙述"父亲在房间里""妈妈在厨房里做菜"时，尽管我与父亲、母亲都在同一场所里，也依然是这样描写这个事件，但描述时是要"置身事外"的。相反，日语是主观识解的思维特征，说话人始终处于事态之中，哪怕自己不在房间、不在厨房，也依然把自己置身于所表述的事件"部屋""キッチン"之中来描述。所以要表述为"父は部屋にいます"和"母はキッチンで料理をしています"。

　　但是，也有下面的句子：

　　ポケットの中で、ぼくは掌の汗を拭いました。
　　鼠は、小さな赤い籠の中で食べたりしていました。
　　虫がのろのろと箱の中を這っているのが見えました。

（张麟声，2001：29—31）

　　上面这三个句子中的"の中"是必须要有的。为什么呢？
　　尽管日语是主观识解，在进行事态描述时，说话人置身其中，但是，"ポケット""籠""箱"并不是人们通常所生存的环境，说话人不能与"鼠""虫""掌"站在同一立场、同一场所，与上面句子的"爸爸""妈妈"不一样。所以，类似这样的句子是抽离之外的客观描述，一定要用"の中"。

　　教授作为解说人出现在电视节目里。
　　教授はテレビ番組の中に解説者として出演されました。　（×）
　　教授はテレビ番組に解説者として出演されました。

　　日语场景下的发话人介入时态之中，以焦点、事态的展开为中心进行表述；而中文语境下的发话人是抽离事态之外，以发话人体验为中心进行描写。所以，在中文里，发话人是看到电视时的直观的表述——教授在电视里；日语是以教授、动作的进行为中心展开叙述的，这是认知特点的不同所在。另外，日语"番組"不能分成内部、中间，所以不能用"番組の中に"来表达。

下面这句话也可以用这个原因来解释。

> 他在电话里发火了。
> 彼は電話の中で怒鳴っていました。　（×）
> 彼は電話で怒鳴っていました。

这个句子也是与上面句子的原因是一致的，汉语可以说"电话里"听到的结果；而日语"電話"只是一种通讯手段，不是活动的场所，人是不能在电话里进行动作行为的，所以"電話の中で"是不通的。

还有一些也是不相对应的，如：

> 她在这两三天里会来的。
> 彼女がこの二、三日の中に来るだろうと思います。　（×）
> 彼女がこの二、三日の間に来るだろうと思います。

汉语的"两三天里"是一个隐喻，是将时间视为容器，所以"两三天里"是说得通的，而日语里的"中"并没有表达时间段的意义，所以转换为"間に"。当然，还有其他一些现象的存在。

七、句子的焦点的非对应性

从认知层面讲，焦点是说话人强调、突出的部分。同时，焦点也是引起受话人注意的部分，是句子中信息量最大、最为集中的部分。徐烈炯、刘丹青（1998）认为，焦点在句子内部和话语中的两个功能特征是"突出"和"对比"。"突出"指的是相对于句子内部的其他内容而言，焦点是句子中被突出的信息；"对比"是指相对于句外的其他话语成分或共享知识，焦点同样是被突出的信息。

在日语主题句中，通过提示助词"は"指出句子的主题，它既可以提示主语，也可以提示宾语、状语、补语，成为一句话的中心与焦点。但是"は"并不是每个句子都需要的，有些句子不但没有主题，甚至连主语也没有，在这种情况下，其焦点将出现在最后的谓语动词上，谓语动词成为句子关注的中心。

肉は食べません。

弟とはもう相談しました。

来週の水曜日には本屋へ行きます。

新聞を読んでいます。

花が咲いています。

第一个句子，认知的焦点是通过"は"所提示的宾语"肉"；第二个句子的"弟"和第三个句子的"水曜日"成为主题；第四个句子既没有主题也没有主语，其认知焦点是动词"読む"；第五个句子的"花"是主语，是该句子描述的对象，主语与主题合一。

与此所不同的是，汉语的句子中，话题也称为主题（张斌，2005：178）。在主述句中，主题一般位于述题之前，主题与主语有本质区别，主题是语用概念，主语是句法概念。陈述句中，作为陈述对象的主语是和主题重合的，在语用表达上是主题（范晓，2017：53）。

他作为毕业生代表发言。

我买回了日语词典。

生鱼片，我是不吃的。

开了，我家里的牡丹花。

第一、第二个句子中的"他""我"都是句子的主语，是话语的主题，构成认知的焦点；第三个句子是将宾语"生鱼片"前置，形成这个句子的主题，并成为本句的认知焦点；第四个句子是将谓语动词"开了"前置，成为该句子的主题，是该句子认知突显的部分。

由于汉语是孤立语系，词语本身不具有语法意义，词语与词语的语法关系以及词语在句子中的语法作用，是通过词语的位置体现出来的，词语的语序相对来说是固定的。与此相反，由于日语是黏着语，动词自身具有词尾变化，此外，助词、助动词、补助动词在句子中的作用非常大，因此，与汉语相比，日语词语的位置相对是自由的。

私がビールを飲みます。

ビールを、私が飲みます。

私が飲む、ビールを。

ビールを飲む、私が。

日语词语在句中的位置相对较自由，与此相对，汉语里"茶我喝""喝我茶""茶喝我"是行不通的。汉语除了倒装句将部分句子成分前提至句首外，一般来说，主语是句子的焦点；日语更能自由地将所要强调的焦点前提至句首，除此之外的一般句子中，其焦点一般在谓语部分。

八、日语自、他动词与汉语形式的非对应性

日语《大辞林》（第二版，1999：1134、1578）对自动词、他动词做了解释。自动词是"その表す動作・作用が他に及ばず、主語自身の働きを表わす動詞"；他动词是"その表す動作・作用が他に及ぶ意味を持つ動詞"。佐藤琢三（2005：170）解释为：他动词表示动作行为人有意识的动作或行为，而自动词则表示其对应他动词的动作状态或结果。庵功雄（2005：166）认为：自动词是表示事态为非意志性（自发）地发生，主体通常是事物；他动词是表示主体意志性地引发事态，主体通常是人及动物。

《现代汉语词典》（第七版，2016：340）也对自动词和他动词进行了解释："作为自动词使用时表示客观的变化或结果，作为他动词使用时表示动作或行为。"

分析下面的句子。

お茶が入っています。

这句话可以翻译为"茶来了"，在中文里我们习惯说为"我给你沏茶了"或"我给你添茶了"，可以翻译为日语"お茶を入れました"，为什么日语却习惯说"お茶が入っています"呢？

"入る"是自动词，自动词的使用，是将行为主体的付出、主观意志隐匿起来，突显自然而然地形成了一种状况，表明该状况来自内部因素，而并非是受外在行为主体因素所支配。而他动词则是正好相反。

ご迷惑をかけて申し訳ございません。
お手数をおかけいたしました。
ご面倒をおかけしました。

"かける"是他动词，在上述句子中，突显了作为话语主体给对方所带来、施加的麻烦，为此而抱歉。这种状态不是自然、内部形成的，是人为的、受行为主体所支配的结果。

部屋をきれいにする。
部屋がきれいになる。

第一个句子是人为地清扫、整理，使房间变干净了，突显的是主体的意志和行为；第二个句子是房间变干净了，与人的意志、行为无关。

お酒を飲まないようにしています。
日本語が分かるようになりました。

第一句是为了主观上的目标，在坚持不喝酒，突出主体的个人意志性；第二句话表示日语能力获得自然的变化。

新年は家でゆっくりすることにしました。
来月、出張で日本に行くことになりました。

"ことにする"是自己的意志、自己的决定，如自己的计划等，"新年就在家里消闲了"，这是自己的决定。"ことになる"是组织的决定，以及国家的法律规则要求、社会风俗习惯约定、自然变化等，与自己意志无关，所以"决定下个月去日本出差"是机构或组织的决定，而不是自己的决定。

芳贺绥（2004：207）曾提出，日本人自古以来就喜爱用"状态叙述"型的语言，即"なる"这一动词，注重表达结果的自然形成。池上嘉彦（1981）在『「する」と「なる」の言語学』中，通过日语、英语的对照研究，从文化与语言的关系角度出发，提出了"する型言語""なる型言語"两种语言类型的观点。他认为，"する型言語"是"人間本位的言語"，即以"人物活动中心"的语言表达模式；"なる型言語"是"自然本位的言語"，即以"状况形成中心"的语言表达模式。通过比较，他认为英语属于"する"型语言，日语属于"なる型"语言。

金田一春彦（1991）在比较日英差异的时候，发现英语在表述行为动作时，"他动词"的使用居多，而日语里则是"'自己怎样了'这类说法和动词"占绝对多数。所以，他指出："日语是自动词式的，所谓自动词式，即无大变化，静态之意。"接着他又指出："我认为日语正因为是自动词式的，才呈现出静态。"李伟（2012：61—62）认为，实际上汉语和英语一样，及物动词数量多，而汉语中及物动词（他动词）的使用较普遍，即"谁做什么"这一表达形式多，日语中自动词（不及物动词）的使用较多。

经过比较，我们同样认为汉语与英语相似。日本人倾向于选取客观的、自发的、结果性的表达方式，喜欢站在事态中来叙述事态，淡化自我，强调自然形成，强调结果的认知特征，语言表达中多采取不重视动作者主体或忽视主体存在的表达方式。而中文却喜欢用积极的、主观的表现方式，强调人为因素，强调自我因素，语言表达中重视、突显行为主体的存在及其行为，因此，中文应该属于"する型"语言。在汉语表达中，一般而言，主语是不可缺少的，动作、行为的主体也是不可缺少的。

自动词、他动词以及"する型""なる型"语言类型分类，为我们提供了一些启示：在汉日语言转换过程中，我们有必要根据具体情况，在一些话语、句子翻译转换过程中，将汉语的所谓的"する型"语言转换成日语的"なる型"语言，或者将日语的"なる型"语言转换成汉语的"する型"语言，这样才能更符合两种语言的认知特征。

九、委婉表达的非完全对应性

委婉语作为语言中的一种普遍现象，它在社会生活中使用非常广泛。选择委婉表达，是为了使会话双方沟通愉悦，交流顺畅。委婉表达的内容非常丰富，在人们的日常生活中发挥着重要作用。

《日本国语大辞典》（第二版）将委婉表现解释为"断定的に直接的に、または露骨的に言うのを避けて、遠回しに表現すること"。汉语的解释很多，常敬宇（2000：32）称之为"人们为了减轻对交际对方的刺激或者压力，对自己不情愿的事情、对对方的不满或者厌烦情绪，往往不愿直说，不忍说，不便直说，不敢直说，而故意用一些礼貌用语或语气比较缓和的词语，或以曲折、含蓄甚至隐晦的方式来表达"。

日语中的委婉肯定、委婉否定、巧妙拒绝、语言暗示是日本人所喜爱的表达方式，其语言表现形式、思维特征等方面的研究一直以来都是语言、文化方面研究的课题。大江健三郎于1994年12月7日在斯德哥尔摩瑞典皇家文学院发表演讲，该演讲的标题是《あいまいな日本の私》。作为获得诺贝尔文学奖的日本第二人，其演讲延续着川端康成的风格。川端康成在获奖时的演讲题目是《美しい日本の私》，向世界展示了"美丽的日本"，而大江健三郎则向世界展示了"暧昧的日本"，既表达了对川端的敬意，又从另一个侧面展示了日本。"暧昧的日本"以及日语语言表达的委婉含蓄更引起人们的关注。

但是，不能因为日语语言表达中这一明显特征，就忽略对汉语中的委婉表达的关注。汉语中同样存在大量的委婉表达形式，有些学者甚至提出汉语的委婉频度要高于日语。

汉语表达中，为了尊重或抬高对方或听众，低调处理自己的见解或意见，常用"正如大家（您）所知道那样……"，日语中有"ご存じのように""ご存じかと思いますが""ご推察のように"等。

在汉语中，我们常说"你一定要来玩儿啊""欢迎再次来玩儿""下次一起喝一杯""下次咱们一起吃饭""下次咱们一起""找时间咱们喝一杯""再联系""再找机会"，这些大都表示社交场景下的委婉客气，而不是一定要按这样说的来办理。

与汉语中的这些表达完全相同，日语中也是同样的表达"そのうちぜひ遊びにいらっしゃい""今度一杯飲みましょう""今度一緒に食事しましょう""今度ぜひご一緒させてください""近いうちに飲みに行きましょう""またご連絡ください""またの機会に"。这些表达并非真正的邀请，大多都是社交场面的辞令（李小荣，2014：48）。

中日表达中委婉语的使用频率孰高孰低，不是本书研究的关键，本书所关注的是从认知视点出发，汉日委婉表达并非完全对应。

（一）汉语的委婉表现

在汉语中交流中，我们常听到这样一些表达，这些都是说话人主体意识性作用的结果。

避重就轻，含蓄而留有余地：

有点儿事情。
ちょっと用がありまして…

还凑合。
まあなんとか…

不方便讲。
ちょっと言いにくいんです。

好像是。
どうもそうみたいですね。

以后再说。
また今度改めて…

　　过两天吧。
また近いうちに…

　　没什么。
別に。/何でもないです。

拒绝时：

　　不好意思，我有点儿累。
すみません、今日はちょっと疲れているのです。

　　其实我身体有点儿不舒服，我想晚上在家休息。
実は少し体調が悪くて、夜は家でゆっくりしたいのです。

　　我今天有点事，可能没法去。
今日はちょっと用事があるので、行かれないと思います。

　　非常抱歉，我实在没空。
たいへん申し訳ないのですが、どうしても時間が取れないのです。

接受邀请时：

　　我想我应该能参加。
たぶん出席できると思います。

　　想去是想去，可是我估计去不了。
行きたいは行きたいのですが、おそらく行かれないと思います。

　　如果情况允许的话，我是想去。
もし行かれるようであれば、行きたいと思います。

在古典、现代作品以及讲话报告中，委婉的例子很多：

今臣尽忠竭诚，毕议愿知，左右不明，卒从吏讯，为世所疑。

（邹阳《狱中上梁王书》）

这句话的意思是：我竭尽忠心诚意，把计谋全部献出，希望大王知道，但您左右的人如此不明，最终听从了狱吏的建议对我审讯而不信任我。在这里，发话人是邹阳，他不敢谴责梁王的愚昧，怨气只能说到梁王身边"左右"身上。

达生：竹筠，怎么现在会变得这样……
白露：这样怎么呢？
…………
达生：……我说，好像比以前大方得……　　（曹禺《日出》）

为了避开直白的谴责，方达生采用了"大方"，虽然，"大方"是褒义词，可是在这里却是指责白露的"放荡"与"过分"。

我原来在农场的时候，有一个青年指导员给我写信，表示了那个意思。　　　　　　　　　　　　　　　　　　（张抗抗《夏》）

宋子恩：我出个不很高明的主意，干脆来个包月，每月一号按阳历算，你把那点……
吴祥子：那点意思！
宋恩子：对，那点意思送到，你省事，我们也省事！
王利发：那点意思得多少呢？
吴祥子：多年的交情，你看着办！还能把那点意思弄成不好意思吗？　　　　　　　　　　　　　　　　　　　（老舍《茶馆》）

小说《夏》中的"那个意思"是指爱慕之情或爱恋，《茶馆》中的"那点意思"指每月给他们发钱，《茶馆》中最后的"弄成不好意思"中的"不好意思"是指因为这点儿费用导致的不愉快。

由于大家都知道的原因，两国人民之间的往来中断了20多年。现在，经过中美双方的共同努力，友好往来的大门终于打开了。
（《周总理在欢迎尼克松总统宴会上的祝酒词》，《人民日报》1972

年 2 月 22 日）

　　这里用"大家都知道的原因"来指代过去中美对抗的关系，这种笼统模糊的说法既适应了外交的礼仪，给来访的尼克松总统足够的尊重，同时，又不失我国的原则和立场。

　　汉语中避重就轻、贬义褒说、先抑后扬、避讳回避、含糊其辞、激励表扬中寓批评、谦虚托词、暗含影射等委婉表达方法不胜枚举。

　　（二）日语的委婉表现

　　避讳、回避是日语委婉表现的一种形式，在日常话语中用得很多，这是我们学习与研究日语时应特别注意的地方。

　　　　披露宴はそろそろお開きの時間が近づいてまいりました。

　　"お開き"就是一种"忌み言葉"，在婚礼、宴会等喜庆场合，人们都忌讳用"終わる""閉じる"等表示结束、告终、关闭等意义的词，因为这些词"縁起が悪い"，所以就用与其相反意义的"お開き"来表示。

　　在婚庆等宴会仪式上的"切蛋糕"，不用"切る"，要用"ケーキに入刀する"或"ナイフを入れる"等。在婚礼上，一般不用"たびたび""かさねがさね"等表示再三、屡次的词语，因为这与多次婚姻有着语义上的关联。

　　日语同样回避一些人们最忌讳的字眼。例如，"死"是人们最忌讳的字眼，在通常情况下，人们忌恨谈死，认为最大的不幸莫过于死，因此，在语言交际中总是回避"死"字。甚至连数字"4""9"，都回避"し"（死）、"く"（苦）的发音。日语多用"逝去""世を去る""逝く""なくなる""なくなられる""不幸""永眠""目を閉じる""息を引き取る"等来表示"死"。

　　与此相同，汉语也同样回避死，而代之以去世、谢世、永眠、走了、安息、离世等。

　　夏目漱石在学校当英文老师时给学生出过一篇短文翻译题，要求把文中男女主角在月下散步时男主角情不自禁说出的"I love you"翻译成日文。夏目漱石说，不应直译为"我君を愛す"，因为"日本人はそんなことは言わない"，而应含蓄地翻译成"今夜は月が綺麗ですね"。大概可以这样理解：我望着夜空美丽而又带给我无限幻想的月亮，此时，希望你也能与我有同样的感受，我想将这份美好传递给你，因为你是我在意的人，又是我非常喜欢的人。或者也可以从另一个角度理解："和你一起观赏的月亮最美。"这则趣事不知真实与否，虽无法查找到准确的出处，但在民间广为流传。

与夏目漱石同时代的二叶亭四迷，他将"I love you"翻译成"このまま死んでもいいわ"，同样传递着日本人委婉的文化意识。

我们曾分析过中日判断语气的非对应性，日语的判断语气多用"ではないでしょうか""したらいかがでしょうか""と思いますが""したほうがよいと思いますけれど"等表达形式，对自己的观点和想法多用"と考えられる""といわれる""と思われる"等表达，除此之外，日语的格助词、副助词、助动词、接续助词也同样可以表示委婉功能。

> コーヒーでもどうでしょうか。
> ちょっと一つ気になったんですが。
> 酒なんか、いりますか？

格助词"でも""とか""なんか"等增添了中心词的外延界限的不确定性，给对方留有思考、选择的空间。

> 一つぐらいもらってもいいだろう。
> 一週間ばかり旅行にいく。

"ぐらい""ばかり"是副助词，"一つぐらい"提示了以"个"为单位，"ぐらい"模糊了数量的限制，表示量少；"一週間ばかり"提示了以"周"计算单位，"ばかり"模糊了数量，同样表示量少。

> 明日、雨でしょう。
> もうそろそろ時間のようです。
> 10月11日に、ノーベル文学賞授与が中国作家の莫言氏に決まったでしょう。

对将来、现在和过去发生的事态的叙述，它们所传达的事态都是真实的，但是在句末却添加了表示不确定性意义的助动词"でしょう""ようだ""らしい"等。

> そう言えなくでもないが。

問題がないわけではないが。

修理できないものでもないんですが。

そのことを考えないでもないが。

日语用"～なければならない""～ずにはいられない""～ないわけにはいかない""～ざるをえない"等双重否定句式，解释原因或道理、阐述可能性、提出建议，这样的表达更容易为对方所接受。

窓を開けてくれませんか。

お茶を飲みませんか。

映画でも見に行きませんか。

用否定＋疑问的句式，委婉表达说话人个人的主观意见、想法或请求，从而避免给对方造成压力，舒缓气氛。

（三）委婉表现选择的背景因素

采用委婉表达还是直接表达，以及如何选择委婉表达形式，都与语境密切相关，与说话人的性别（男性还是女性）、性格（是内向还是外向、是温婉随和还是豪爽强势）、语言风格（直抒其意还是幽默表达）、价值取向、观测视角等主观因素密切相关。

委婉表达是汉语、日语中普遍存在的一种语言现象，它们各有特点，既有一致的表达，也有不同的表现形式，在汉日两种语言的转换过程中，须根据现实语境、实际需要，采取灵活多样的表现形式，更好地达到语用效果的传递。

十、其他

日语、汉语语言形式的非对应性还存在于多个方面，如：日语在表达拒绝歉意时，常通过暗示使对方感觉到拒绝意图，如"考えておきます""難しいですね""前向きに検討します""ちょっと…"等话语，大多表示委婉的回绝，而中国人拒绝时多在理由的解释、说明上；日本人的责备往往比较间接，道歉人首先承认自己的责任，进而开始问题的解决；在寻求别人帮助、请求时，日本人多使用委婉间接的会话策略来减轻给对方带来的心理负担，而中国人倾向于用明确、充分的理由来强调言语行为的正当性；等等。

中日语言形式上的非对应性还有很多，不能一一举例。从中日语言的认知特点、思维意识出发进行分析思考，有助于我们把握中日语言形式的差异性，以及语言形式非对应的背后的理据。

第 3 节　小结

德国著名的理论语言学家洪堡特曾说过："每一语言里都包含着一种独特的世界观。"这一论断充分说明了语言形式是人们思维意识的体现。徐通锵（2007：164—167）认为：语言是观察思维方式的窗口，甚至可以说是唯一的窗口。思维方式的差异是通过语言结构的差异表现出来的。

既然语言形式是思维意识的映现，语言形式又为概念传递形成了框架，那么，在寻求和谐话语的主体意向性引领下，充分思考谁在说、听者是谁、话语效果等问题，是非常必要的。

中国、日本由于受地理环境、生活条件、风俗习惯等差异的影响，在观察现实、认识世界、描述事件的过程中，体现了发话人不同的认识视角、不同的主观性，呈现出不同的认识状态，表现在语言形式上，中日语言结构、语言形式是不完全对应的。

中日语言的相互转换，需要将起始语言转换成符合目标语言思维特征的语言形式，而不是语言形式的僵化对应，要做到语言形式的和谐转换和信息效果的最佳传递。中日语言存在着主语标记形式化的非对应性、情感词语使用的非对应性、句子焦点的非对应性、判断语气主观性的非对应性、语言时体的非对应性、人际关系语言形式化的非对应性、方位词语概念的非对应性、日语自动词和他动词与汉语形式的非对应性，以及委婉表达的非完全对应性，等等。

我们在日语表达或汉日翻译转换中，既要体现发话人所具有的独特语言习惯与特色，也要反映出中日两种语言思维意识、认知特点的顺应与对接。洪堡特说过，要摆脱一种语言世界观的束缚，唯一的办法就是熟练地学会另一种语言，能自然地用这种语言思维。

我们既不能用汉语的思维意识去组装日语语言，也不能把日语语言形式僵化地转换为汉语语言。我们要在充分了解两种语言思维表达、认知习惯差异的基础上，弄清两种语言非对应的表现形式，逐步做到两种语言思维方式的自由转换，不断追求语义、信息效果的最佳转换，进而实现中、日语言形式转换的和谐顺应。

参考文献

1. 外文文献

ANDOR J. Discussing Frame Semantics: The State of the Art – An Interview with Charles J. Fillmore [C]. Review of Cognitive Linguistics, 2010 (1).

BROWN G, YULE G. Discourse Analysis [M]. Beijing: Foreign Language Teaching and Research Press, 2000.

CAFFEREL A J, MARTIN R, MATTHIESSEN M I M. Language Typology: A Functional Perspective [M]. Amsterdam/Philadelphia: John Benjamins Publishing Company, 2004.

CROFT W. The Role of Domains in the Interpretation of Metaphors and Metonymies [C] //DIRVEN R, PORINGS R, et al. Metaphor and Metonymy in Comparison and Contrast. Berlin: Mouton de Gruyter, 2003.

DU BOIS J. The Stance Triangle [C] //ENGLEBRETSON R, et al. Stancetaking in Discourse: Subjectivity, Evaluation, Interaction. Amsterdam: John Benjamins Publishing Company, 2007.

FILLMORE C J. An Alternative to Checklist Theories of Meaning [C] //Proceedings of the First Annual Meeting of the Berkeley Linguistics Society, 1975.

FILLMORE C J. Frame Semantics and the Nature of Language [J]. Annals of the New York Academy of Sciences, 1976 (1).

FILLMORE C J. Scenes-and-Frames Semantics, Linguistic Structures Processing [C] //ZAMPOLLI A, et al. Fundamental Studies in Computer Science: No. 59. North Holland Publishing, 1977.

FILLMORE C J. Frame Semantics [C] //The Linguistic Society of Korea, et al. Linguistics in the Morning Calm Seoul: Hanshin Publishing Co, 1982.

FILLMORE C J. Frames and the Semantics of Understanding [J]. In Quaderni di Semantica, 1985.

FINNEGAN E. Subjectivity and Subjectification [C] //STEIN D, WRIGHT S, et al. Subjectivity and Subjectivisation. Cambridge: CUP, 1995.

GRICE H P. Logic and Conversation COLE P, MORGAN J L, et al. Syntax and Semantics, Vol. 3: Speech Acts [M]. New York: Academic Press, 1975.

HOBBES T. Leviathan [M]. New York: Cambridge University Press, 1996.

HOEK V, KAREN. Cognitive Linguistics [M] //WILSON R A, FRANK C K, et al. The MIT Encyclopaedia of the Cognitive Sciences Shanghai: Shanghai Foreign Language Education Press, 2000.

KOCH P. Frame and Contiguity: On the Cognitive Bases of Metonymy and Certain Types of Word Formation [C] //PANTHER K U, RADDEN G, et al. Metonymy in Language and Thought. Amsterdam: John Benjamins Publishing Company, 1999.

LAKOFF G, JOHNSON M. Metaphors We Live By [M]. Chicago: The University of Chicago Press, 1980.

LAKOFF G. Women, Fire, and Dangerous Things [M]. Chicago: The University of Chicago Press, 1987.

LAKOFF G, TURNER M. More Than Cool Reason: A Field Guide to Poetic Metaphor [M]. Chicago: The University of Chicago Press, 1989.

LAKOFF G, JOHNSON M. Philosophy in the Flesh: The Embodied Mind and Its Challenges to Western Thought [M]. New York: Basic Books, 1999.

LANGACKER R W. Observations and Speculationsnn Subjectivity and Subjectification [C] //HAIMAN J, et al. Iconicity in Syntax. Amsterdam: John Benjamins, 1985.

LANGACKER R W. Foundations of Cognitive Grammar: Theoretical Prerequisites: Vol. I [M]. Stanford: Stanford University Press, 1987.

LANGACKER R W. Review of Women, Fire and Dangerous Things: What Categories Reveal about the Mind [J]. Language, 1988 (2).

LANGACKER R W. Concept, Image, and Symbol: The Cognitive Basis of Grammar [M]. Berlin: Mouton de Gruyter, 1990.

LANGACKER R W. Foundations of Cognitive Grammar: Descriptive Application [M]. Stanford: Stanford University Press, 1991.

LANGACKER R W. Grammar and Conceptualization [M]. Berlin: Mouton de Gruyter, 2000.

LANGACKER R W. Concept, Image, and Symbol: The Cognitive Basis of Grammar [M]. 2nd ed. Berlin: Mouton de Gruyter, 2002.

LANGACKER R W. Ten Lectures on Cognitive Grammar [M]. Beijing：Foreign Language Teaching and Research Press，2007.

LEECH G. Principles of Pragmatics [M]. London：Longman，1983.

LYONS J. Semantics [M]. Cambridge：Cambridge University Press，1997.

RICOEUR P. The Rule of Metaphor [M]. London：Routledge，1986.

ROSCH E. Cognitive Representation of Semantic Categories [J]. Journal Experimental Psychology：General，1975（3）：192－233.

SPERBER D，WILSON D. Relevance：Communication and Cognition [M]. 2nd ed. Beijing：Foreign Language Teaching and Research Press，2001.

STEIN D，WRIGHT S et al. Subjectivity and Subjectivisation：Linguistic Perspectives [C]. Cambridge：Cambridge University Press，1995.

TALMY L. How Language Structures Space [C] //HERBERT P，ACREDOLO P，et al. Spatial Orientation：Theory，Research and Application. New York：Plenum Press，1983.

TALMY L. Toward a Cognitive Semantics：Concept Structuring Systems [M]. Cambridge：MIT Press，2000.

TANNEN D. What's in a Frame? Surface Evidence for Underlying Expectations [C] //TANNEN D，et al. Framing in Discourse，New York：Oxford University Press，1993.

TRAUGOTT E C. Subjectification in Grammaticalization [C] //STEIN D，WRIGHT S，et al. Subjectivity and Subjectivisation：Linguistic Perspectives. Cambridge：Cambridge University Press，1995.

UNGERER F H. Schmid An Introduction to Cognitive Linguistics [M]. London：Longman，1996.

UNGERER S. An Introduction to Cognitive Linguistics [M]. Beijing：Foreign Language Teaching and Research Study Press，2000.

VYNYAN E，GREEN M. Cognitive Linguistics：An Introduction [M]. Edinburgh：Edinburgh University Press，2006.

安藤清志. 対人関係における自己開示の機能 [J]. 日本：東京女子大学紀要編集，1986（36）.

池上嘉彦訳. 言語と意味 [M]. 東京：大修館書店，1969.

池上嘉彦.「する」と「なる」の言語学 [M]. 東京：大修館書店，1981.

池上嘉彦. 英語学コース（第4巻）. 意味論、文体論 [M]. 東京：大修館書店，1985.

池上嘉彦. 日本語論への招待［M］. 東京：講談社，2000.

池上嘉彦. 言語における〈主観性〉と〈主観性〉の言語的指標（1）［J］. 認知言語学論考（3）［C］. 東京：ひつじ書房. 2003.

池上嘉彦. 言語における〈主観性〉と〈主観性〉の言語的指標（2）［J］. 認知言語学論考（4）［C］. 東京：ひつじ書房. 2004.

池上嘉彦. 〈主観的把握〉とは何か［J］. 言語，2006（5）.

池上嘉彦. 日本語と日本語論［M］. 東京：ちくま学芸文庫，2007.

池上嘉彦，守屋三千代. 自然な日本語を教えるために［M］. 東京：ひつじ書房，2009.

庵功雄. 新しい日本語学入門［M］. 東京：スリーエーネットワーク，2001.

井上紅梅訳. 故郷［M］. 東京：青空文庫，2004.

岡本佐智子，斎藤シゲミ. 日本語副詞「ちょっと」における多義性と機能［J］. 北海道文教大学論集，2004（5）.

荻原桂子. 文学教材の研究－魯迅《故郷》の言語表現－［J］. 九州女子大学紀要，2016（2）.

蒲谷宏，坂本恵. 待遇表現教育の構想［J］. 早稲田大学日本語研究教育センター紀要，1991（3）.

蒲谷宏. 待遇コミュニケーション論［M］. 東京：大修館，2013.

金田一春彦. 日本語の特質［M］. 東京：日本放送出版協会，1991.

北原保雄. 日本語の形容詞［M］. 東京：大修館書店，2010

工藤真由美. ァスベクト・テンス体系とテクスト［M］. 東京：ひっじ書房. 1995.

小泉保. 言外の言語学［M］. 東京：三省堂. 1990.

国広哲弥. 意味論の方法［M］. 東京：大修館書店，1982

児玉徳美. ことば・言語分析・言語理論の在り方を問う［M］. 東京：開拓社，2010.

佐藤琢三. 自動詞文と他動詞文の意味論［M］. 東京：笠間書院，2005.

徐一平. 中国語表現との比較対照［M］//系井通浩，半沢幹一. 日本語表現学を学ぶ人のために［C］. 東京：世界思想社，2009.

鈴木重幸. 日本語文法・形態論［M］. 東京：むぎ書房，1972.

瀬戸賢一. メタファー思考意味と認識のしくみ［M］. 東京：講談社，1995.

高橋太郎. 日本語動詞のアスペクトとテンス［M］. 東京：秀英出

版，1985.

高橋英光. 言葉の仕組み：認知言語学のはなし［M］. 札幌市：北海道大学出版会，2010.

谷口一美. 認知意味論の新展開：メタファーとメトニミー［M］. 東京：研究社，2003.

竹内好訳. 1991. 魯迅文集［M］. 東京：筑摩書房，1978.

張麟声. 日本語教育の誤用分析［M］. 東京：スリーエーネットワーク，2001.

仁田義雄. 日本語のモダリティと人称［M］. 東京：ひつじ書房，1991.

仁田義雄. 副詞の諸像［M］. 東京：くろしお出版，2000.

西村義樹. 行為者と使役構文［C］. 構文と事象構造，東京：研究社出版，1998.

野内良三. レトリックと認識［M］. 東京：日本放送出版協会，2000.

芳賀綏. 日本人らしさの構造［M］. 東京：大修館書店，2004.

藤井省三訳. 故郷/阿Q正伝［M］. 東京：光文社，2009.

彭広陸. 主観量表現に関する中日対照研究［M］//日本語教育にする日中對照研究・漢字教育研究論集編集委員會. 日中対照研究・漢字教育研究［C］. 東京：駿河台出版社，2015.

松永澄夫. 言葉の働く場所［M］. 東京：東信堂，2008.

松本曜. 日本語の視覚表現における虚構移動［J］. 日本語文法，2004（4）.

丸山昇. 魯迅・文学・歴史［M］. 東京：汲古書院，2004：10

松村明. 大辞林（Z）. 東京：2版. 三省堂，1999.

南不二男. 連想と言語研究［J］. 日本語学，1993（8）.

籾山洋介. 認知言語学入門［M］. 東京：研究社，2010a.

籾山洋介. 認知言語学から見た日本語［J］. 言語学，2010b（4）.

籾山洋介. 日本語研究のための認知言語学［M］. 東京：研究社，2014.

森雄一，高橋栄光. 認知言語学 基礎から最前線へ［M］. 東京：くろしお，2013.

安井泉. 言葉から文化：文化が言葉の中で息を潜めている［M］. 東京：開拓社，2010.

山岡政紀，牧原功，小野正樹. コミュニケーションと配慮表現［M］. 東京：明治書院，2010.

山梨正明. 比喩と理解［M］. 東京：東京大学出版会，1988.

山梨正明. 認知構文論－文法のゲシュタルト性 [M]. 東京：大修館書店. 2009.

李在鎬. 認知言語学への誘い [M]. 東京：開拓社, 2010.

2. 中文译著

奥斯汀. 语言现象学与哲学 [M]. 杨玉成, 译. 北京：商务印书馆, 2002.

庵功雄. 新日本语学入门 [M]. 于日平, 等, 译. 北京：外语教学与研究出版社, 2005.

川端康成. 雪国 [M]. 高慧勤, 译. 北京：人民文学出版, 2008.

川端康成. 雪国 古都 [M]. 叶渭渠, 唐月梅, 译. 南京：译林出版社, 2009.

迪尔茨. 语言的魔力 [M]. 谭洪岗, 译. 长春：北方妇女儿童出版社, 2016.

伽达默尔. 真理与方法：下卷 [M]. 洪汉鼎, 译. 上海：上海译文出版社, 2004.

洪堡特. 论人类语言结构的差异及其对人类精神发展的影响 [M]. 姚小平, 译. 北京：商务印书馆, 1997.

侯世达, 桑德尔. 表象与本质类比, 思考之源和思维之火 [M] 刘健, 译. 杭州：浙江人民出版社, 2018.

霍克斯. 结构主义和符号学 [M]. 瞿铁鹏, 译. 上海：上海译文出版社, 1987.

莱考夫. 别想那只大象 [M]. 闾佳, 译. 杭州：浙江人民出版社, 2013.

莱考夫, 约翰逊. 我们赖以生存的隐喻 [M]. 何文忠, 译. 杭州：浙江大学出版社, 2015

莱考夫. 女人、火与危险事物 [M]. 李葆嘉, 译. 北京：世界图书出版公司, 2017.

兰艾克. 认知语法导论 [M]. 黄培, 译. 北京：商务印书馆, 2016.

迪尔茨. 语言的魔力 [M]. 谭洪岗, 译. 长春：北方妇女儿童出版社. 2016.

罗素. 罗素文集（第六卷）：意义与真理的探究 [M]. 北京：商务印书馆, 2017.

目黑真实. 日语近义表达方式解析词典 [M]. 北京：外语教学与研究出版社, 2010.

萨丕尔. 论语言、思维和现实 [M]. 高一虹, 译. 北京：商务印书馆，2018.

萨特著，陈宣良译. 存在与虚无［M］. 北京：生活·读书·新知三联书店，2018.

福沃德，弗雷泽. 情感的勒索［M］. 杜玉蓉，译. 成都：四川人民出版社，2018.

山根智慧主编. 日语口语词典［M］. 潘钧，等，译. 北京：商务印书馆，2020.

平克. 思想本质［M］. 张旭红，梅德明，译. 杭州：浙江人民出版社，2018.

辻幸夫. 认知语言学百科［Z］. 李占军，周萌，译. 上海：华东理工大学出版社，2019.

霍克斯. 结构主义和符号学［M］. 瞿铁鹏，译. 上海：上海译文出版社，1987.

维特根斯坦. 哲学研究［M］. 李步楼，译. 北京：商务印书馆，2004.

夏目漱石. 哥儿［M］. 林少华，译. 北京：中国宇航出版社，2013.

亚里士多德. 修辞术·亚历山大修辞学·论诗［M］. 研一，崔延强，译. 北京：人民大学出版社，2003.

3. 中文文献

常敬宇. 委婉表达法的语用功能与对外汉语教学［J］. 语言教学与研究. 2000（3）.

常敬宇. 解读中国文化词义［M］. 香港：商务印书馆（香港）有限公司，2010.

陈访泽. 日语句法研究［M］. 上海：上海外语教育出版社，2003.

陈嘉映. 语言哲学［M］. 北京：北京大学出版社，2003.

程琪龙. 概念框架和认知［M］. 上海：上海外语教育出版社，2006.

池上嘉彦，潘钧. 认知语言学入门［M］. 北京：外语教学与研究出版社，2008.

崔希亮. 语气词与言者态度［J］. 语言教学与研究，2020（3）.

董淑慧，宋春芝. 汉语主观性主观量框式结构研究［J］. 南开大学出版社，2013.

范晓. 论汉语的"主述结构"和"主述句"［J］. 汉语学报，2017（3）.

顾海兵，曹志楠. 尊重女性，从消除语言暴力开始［J］. 南方周末，2013年9月5日.

高等学校民间文学教材编写组编. 民间文学作品选［M］. 上海：上海文艺出版社，1980.

高彦梅. 语篇语义框架研究［M］. 北京：北京大学出版社，2015.

何自然，冉永平. 语用学概论［M］. 长沙：湖南教育出版社，2002.

何自然. 人际语用学：使用语言处理人际关系的学问［J］. 外语教学，2018（6）.

贺阳. 试论汉语书面语的语气系统［J］. 中国人民大学学报，1992（5）.

黄国文. 外语教学与研究的生态化取向［J］. 中国外语，2016（5）.

黄国文. 从生态批评话语分析到和谐话语分析［J］. 中国外语，2018（4）.

蓝纯. 从认知角度看汉语的空间隐喻［J］. 外语教学与研究，1999（4）.

蓝纯. 认知语言学与隐喻研究［M］. 北京：外语教学与研究出版社，2005.

刘晓荣. 日本微观文化解析（日文版）［M］. 北京：北京大学出版社，2014.

李福印. 思想的"形状"：关于体验性的实证研究［J］. 外语教学与研究，2005（1）.

李福印. 语义学概论［M］. 北京：北京大学出版，2007.

李福印. 认知语言学概论［M］. 北京：北京大学出版社，2008.

李伟. 中日文化在自他动词教学中的应用问题研究［J］. 日本问题研究，2012（4）.

李宇明. 汉语量范畴研究［M］. 武汉：华中师范大学出版社，2000.

刘晓荣. 日本微观文化解析：日文版［M］. 北京：北京大学出版社，2014.

吕叔湘. 现代汉语八百词［M］. 北京：商务印书馆，1999.

傅道彬. 晚唐钟声：中国文学的原型批评［M］，北京：北京大学出版社，2007.

梅德明. 语言学与应用语言学百科全书［Z］. 北京：北京大学出版社，2017.

潘震. 情感表量构式认知研究［J］. 现代外语，2015.

彭聃龄. 普通心理学［M］. 北京：北京师范大学出版社，2010.

齐沪扬. 语气词与语气系统［M］. 合肥：安徽教育出版社，2002（2）.

邵敬敏. 现代汉语通论［M］. 2版. 上海：上海教育出版社. 2007.

单伟龙. 认知识解之理论本体探索［J］. 外语教学，2017（3）.

沈家煊. 语言的"主观性"和"主观化"［J］. 外语教学与研究，2001（4）.

沈家煊. 跟副词"还"有关的两个句式［J］. 中国语文，2001.（6）

沈亮，任咪娜. 中国官方建筑的政治审美［N］. 南方周末，2011－4－21.

盛文中. 从汉日对译看汉日语认知模式之差异［J］. 日语学习与研究，2006（3）.

石毓智. 汉语语法 ［M］. 北京：商务印书馆，2017.

束定芳. 论隐喻本质及语义特征 ［J］. 外国语，1998（6）.

束定芳. 认知语义学 ［M］. 上海：上海外语教育出版社，2008.

束定芳. 隐喻学研究 ［M］. 上海：上海外语教育出版社，2000.

汪少华，徐健. 通感与概念隐喻 ［J］. 外语学刊，2002（3）.

王馥芳. 认知语言学掀起"体验革命"［J］. 中国社会科学报，2013 年 9 月
16 日第 502 期.

王文斌，熊学亮. 认知突显与隐喻相似性 ［J］. 外国语，2008（3）.

王希杰. 修辞学新论 ［M］. 北京：北京语言学院出版社，1993.

王寅. 语言的体验性：从体验哲学和认知语言学看语言体验观 ［J］. 外语教
学与研究，2005（1）.

王寅. 认知语法概论 ［M］. 上海：上海外语教育出版社，2006.

王寅. 认知语言学 ［M］. 上海：上海外语教育出版社，2007.

王寅. 认知语言学的体验性概念化对翻译主客观性的解释力 ［J］. 外语教学
与研究，2008（3）.

王寅. 什么是认知语言学 ［M］. 上海：上海外语教育出版社，2011.

王寅. 语言哲学研究 ［M］. 北京：北京大学出版社，2014.

王寅. 20 世纪三场语言学革命：体认语言学之学术前沿 ［J］. 外国语文研
究，2015（2）.

王寅. 后现代哲学视野中的认知语言学 ［J］. 外语学刊，2015（4）.

王寅. 体认语言学 ［M］. 北京：商务印书馆，2020.

王治河. 后现代哲学思潮研究 ［M］. 北京：北京大学出版社，2006.

文旭. 认知语言学的研究目标、原则和方法 ［J］. 外语教学与研究，2002
（2）：90－96.

吴宏. 日语"颜"类惯用语的认知语义分析 ［J］. 解放军外国语学院学报，
2009（4）.

习近平. 一个国家、一个民族不能没有灵魂 ［J］. 前线，2019（5）.

徐烈炯，刘丹青. 话题的结构与功能 ［M］. 上海：上海教育出版社，1998.

徐盛桓. 隐喻为什么可能 ［J］. 外语教学，2008.

徐盛桓. 意向性的认识论意义：从语言运用的视角看. 外语教学与研究，
2013（2）.

徐通锵. 语言学是什么 ［M］. 北京：北京大学出版社，2007.

阳小华. 语言？意义？生活世界 ［M］. 知识产权出版社，2008.

杨才英. 语言的人际调节功能 ［M］. 世界图书出版公司广东有限公

司，2016.

姚艳玲. 日汉语事件结构表达的认知对比研究［M］. 北京：外语教学与研究出版社，2014.

野添健太. 汉日实体标记对比研究［D］. 上海：上海外国大学，2012.

袁红梅，汪少华. 政治话语的博弈［J］. 外国语，2016（4）.

翟东娜. 日语语言学［M］. 北京：高等教育出版社，2006.

赵春炎. 认知语言学：批判与应用［M］. 天津：南开大学出版社，2014.

赵刚，贾琦. 会话分析［M］. 北京：高等教育出版社，2013.

赵华敏，坂本惠. 日语敬语［M］. 上海：华东理工大学出版社，2022.

赵艳芳. 认知语言学概论［M］. 上海：上海外语教育出版社，2001.

张斌. 现代汉语语法分析［M］. 上海：华东师范大学出版社，2005.

张履祥，葛明贵. 普通心理学［M］. 合肥：安徽大学出版社，2004.

张岩红. 汉日对比语言学［M］. 北京：高等教育出版社，2014.

张继文. 隐喻在日语短歌中的运用及其意象认知［J］. 外语研究，2007（4）.

张继文. 日语通感隐喻及其在诗歌中的表现［J］. 外语研究，2008（3）.

张继文.《古今和歌集》中的隐喻认知考察［J］. 外国语言文学，2008（4）.

张继文. 日语隐喻表现及其认知理解［J］. 扬州大学学报，2008（4）.

张继文. "雪"与"花"：日本古典短歌的隐喻认知考察［J］. 解放军外国语学院学报，2009（3）.

张继文. 日本古典短歌与唐诗的隐喻认知研究［M］. 大连：大连理工大学出版社，2009.

张继文. 空间方位与思维认知：《古今和歌集》的空间隐喻考察［J］. 外语研究，2010（3）.

张继文. 认知视角下的日语"心"的隐喻研究［J］. 日语学习与研究，2010（3）.

张继文. 历时性与共时性：汉日隐喻认知的对比研究［J］. 日语学习与研究，2011（3）.

张继文. 隐喻与思维意识：认知视点的汉日隐喻研究［J］. 日语学习与研究，2013（1）.

张继文. 概念化的主观性：认知视点的日语语义研究［J］. 外语研究，2014（5）.

张继文. 日语语义的概念化与动态性研究［J］. 深圳职业技术学院学报，2015（2）.

张继文. 概念化动态性视角下的汉日语语义认知研究［J］. 日语学习与研

究，2016（6）.

张继文. 概念框架引领与日语语义的认知研究［J］. 深圳职业技术学院学报，2020（2）.

张继文. 概念框架视角下的语言形式与语义研究［J］. 齐齐哈尔大学学报，2020（3）.

张继文. 不同的识解：作品翻译中第一人称标记化问题［J］. 深圳职业技术学院学报，2021（2）.

中国大百科全书·哲学卷［M］. 北京：中国大百科全书出版社，1987.

中国社会科学院语言所. 现代汉语词典（Z）. 7 版. 北京：商务印书馆，2016.

周一农. 词汇的文化蕴涵［M］. 上海：上海三联书店，2005.

朱永生. 框架理论对语境动态研究的启示［J］. 外语与外语教学，2005（2）.

后　记

　　本书在系统梳理认知语言学的哲学基础后，运用认知语言学研究范式，对语言形式背后的理据性进行探讨。客观世界决定人们的认知，人们的认知又影响和决定着发话人的语言表现形式，在这个过程中，人的互动体验性与主体意识性起着决定作用，这是本书的视角之一；语言形式对语义传达起着概念框架作用，语言的概念框架影响着人们的思维意识，进而影响人们对现实世界的认识，认知影响着人们对语义的接受和理解，这是本书视角之二。通过这两个角度的研究，探讨如何更好地进行人际沟通以及话语表达。本书在论述过程中，结合汉日对比研究，探索如何从认知的视点出发把握中日对比研究、如何运用中日主体意识性以及认知上的差异性实现中日语言形式的和谐转换。

　　这一课题的研究，始于我接受博士学位教育的时候。在博士课程学习期间，我较系统地学习了认知语言学的基础理论、研究范式，认真研读了中国、日本在该研究领域的相关成果，并且开始了"日本古典短歌与唐诗的隐喻认知研究"这一课题的研究工作。

　　获得博士学位至今已是十多年过去了。这十多年里，我持续进行着认知语言学的学习和研究，并且在博士学位论文的研究基础上又迈出了新的一步。

　　博士学位论文的研究视点是从客观世界决定人们的思维意识进而影响语言形式的角度，探讨语言现象背后的理据性，本书的研究视点既包括此研究视点，又将研究视点拓展到语言形式影响思维意识，进而影响人们对客观世界的认识，探讨语言形式在语义传递中的概念框定作用。博士学位论文研究的是日本古典短歌与唐诗的隐喻，本书研究的是日常语言表达以及汉日的对比研究。可以说本书既是在博士学位论文研究基础上的延伸，又是对自己的长期研究进行的系统、完整的归纳，是自己运用认知语言学研究范式，在汉语、日语应用研究领域中的进一步探索。

　　经过多位校外专家的匿名评审，本书获得深圳职业技术大学给予的一等出版资助，在此表示衷心感谢；衷心感谢各位专家、学者、身边学人的肯定、指导与鼓励；衷心感谢持续提供研究信息、最新研究成果以及提供语料的各位朋友；衷心感谢邀请我就此话题进行学术交流、学术讲座的学校与机构；衷心感谢深圳职业技术学院外语文化沙龙的博士、教授们定期的研究交流与学术探讨；衷心感谢中山大学出版社熊锡源博士以及各位编辑的细心工作与大力支持。

　　接天莲叶无穷碧，映日荷花别样红。认知语言学界的研究成果将会不断涌现，新的研究理论、研究视角、研究方法将会不断产生，认知语言学的研究将更加繁花锦簇。我将在努力学习中不断提升自己，继续推进自己的研究。

张继文

2023 年 9 月 于深圳蓝湾半岛